원작 존 버니언 John Bunyan

17세기 영문학을 대표하는 작가이자 설교자인 존 버니언은 1628년 영국 베드포드 근처 엘스토라는 작은 마을에서 가난한 땜장이의 아들로 태어났다. 가정형편이 좋지 않아 읽고 쓰기에 필요한 초보적인 교육 외에는 평생 제대로 된 교육을 받지 못했다. 열 살에 학교를 그만두고 아버지에게서 땜장이 일을 배웠고, 열여섯 살에 청교도주의를 주도한 올리버 크롬웰이 이끄는 의회파 군대에 입대해 청교도주의에 큰 영향을 받았다. 군대가 해산하자 고향에서 땜장이 일을 하던 그는 혼수로 단 두 권의 책을 들고 온 여인과 결혼했다. 아내의 소중한 지참물이었던 두 권의 신앙서적을 읽으면서 예수를 처음 알았고, 1653년 존 기퍼드 목사에게 큰 감화를 받고 개종하여 침례를 받았다.

이후 그는 견딜 수 없는 열정으로 복음을 증거하기 시작했다. 1660년 찰스 2세가 국교회 이외의 모든 종교를 탄압했을 때에도 버니언은 계속 설교를 했고, 그 죄로 체포되어 3개월간 수감되었다. 다시는 설교하지 말라는 명령을 어기고 또 체포되어 1672년까지 12년간 감옥 생활을 했다. 이때 그의 대표작이라 할 《가장 사악한 죄인에게 넘치는 은총》과 《천로역정》을 집필했고, 1688년 런던에서 폐렴으로 죽을 때까지 설교자로 활동하며 집필에 몰두했다. 그의 또 다른 작품으로는 성서의 '부자와 나사로' 일화를 바탕으로 한 《지옥의 탄생》, 기독교인들의 실천 도덕을 해설한 《기독교인의 몸가짐》, 《죽은 자의 몸가짐》, 《성도》, 《나의 신앙 고백》, 《악인의 생애와 죽음》, 시집 《유익한 명상》 등이 있다.

영문편집 C. J. 로빅 C. J. Lovik

웨스트몬트 대학에서 교육과 커뮤니케이션을 전공하고 남 캘리포니아의 한 초등학교에서 어린이들을 가르쳤다. 여러 해 동안 교사로 일한 후에 제조업에 뛰어들었으며, 가족들이 함께 인터넷을 즐길 수 있는 가족친화형 검색엔진을 개발했다. 아홉 살 때 난생처음 존 버니언의 걸작 《천로역정》을 읽은 뒤부터 성경 다음으로 좋아하게 되었다. 하지만 지난 20년 동안 이 명저를 접하는 젊은 크리스천들의 숫자는 점점 줄어들기만 했다. 보다 못한 로빅은 버니언의 내러티브에서 벗어나지 않고 원작의 아름다움과 분위기를 지키면서 우리 시대의 독자들이 쉬 이해할 수 있도록 문장들을 가다듬어 다시 편집하기로 마음먹었다. 그 결과물로 나온 이 책이 새 시대의 독자들에게 다시 소개되고 성경과 크리스천의 삶에 대한 상상력 넘치는 주석으로 인정받았으면 좋겠다는 게 그의 소망이다.

일러스트 마이크 윔머 Mike Wimmer

로버트 버레이의 One Giant Leap and Stealing Home을 비롯한 수많은 아동도서의 일러스트레이션을 담당했다. Spur Award(2003), NCSS/CBC가 선정하는 주목할 만한 아동도서(사회학습부문, Red Book Best Book) 등 다채로운 수상경력을 가지고 있다.

옮긴이 최종훈

대학을 졸업하고 지금까지 줄곧 잡지사와 출판사에서 취재, 기획, 번역 등 글 짓는 일을 했다. 여행하고 사진 찍는 일을 일상의 즐겨찾기에 넣어두고 있다. 번역한 책으로는 《탕자의 귀향》, 《제네시 일기》, 《인생의 어떤 순간에도 하나님은 너를 포기하지 않는다》 외 다수가 있다.

pilgrim's
progress

John Bunyan

천
로
역
정

The Pilgrim's Progress

Copyright © 2009 by C. J. Lovik
Illustrations Copyright © 2009 by C. J. Lovik
Published by Crossway Books a Publishing ministry of
Good News Publishers Wheaton, Illinois 60187, U.S.A.
All rights reserved.

This Korean edition Copyright © 2011 by poiema, an imprint of
Gimm-Young Publishers, Inc., Seoul, Republic of Korea.
This Korean edition is translated published by arrangement of
Good News Publishers through arrangement rMaeng2, Seoul, Republic of Korea.

천국을 향해 가는 순례자의 여정
천로역정

존 버니언

C. J. 로빅 편집 • 마이크 윔머 그림 • 최종훈 옮김

포이에마
POIEMA

천로역정

1판 1쇄 발행 2011. 1. 25.
1판 46쇄 발행 2025. 11. 10.

지은이 존 버니언 편집 C. J. 로빅 그림 마이크 윔머
옮긴이 최종훈

발행인 박강휘
발행처 김영사
등록 1979년 5월 17일(제406-2003-036호)
주소 경기도 파주시 문발로 197(문발동) 우편번호 10881
전화 마케팅부 031)955-3100, 편집부 031)955-3200 | 팩스 031)955-3111

본 저작물의 한국어판 저작권은 알맹2 에이전시를 통하여 Good News Publishers와 독점
계약한 포이에마에 있습니다. 신 저작권법에 의하여 한국 내에서 보호받는 저작물이므로
무단전재와 무단복제를 금합니다.

ISBN 978-89-93474-49-7 03230

홈페이지 www.gimmyoung.com   페이스북 www.facebook.com/3poiema

포이에마는 김영사의 기독교 브랜드입니다.

그날 밤, 세상이라는 광야에서 펼쳐졌던 꿈 이야기

추
천
의
글

"버니언이 사용한 17세기식 영어를 부드럽게 바꾸고 새로운 컬러의 삽화를 더해서 오늘을 사는 젊은 독자들의 가슴을 환하게 비쳐줄 최신판 《천로역정》을 찾고 있는가? 이게 바로 그런 책이다."
_제임스 패커, 《하나님을 아는 지식》 저자

"《천로역정》은 샛길과 갈림길이 끝없이 이어지는 시대의 미로를 지나면서 심령이 그리스도의 인도하심에 갈급할 때마다 내 영혼을 거듭 소생시켜주는 고전이다. 새로운 세대 크리스천들뿐만 아니라 나처럼 본향을 향하여 걸으며 정확한 이정표와 새 힘을 끊임없이 찾는 이들에게도 꼭 필요한 작품이 새로 편집되어 나왔으니 그저 고마울 따름이다."
_ 조니 에릭슨 타다 Joni Eareckson Tada, 〈조니와 친구들〉 국제 장애우 센터 대표

"로빅은 용의주도하게 존 버니언의 풍성하고도 상상력이 넘치는 문장들의 정수를 뽑아서 현대인들이 접근하기 쉬운 글로 빚어냈다. 그리고 윔머의 아름다운 그림들을 통해서 버니언은 21세기의 독자들과 직접 교감할 수 있게 되었다. 이 책을 화려하게 장식하고 있는 서른 편의 일러스트레이션들은 마치 톨킨의 작품들처럼 그 자체로 하나의 독자적인 세계를 구성하고 있다."

_ 케빈 벨몬트Kevin Belmonte, Amazing Grace 수석 역사자문위원

"버니언의 원문을 읽기 쉽게 다듬은 본문, 전통미가 흘러넘치는 삽화, 상세하고 친절한 주석을 갖추었으면서도 고전의 품격을 잃지 않은 《천로역정》을 찾고 있다면 두말할 것도 없이 이 책을 추천한다."

_ 티머시 다울리Timothy Dowley, The Christians 저자

"책이 발간된 이래 무려 300년 동안 《천로역정》은 성경의 뒤를 잇는 초대형 베스트셀러의 자리를 지켰다. 크로스웨이 출판사가 마이크 윔머의 기막힌 삽화를 곁들여 펴낸 이 멋진 작품은 버니언의 클래식한 우화가 누렸던 지위를 고스란히 되찾게 하는 데 큰 힘이 될 것이다. 스스로 물어보라. '나는 《천로역정》을 읽었는가?' 아직 아니라면 얼른 마음을 고쳐먹으라."

_ 데릭 토머스Derek W. H. Thomas, 존 리처즈John E. Richards, 리폼드신학교 조직신학 교수

"C. J. 로빅이 새로 편집해서 내놓은 《천로역정》을 보는 순간, 숨이 멎을 만큼 감동했다. 글은 술술 읽히고, 주석은 명쾌하며, 삽화는 더할 수 없이 아름답다. 조만간 집집마다 이 책을 소장하게 되리라 믿어 의심치 않는다."

_ 로즈마리 젠센Rosemary Jensen, 라피키 재단 설립자

"《천로역정》은 수많은 이들의 사랑을 받아온 책이다. 이제 이처럼 멋지고 한 층 발전된 형태로 출간되었으니 더더욱 큰 사랑을 받게 되리라고 믿는다. 정교한 컬러 일러스트레이션은 처음 읽는 독자는 물론 이 아름다운 이야기를 아껴온 열혈 팬들에게도 큰 기쁨이 될 것이다."

_스타 미드Starr Meade, Keep Holiday 저자

"로빅이 새로 편집한 책 또한 떠오르는 세대에 깊은 감동을 주게 되리라고 확신한다. 시간이 흘러도 퇴색되지 않는 진리는 그대로 유지하면서도 한결 새로워진 표현으로 독자의 눈길을 사로잡기 때문이다. 뛰어난 일러스트레이션, 성경관주, 스터디노트들을 갖추고 있어서 식구들끼리, 또는 소그룹으로 묵상하고 예배하는 자료로서도 한 점 손색이 없다."

_수전 헌트Susan Hunt, Spiritual Mothering 저자

"사랑하는 주님이 다스리는 나라를 향해 가는 여정이 길어질수록 존 버니언의 '꿈'과 그 환상을 낳았던 잔혹한 구금생활에 고마움을 느끼게 된다. 지치고 피곤한 나그네에게 이 영원하고도 소중한 작품(지은이가 고난을 끌어안고 빚어낸 아름다움과 통찰, 격려)은 얼마나 큰 선물인가!"

_엘리제 피트패트릭Elyse Fitzpatrick, Because He Loves Me and Comforts from the Cross 저자

"C. J. 로빅의 《천로역정》은 '잘 그린 그림 한 장이 천 마디 말보다 낫다'는 사실을 더할 나위 없이 분명하게 보여준다. 시대를 꿰뚫는 고전이 마이크 윔머의 삽화들과 결합되어 천재의 손길을 느끼게 한다."

_스티브 머피Steve Murphy, Homeschooling Today 발행인

"평생 읽어본 책 가운데 최고!"_마크 데버Mark Dever, 캐피틀힐 침례교회 담임목사

서
문
—

모든 순례자들이
성경과 함께
읽어야 할 책

　내 서재에 들어서면 가장 먼저 눈에 들어오는 것은 벽에 걸려 있는 두 개의 초상화이다. 하나는 내가 가장 존경하는 목사이자 멘토인 찰스 스펄전이고, 다른 하나는《천로역정》의 저자 존 버니언의 초상화이다.《천로역정》은 내가 예수를 믿고 가장 먼저 읽은 책이자 성경 다음으로 많이 읽은 책이다. 저자 존 버니언을 통해 문학적 상상력을 키워왔다고 해도 과언이 아닐 만큼, 지금도 읽고 또 읽고 있는 오랜 친구와 같은 책이다. 나는 설교 단상에 처음 오르는 새내기 목회자에게《천로역정》을 반드시 읽기를 권한다. 이 책에 등장하는 수많은 인물들이 우리 인생을 그대로 비춰주고 있기 때문이다.

"세상의 광야를 헤매다가 동굴이 있는 곳에 이르렀다. 거기서 하룻밤을 지내기로 하고 짐을 풀었다. 그리곤 깜빡 잠이 들었는데 꿈을 꾸었다. 지저분한 옷을 입은 남자가 자기 집을 외면한 채 서 있었다. 손에는 책 한 권을 들고 등에는 무거운 짐을 짊어졌다"로 시작되는 천로역정은, 가난한 땜장이의 아들로 태어나 "그리스도 예수 외에는 내게 아무것도 없다"는 철저한 신앙고백을 드리기까지 우여곡절이 많았던 존 버니언의 인생이 고스란히 담겨 있다. 설교하다가 12년 동안이나 옥살이를 할 정도로 버니언의 삶은 특히 예수를 믿은 이후 더욱 고달파졌다. 그런 고난의 시간이 있었기에 천로역정이 그의 손에서 탄생할 수 있었을 것이다.

이런 존 버니언의 인생은 곧 우리의 인생이며, 예수 그리스도를 믿는 이들의 인생이라 할 수 있다. 인생은 고난의 여정이다. 그렇다고 믿음을 갖는다는 사실이 고난을 면제하는 것은 아니다. 오히려 그 믿음 때문에 새로운 고난을 받을 수도 있다. 베드로는 "만일 그리스도인으로 고난을 받은즉 부끄러워 말고 도리어 그 이름으로 하나님께 영광을 돌리라" 벧전 4:16고 말했다.

성경은 우리가 그리스도인이 되었다는 사실이 결코 고난에 대한 면죄부라고 가르친 적이 없다. 그것을 존 버니언은 잘 알고 있었다. 고난을 받을 때 오히려 주께 당당히 영광을 돌리며 살아야 하며, 그 고난의 길을 걸어가야 마침내 승리자가 되는 것을 그는 《천로역정》을 통해 가르쳐주었다.

벌써 10년 전 일이 되었다. 당시 경제위기의 고난으로 너나 할 것 없이 힘들어했던 시절이었다. 나는 오랜 망설임 끝에 이 《천로역정》을 가지고 새벽기도회를 인도해야겠다는 다짐을 했다. 한 손엔 버니언의 《천로역정》, 또 한 손엔 변함없는 하나님의 말씀을 들고 2주간에 걸쳐 지구촌교회 성도들과 만나며, 시공간을 뛰어넘은 걸작을 통해 부어주시는 더없는 감동과 축복에 모두 은혜받던 시간을 잊을 수가 없다. 《천로역정》은 성경에서 말하고 있는 것을 정말 쉽고 정확하게 설명해준다. 그 내용은 우리가 하나님나라에 들어가기까지 많은 고통과 환난을 겪어야 한다는 것이다. 우찌무라 간조는 이런 말을 한 적이 있다. "참된 신앙이란 무엇인가. 그것은 고난을 피하는 신앙이 아니다. 오히려 신앙 때문에 환난을 불러일으킬 정도의 신앙이라면 그 신앙이야말로 참된 신앙일 수밖에 없다."

이것은 일부러 고난을 자초하라는 말이 아니다. 그러나 참된 신앙은 반드시 고난에 직면할 수밖에 없다는 것이다. 고난과 맞서 당당히 그 고난을 극복하는 신앙이야말로 참된 신앙의 본질이다. 그리고 그것이 천로역정이 가르쳐주는 교훈이다.

2주간의 새벽기도회를 통해 성도들은 천로역정의 의미를 깊이 이해하고 받아들이고 삶에 적용했다. 고난을 가지고 은혜를 받을 수 있었다는 것은 지금 생각해도 하나님의 특별한 축복이었던 것 같다. 지금도 그때의 일을 생각하면 가슴이 벅차오른다. 그리고 10년 뒤, 여전히 힘들고 어려운 상황 가운데 있는 우리는 이 책을 통해 다시 한 번 큰 은혜를 받을 수 있으리라 믿어 의심치 않는다.

꿈의 형식을 빌린 《천로역정》은 순례 길에 올랐던 크리스천이 시온성에 입성하는 것으로 끝나지만, 사실은 그렇지 않다. 사실 이 책은 전체 이야기의 1부에 불과하다. 그에게는 아내와 네 아들이 있었다. 한 집안의 가장이 천국에 온 사실만으로 만족할 수 있겠는가. 존 버니언은 크리스천이 천국에 입성하는 것으로 이야기를 끝맺고 싶지 않았던 것 같다. 《천로역정》의 속편 격인 2부를 기록했기 때문이다.

이 책에 나오지 않는 2부는 크리스천의 아내와 네 아들이 왕이 보낸 편지를 받고 회개한 후 사랑하는 남편과 아버지를 따라 천성을 향한 순례의 길에 오른다는 내용이다. 그 이야기는 집안에서 누군가 먼저 결단한다면 시간의 차이가 있을 뿐 온 가족이 마침내 주님 앞에 서게 될 것이라는 소망을 준다. 먼저 믿은 한 사람의 결단이 마침내 온 가족을, 사랑하는 친구들을, 이웃을 천국에서 만나게 하는 소망의 자리에 세운다는 말이다.

당신이 이 책의 조언을 겸손하게 받아들인다면 순례자의 여행을 주저 없이 시작할 수도, 나아가 무사히 마칠 수도 있을 것이다. 그리고 남겨진 2부의 몫을 향해 또 한 번 달려갈 수 있는 힘과 용기도 얻게 될 것이다.

은유와 대화체를 활용한 문체 등 영문학사에서 가장 아름다운 작품으로도 꼽히는 이 책은 세상에 나온 지 300년이 훨씬 지났음에도 불구하고 여전히 현대적이다. 우리 모두가 필그림, 순례자라는 변함없는 이유 때문이다.

크리스천처럼 우리는 이제 '멸망의 도시'를 떠나 '영원한 나라'로 가는 길을 걷게 될 것이다. 아니, '지금' 걷고 있다. 그 길에서 경험하는 무수한 이야기가 바로 우리의 신앙생활이다. 나는 이 시대의 많은 그리스도인들이 이 책을 읽기를 기도한다. 많은 시행착오를 줄일 수 있기 때문이다. 그래서 모든 순례자들이 성경과 함께 이 책을 가까운 곳에 두기를 소망하고 또 소망한다.

그 길에 함께 순례자가 된, 지구촌교회
이동원 원로목사

이 책에 대한 변명
Excuses about this Book

글을 쓰려고 처음 펜을 잡았을 때만 해도
이처럼 변변찮은 책이 나오리라고는 생각지 못했다.
실은, 다른 작품에 착수해서 거의 다 마쳐갈 무렵
어찌어찌해서 집필을 시작하게 됐다.

형편이 그러하다 보니,
요즘과 같은 복음 시대에
성도들이 어떤 길을 어떻게 걸어갔는지 기록하려던 글이
돌연히 그들의 여정, 곧 영광을 향해 가는 노정에 관한 우화로 변했으며
애초에 스무 편이 넘는 글을 마무리했음에도 불구하고
그만큼 많은 글들이 더 머리에 떠올랐다.
그리고 그 이야기들이 다시 가지를 치기 시작하면서
마치 숯불에서 튀어오른 불티처럼 어지러이 흩날렸다.
뿐만 아니라, 그처럼 빠르게 불어나는 걸 마냥 내버려뒀다가는
결국 걷잡을 수 없는 지경에 이르러
기왕에 써두었던 글들까지 다 잡아먹고 말 것만 같았다.

자, 그렇게 해서 글을 완성하긴 했지만,
펜을 들어 써내려간 이 작품을
이런 식으로 온 세상에 내보일 작정은 아니었다.
몰랐던 점을 알아보려는 뜻이었을 뿐
이웃에게 즐거움을 준다든지
자기만족을 얻으려는 마음은 전혀, 전혀 없었다.

잡문이나 긁적거리며 무료한 시간을 메우려는 의도도 아니었고,
죄를 짓게 만드는 악한 생각에서 벗어나려는 속셈에서
이 일을 벌였던 것도 아니다.

그러므로 즐거운 기분으로 종이에 펜을 올려놓자마자
금방 생각이 명료해졌다.
어떻게 목표를 이룰지 결정한 뒤로는
그 길을 좇았으며 이끌리는 대로 써내려갔고,
결국 지금 보고 있는 길이와 넓이, 규모의 책을 완성했다.

매듭을 짓고 난 뒤, 나는 이 책을 남들에게 보여주고
나무라는지, 아니면 잘했다고 인정해주는지 지켜보기로 했다.
어떤 이들은 살리라고 했고, 또 다른 이들은 죽이라고 했다.
더러는 "존, 어서 책으로 펴내게"라고 했고, 더러는 그러지 말라고 했다.
괜찮을 거라고 이야기하는 이들이 있는가 하면 별로라는 축도 있었다.

곤란했다. 무엇이 최선인지 알 수가 없었다.
고민 끝에 결론을 내렸다.
의견이 이토록 엇갈린다면 일단 책을 내고 독자의 판단에 맡기기로.

어떤 이들은 출간하라 하고,
다른 쪽에서는 그래선 안 된다고 하니,
어느 편이 가장 좋은 충고를 해주고 있는지 알아보자면
책을 시험대에 올려놓는 게 좋겠다고 생각한 것이다.

생각하고 또 생각했다.
출판하라는 이들을 외면하고 반대하는 이들의 손을 들어준다면,
책을 바라는 이들이 얻을 큰 기쁨을 가로막을지도 모를 일이다.

출간을 탐탁지 않게 여기는 이들에게 이야기했다.
기분 상하게 할 뜻은 없지만, 다른 형제들이 원하고 있으니

판단을 보류하고 좀 더 지켜보자고.

읽고 싶지 않으면 그냥 두시라.
살코기를 선호하는 이들이 있는가 하면 갈비를 좋아하는 이들도 있으니까.
나로서는 달래고 설득할 수밖에 없다.

이런 스타일의 글을 써서는 안 되는 것일까?
목표를 잃지만 않는다면, 어떤 식이든 괜찮은 게 아닐까?
그러니 말아야 할 까닭이 무엇이란 말인가?
흰구름이 비를 내려주지 않으면 먹구름이 소나기를 쏟아붓는다.
흰구름이든 먹구름이든 은빛 찬란한 물방울을 떨어트리면
대지는 곡식을 맺어 두 구름을 모두 기릴 뿐, 어느 쪽도 책망하지 않으며,
양쪽이 어울려 빚어낸 결실을 소중하게 간직한다.
그처럼 두 구름이 열매 가운데 한데 섞여 있으므로,
따로 떼어 구별할 수 없다.
굶주린 대지는 어느 구름이든 달게 받아들이지만,
배가 부르면 이쪽저쪽 가리지 않고 다 토해내는 바람에
구름이 베푸는 축복은 아무 쓸모가 없어진다.

낚시꾼이 물고기 잡는 걸 지켜보라!
어떤 도구를 사용하는가? 얼마나 기발한 방법을 쓰는지 보라!
미끼와 낚싯줄, 낚싯대, 바늘에 그물까지 동원하지만
물고기를 잡아주는 건 바늘도, 줄도, 미끼도, 그물도, 낚싯대도 아니다.
더듬어 찾고 단단히 움켜쥐지 않으면,
제아무리 안간힘을 써도 물고기를 잡을 수는 없다.

들새 사냥꾼이 온갖 수단을 총동원해서 사냥감을 노리는 걸 보라!
총, 그물, 끈끈이를 바른 나뭇가지, 등불, 방울에 이르기까지
일일이 꼽기 어려울 만큼 다양한 방법을 쓴다.
엎드려 기기도 하고, 이리저리 돌아다니기도 하고, 가만히 서 있기도 한다.
누구라서 그 자세를 일일이 설명할 수 있으랴?

하지만 별의 별 수법을 다 쓴다 해도
탐나는 목표물을 반드시 손에 넣을 수 있다는 보장은 없다.
들새를 잡으려면 피리나 휘파람을 불어야 하지만,
자칫하면 단번에 날려보낼 수도 있다.

진주는 두꺼비 머릿속에 들어 있을 수도 있고,
굴 껍데기 안에 붙어 있을지도 모른다.
만일 형편없어 보이는 것들에 황금보다 귀한 것들이 담겨 있다면,
혹시 특별한 걸 찾을 수 있을지도 모른다는 막연한 기대를 품고
여기저기 들쑤시고 돌아다니는 이들을 어떻게 경멸할 수 있겠는가?
그러므로 이 사람 저 사람을 사로잡을 장식이 없는 내 보잘것없는 책에도
겉모습은 화사하지만 속에는 공허한 관념뿐인 서적들을
능가할 만한 내용이 전혀 없는 게 아니다.

"샅샅이 읽어보았지만 댁의 책이 전하려는 내용에
아직 완전히 만족하지 못하겠소"라고 얘기하는 이들도 있을 것이다.

왜, 무엇이 문제인가?
"무슨 소린지 통 알 수가 없소"라고 말할지도 모른다.
그런들 어떠하겠는가?
"하지만 다 꾸며낸 얘기잖소?"
그게 뭐 어떻다는 말인가?
어떤 이들은 내 책처럼 스스로 지어낸 분명치 않은 글을 통해서
진리가 반짝이게 하며 그 광채가 환하게 빛나게 만든다.
아예 노골적으로 그런 글들은 충실하지 못하다고 지적하는 부류도 있다.
"그런 글들은 연약한 이들을 실족시키기 쉽상이지.
비유들이 눈을 가린다는 말이오."

직설적인 쪽이 거룩한 일을 인간에게 전달하기에 적합한 건 사실이다.
그러나 비유를 쓴다고 해서 반드시 명확성이 떨어지란 법이 있을까?
예전에 기록된 하나님의 율법이나 복음서도 상징과 암시, 비유가 아니던가?

그렇지만 정신이 멀쩡한 사람치고 그걸 흠잡으려는 이가 과연 있겠는가?
가장 고상한 지혜를 공격하려 들겠는가?
그럴 리가 없다.
도리어 겸손히 엎드려 성막의 말뚝과 고리, 송아지와 양, 암소와 어린양,
새와 풀, 그리고 어린양의 피가 무얼 의미하는지 알아내려 애쓰지 않겠는가?
하나님의 말씀을 듣고
그 안에 담긴 빛과 은혜를 깨닫는 이는 진정 행복한 사람이다.

그러므로 내 글이 충실하지 못하며 저속하다고
지나치게 서둘러 결론짓지 마라.
언뜻 분명해 보인다고 해서 정말 분명한 건 아니다.
더할 나위 없이 해로운 것들을 덥석 받아들이고
심령에 유익한 것들을 죄다 놓쳐버리지 않으려면,
비유를 사용한 글을 무조건 경멸해서는 안 된다.

비록 구체적이거나 분명하지 않을지라도, 내 글은
깊숙한 데 금을 간직하고 있는 장롱처럼 진리를 담고 있다.
선지자들은 시시때때로 비유를 써서 진리를 전하곤 했다.
그리스도와 사도들을 꼼꼼히 살펴본 이들은
진리가 그런 껍질을 쓰고 오늘날까지 전해지고 있음을 금방 알아챌 것이다.

감히 말하자면, 표현양식에서부터 어구에 이르기까지
구구절절 온갖 지혜를 담고 있는 성경 또한
곳곳에 모호한 인물들과 비유들이 들어 있지 않은가?
하지만 바로 그 책에서 광채와 빛의 광선이 나와서
칠흑 같은 어둠마저 대낮처럼 환하게 바꾸지 않던가?

자, 트집을 잡으려고 안간힘을 쓰는 이들이여, 스스로 삶을 돌아보라.
내 책에서 찾아낸 것보다 한결 불투명한 자리가 있지 않은가?
더할 나위 없이 훌륭한 글에도 최악의 문장이 섞여 있는 법이다.

공정한 이들 앞에 선다면 어떨까?
형편없는 글 한 편을 내놓으라, 나는 과감히 열 편을 내놓으리.
겉만 번지르르한 글에 담긴 거짓말보다 내 문장에 담긴 의미를 선택할 것이다.
비록 남루한 보자기에 싸였다 하더라도, 진리는 판단력을 주고 정신을 맑게 한다.
깨달음을 기뻐하며, 의지를 꺾어 순종하게 한다.
기억에는 즐거운 상상들이 가득해진다.
괴로움을 달래주는 것 역시 진리다.

디모데가 건실한 말을 쓰고
나이 든 부인네들의 경박한 소리를 피했음은 잘 알고 있다.
그러나 그토록 근엄했던 바울도 어디서든 비유를 쓰지 말라고 말한 적이 없다.
거기에도 금이나 진주처럼 소중한 보화가 숨어 있어서
지극히 조심스럽게 파고 들어갈 가치가 있기 때문이다.

한 마디만 더 하겠다.
오, 하나님의 백성들이여, 마음이 불편한가?
글에 다른 옷을 입혔더라면 좋았을 뻔했다고 생각하는가?
더 자세한 설명을 붙이는 게 필요했는가?
그렇다면 세 가지 변명을 하겠다.
그리고 더 나은 분들의 판단을 들어본 뒤에 합당하다면 기꺼이 순종하겠다.

첫째로, 내 방식대로 글을 쓰는 게 잘못됐다고 판단할 근거를 찾지 못하겠다.
어휘라든지 내용, 또는 독자들을 함부로 다룬 적이 없으며
인물이나 상징을 끌어다 쓰면서 조악하게 적용하지 않았다.
이미 말한 바처럼, 비평가들에게 거부당한 이런저런 방식으로
진리를 도드라지게 하려고 애썼을 따름이다.
(그런 표현양식으로 지금 살아 있는 어떤 이들보다
하나님을 기쁘시게 해드렸던 이들의 본보기도 수두룩하다.)

둘째로, 여러분들만큼이나 고상한 이들도 대화체를 즐겨 썼음을 알았다.
하지만 그렇게 표현했다고 해서 그들을 천박하게 보는 눈길은 전혀 없었다.

진리를 욕보였다면 그 작가는 물론,
그런 뜻으로 사용한 기술 역시 저주를 받아 마땅하다.
그러나 진리를 자유롭게 해서 여러분과 내게 전달하는 기법은
하나님을 기쁘시게 해드릴 것이다.
인간에게 쟁기질을 처음 가르쳐주신 분보다 더 능숙하게
마음과 펜을 인도해주실 수 있는 분이 어디에 있겠는가?
하나님은 비천한 것들을 이끌어서 거룩하게 하신다.

셋째로, 성경 곳곳에서 이와 비슷한 방법이 사용되고 있음을 깨달았다.
무언가를 내세워 다른 것을 설명하는 방식이다.
그런 기법을 쓴다 하더라도 찬란한 빛줄기가 퇴색하기는커녕,
광선이 더 뻗어나가 한낮의 햇빛처럼 밝아진다.

이제, 펜을 내려놓기 전에 이 책의 유익한 점을 드러내 보이려 한다.
그러고 나서, 강한 자를 끌어내리시고 약한 자를 세우시는 하나님의 손길에
여러분과 이 책 모두를 맡길 작정이다.

한 마디로 이 책의 내용을 요약하자면, 영원한 상급을 쫓는 남자의 이야기다.

주인공이 어디서 와서, 어디로 가며, 무얼 하지 않고, 무얼 하는지,
어떻게 달리고 또 달려서 영광의 문에 이르게 됐는지 보여준다.
또한 마치 금방이라도 영원한 면류관을 얻을 것처럼
서둘러 인생길을 달려간 이들의 이야기도 들려준다.
애쓴 보람도 없이 그들이 어리석게 죽어가는 까닭도 알 수 있다.

이 책은 여러분을 불러내서 나그네로 만든다.
여기에 실린 조언에 따르면 곧바로 거룩한 땅을 향하게 될 것이다.
어디로 가는지 방향을 제대로 가늠한다면,
게으른 이는 부지런해지고, 눈 먼 이들도 즐거운 일들을 보게 될 것이다.

진귀하고 유익한 걸 원하는가?

우화 속에서 진리를 보고 싶은가?
건망증이 심한 편인가?
그런데 정월 초하루부터 섣달그믐까지 절대 잊지 않을 이야기가 필요한가?
그렇다면 이 기발한 이야기를 읽어보라.
마치 도꼬마리처럼 단단히 달라붙어 의지가지없는 이들에게 위안이 될 것이다.

대화체로 되어 있어서 무심한 이들의 마음도 움직일 수 있다.
진기한 게 전부인 것처럼 보이지만
건전하고 진실한 복음의 특질을 그대로 담고 있다.

우울한 감정에서 벗어나 기분을 전환하고 싶은가?
유치하지 않으면서 유쾌해지고 싶은가?
수수께끼를 읽으면서 그 해답을 찾아보고 싶은가?
아니면, 깊은 묵상에 빠져보고 싶은가?
살코기 한 점 뜯는 게 좋은가?
아니면 구름을 탄 이를 바라보며 그 이야기를 듣는 게 나은가?
잠들지 않은 채 꿈을 꾸고 싶은가?
환하게 웃으면서 동시에 눈물 흘리며 울고 싶은가?
넋을 잃었다가 악한 것에 사로잡히지 않고 무사히 돌아오고 싶은가?
책을 읽어 나가는 동안, 한 장 한 장 그 뜻을 다 헤아리지 못할지라도
자신을 살피며 과연 축복을 받은 백성인지 알아보고 싶지 않은가?
그렇다면 어서 오라, 이 책의 세계로.

— 존 버니언

차례

추천의 글 • 6
서문 | 이동원 • 9
이 책에 대한 변명 | 존 버니언 • 14

1. 순례자의 커다란 괴로움 • 25
2. 세상길, 아니면 좁은 길 • 41
3. 짐을 버리고 순례의 길로 • 81
4. 캄캄한 골짜기에서 벌어지는 치열한 싸움 • 120
5. '신실'이라는 이름의 길벗 • 139
6. 말씀을 뛰어넘는 믿음 • 154
7. 복음을 위해 시험받다 • 173
8. 두마음을 떨쳐버리고 바른길로 • 198

9. 하나님의 강에서 기운을 차리고 • 213
10. 절망의 손아귀에 붙들린 포로들 • 221
11. 위험을 피하라는 목자들의 가르침 • 236
12. 믿음을 겨냥한 맹렬한 공격 • 245
13. 알랑거리는 원수들을 물리치고 믿음을 새롭게 • 260
14. 무지, 그 완고한 이름 • 280
15. 마침내 새 예루살렘 성으로 • 298

맺는 글 • 314   편집자 주 • 315
발행인의 글 | 존 버니언이 남긴 유산 • 371
편집인의 글 | 시간과 공간을 뛰어넘어 마음을 살리는 메시지 • 375
존 버니언 연보 • 382

멸망의 도시에서 빠져나갈 길을 찾는 크리스천

1
순례자의 커다란 괴로움
Pilgrim's Great Distress

세상의 광야를 헤매다가 동굴이 있는 곳에 이르렀다.¹ 거기서 하룻밤을 지내기로 하고 짐을 풀었다. 그러곤 깜빡 잠이 들었는데 꿈을 꾸었다. 지저분한 옷을 입은 남자가 자기 집을 외면한 채 서 있었다.² 손에는 책 한 권을 들고 등에는 무거운 짐을 짊어졌다. 사 64:6; 눅 14:33; 시 38편; 합 2:2

사나이는 책을 펴서 읽기 시작했다. 가만히 보니, 눈물을 쏟으며 몸을 덜덜 떨고 있었다. 나중에는 도저히 참을 수가 없다는 듯 큰소리쳤다. "도대체 어떻게 해야 한단 말인가!"³ 행 2:36-37

남자는 참담한 기분을 떨쳐버리지 못한 채 집으로 돌아갔다.

고민하는 걸 아내와 아이들에게 들키지 않으려고 안간힘을 썼지만, 얼마 못 가서 더 이상 버틸 수 없을 만큼 괴로움이 커졌다. 결국, 무엇 때문에 그토록 힘겨워하는지 식구들에게 털어놓았다.

"여보, 그리고 애들아! 날 괴롭히는 이 짐보따리가 점점 더 커지고 무거워지는 바람에 정말 견딜 수가 없어! 소문엔 하늘나라에서 불덩이가 쏟아져서 우리가 사는 이 도시를 잿더미로 만들 거라는데,[4] 그렇게 되면 우린 너나없이 죽은 목숨이 될 거야. 도망갈 길을 찾지 못하면 우린 죽은 목숨이나 다름없어."

식구들은 얘기를 듣고 깜짝 놀랐다. 남자가 하는 말을 사실로 믿어서가 아니라 남편, 또는 아버지의 정신이 이상해졌다고 생각했기 때문이다. 그래서 해가 지기가 무섭게 잠자리에 몰아넣기 바빴다. 마음속으로는 한숨 푹 자고 말짱하게 일어나길 간절히 바랐다.

하지만 남자에게는 밤이나 낮이나 괴롭기는 매한가지였다. 잠을 이루기는커녕 한숨과 눈물로 온밤을 하얗게 지새웠다. 그렇게 날이 밝자 식구들이 찾아와서 좀 어떠냐고 물었다. "갈수록 심해진다고!" 남자가 대답했다. 두렵고 염려스러운 점들을 다시 한 번 이야기했지만 돌아오는 건 냉담한 반응뿐이었다. 무례

한 말로 을러대면서 생각을 바꿔보려 했다. 더러 비웃거나, 꾸짖거나, 그냥 무시할 때도 있었다.[5]

어쩔 수 없이 남자는 방에 들어박혀서 식구들을 불쌍히 여기며 간구하기 시작했다. 참담한 마음을 달래줄 무언가를 두루 찾았다. 혼자 벌판을 헤매는 일이 잦아졌다. 책을 읽고 기도를 드리기도 했다. 얼마나 오랜 세월을 그렇게 보냈는지 모른다.[6]

그러던 어느 날, 남자는 여느 때와 마찬가지로 들판을 걸으며 책을 읽고 있었다. 마음이 말할 수 없이 괴로웠다. 글을 읽던 사나이는 예전에 그랬던 것처럼 갑자기 큰 소리로 울부짖었다. "어떻게 해야 구원을 얻을 수 있단 말인가?"[7] 행 16:31-32

어디 도망칠 구멍이 없는지 이리저리 살피는 걸 한눈에 알 수 있었다. 하지만 어디로 가야 할지 몰라서 제자리에 멍하니 서 있을 따름이었다. 그때 누군가가 가까이 다가가는 게 보였다. 전도자 Evangelist 라는 인물이었다.[8] 남자와 마주선 그가 물었다. "왜 이렇게 울고 있습니까?"

남자는 대답했다. "지금 들고 있는 이 책을 읽으면서 난 저주받아 죽을 수밖에 없으며 그 뒤에는 심판을 받게 된다는 사실을 깨달았습니다. 히 9:27 그렇게 죽기를 바라지 않습니다. 욥 16:21-22 심판을 받고 싶지도 않고요." 겔 22:14

전도자는 재우쳐 물었다. "세상이 온통 죄악뿐인데, 그토록 죽고 싶어 하지 않는 까닭이 뭐죠?"

남자가 다시 대꾸했다. "등에 짊어진 이 짐보따리 탓에 무덤보다 더 깊은 데로 빠져 들어가서 결국 지옥에 떨어지게 될까 두렵기 때문입니다." 사 30:33

"이뿐만이 아닙니다." 남자가 말을 이었다. "죽을 준비가 돼 있지 않다는 건 곧 심판 자리에 나설 차비를 갖추지 못했다는 뜻인데, 그럼 남은 건 처형뿐이니까요. 생각만 해도 오금이 저립니다."

그러자 전도자가 말했다. "사태가 그렇게 심각하다면 어째서 이렇게 마냥 손을 놓고 있는 겁니까?"

남자가 기다렸다는 듯 대답했다. "하지만 어디로 가야 할지 도무지 모르겠어요."

전도자는 양피지 두루마리를 펼쳐서 건네며 읽어보라고 했다. 거기엔 "닥쳐올 진노를 피하라"[9] 마 3:7고 적혀 있었다.

글귀를 읽고 난 남자는 사뭇 조심스러운 눈길로 전도자를 바라보며 물었다. "그럼 어디로 달아나야 할까요?"[10]

그러자 전도자는 넓디넓은 들판의 한쪽을 손가락으로 가리키며 말했다. "저 멀리 좁은 문이 서 있는

크리스천
Christian

게 보입니까?"[11] 마 7:13-14

"아니오."

"그럼 저만치 비치는 환한 빛은 보입니까?" 시 119:105; 벧후 1:19

"얼추 보이는 것 같습니다만."

전도자는 말했다. "빛에서 눈을 떼지 말고 그쪽을 향해 똑바로 걸어가십시오. 머잖아 좁은 문이 보일 겁니다. 문간에 다다르거든 노크를 하십시오. 안에서 누군가가 어찌해야 할지 일러줄 겁니다."[12]

전도자
Evangelist

남자는 달리기 시작했다. 채 몇 걸음을 떼어놓기도 전에 아내와 아이들이 상황을 눈치채고 어서 돌아오라고 소리쳐 부르는 소리가 들려왔다. 눅 14:26 하지만 남자는 두 손으로 귀를 꼭 막고 내처 달렸다. 입으로는 연신 중얼거렸다. "생명! 생명! 영원한 생명!" 그렇게 해서 끝까지 뒤를 돌아보지 않고 계곡 안쪽으로 달아났다.

이웃들도 무슨 일인가 보러 나왔다. 그러곤 정신없이 도망치는 게 남자라는 걸 알고 비아냥거리거나, 고래고래 고함을 쳐가며 협박하거나, 그만 돌아오라고 소리쳐 울부짖었다. 그중에서도 '옹고집Obstinate'과 '유순한Pliable'은 완력을 써서라도 남자를 붙들어오기로 마음먹었다.[13]

남자는 벌써 멀찍감치 사라지고 있었다. 옹고집과 유순한은

크리스천에게 양의 문으로 가는 길을 가리켜 보여주는 전도자

단단히 작정하고 뒤를 쫓았다. 마침내 손에 잡힐 만큼 거리가 가까워졌다. 남자가 돌아보며 물었다. "왜 따라오는 거죠?" 두 이웃이 대답했다. "잘 설득해서 함께 돌아가려고요."

"그럴 수는 없습니다." 남자가 말했다. "여러분은 멸망의 도시에 살고 있습니다. 내가 태어난 곳도 거기고요. 그렇지만 그 도시에 그대로 머물러 있는 한 여러분은 조만간 죽을 수밖에 없습니다. 그 뒤에는 무덤보다 더 깊은 곳, 유황불이 활활 타오르는 자리에 떨어지게 됩니다. 그러니 착한 친구들이여, 나와 함께 떠나는 걸 진지하게 생각해보십시오."

"기가 막혀서!" 옹고집이 내뱉었다. "그러니까 친구들과 안락한 생활을 다 버리란 말이요?"

"그렇습니다." 피난길에 나선 크리스첸(그게 남자의 이름이다)은 말했다. "여러분이 포기하는 것들의 가치를 통틀어 계산해봐도 내가 앞으로 누리려는 즐거움의 지극히 일부분에도 미치지 못합니다. 고후 4:18 나와 더불어 끝까지 동행하면 모두 축복을 받아서 상상조차 할 수 없을 만큼 값진 보화를 함께 나누게 될 겁니다. 눅 15:17 자, 같이 가서 내 말이 사실인지 거짓인지 확인해봅시다."

"댁은 도대체 뭘 찾고 있는 거요?" 옹고집이 되물었다. "얼마나 소중한 것이기에 온 세상을 다 외면하고 오직 거기에만 매달리느냐는 말이요?"

크리스첸이 대답했다. "하늘나라에 간직되어 있는 '썩지 않고,

더러워지지 않고, 낡아 없어지지 않는 유산' 벧전 1:4 을 찾고 있습
니다. 거기에 잘 보관되어 있다가 적절한 때가 되면 부지런히 구
하고 또 구하는 이들의 손에 들어가게 될 겁니다. 히 11:16 이 책에
그렇게 나와 있습니다."

"터무니없는 소리!" 옹고집이 소리쳤다. "그따위 책일랑 당장
집어치우고 똑 부러지게 말해보시오. 우리와 돌아가겠다는 거
요, 말겠다는 거요?"

"절대로 안 갑니다." 크리스천은 단호하게 대꾸했다. "쟁기를
손에 들고 뒤를 돌아다볼 수는 없지요. 눅 9:62 이미 나그넷길에 들
어섰으니 어떻게든 끝을 보고 말 겁니다."

"유순한 씨, 그럼 저 양반은 남겨두고 우리는 그냥 돌아갑시
다. 머리에 말도 안 되는 생각이 가득한데도 제멋에 겨워서 사리
분별이 뚜렷한 사람 일곱보다 자신이 더 지혜롭다고 믿는 미치
광이들이 세상에 넘쳐나는군요." 잠 26:16

유순한은 손을 내저었다. "그렇게 서두르지 마세요. 선량한 크
리스천 씨의 말이 사실일 수도 있습니다. 그렇다면 저분이 찾는
게 우리가 가진 것보다 훨씬 귀중하지 않을까요? 개인적으로는
저 양반을 한번 따라가보고 싶습니다만."

"선생까지 바보짓을 하겠다고요?" 옹고집은 펄쩍 뛰었다. "제
발 내 말을 듣고 돌아갑시다. 이 얼빠진 친구가 어디로 데려갈지
모릅니다. 어서 갑시다. 가자고요. 댁이라도 현명하게 처신해야

것 아닙니까."

"옹고집 씨의 얘기에 넘어가지 마세요." 크리스천이 붙들었다. "유순한 씨, 부디 동행이 돼주세요. 이미 말씀드린 것처럼 얻을 게 많습니다. 그 밖에도 영광스러운 일들이 수없이 기다리고 있어요. 미심쩍으면 이 책을 읽어보세요. 글쓴이가 내용을 피로 증명했으니 이보다 더 믿음직스러운 책이 또 어디에 있겠습니까?" 히 13:20-21; 9:17-21

"음, 옹고집 씨." 유순한은 어렵게 입을 열었다. "결심했습니다. 저분과 함께 가기로요. 끝까지 운명을 같이할 겁니다." 그러곤 잠시 무언가를 생각하더니 크리스천을 돌아보며 물어보았다. "그런데 길은 잘 알고 있는 거죠?"

"전도자라는 분이 방향을 짚어주었어요." 크리스천이 말했다. "바로 저 앞에 있는 좁은 문까지 될 수 있는 대로 서둘러 가라고 하더군요. 일단 거기에 도착하기만 하면 다음에 어디로 갈지 안내받을 수 있을 거랍니다."

"그럼 됐어요, 착한 양반. 어서 갑시다!" 둘은 나란히 길을 떠났다.

"그럼 나 혼자 돌아갈 수밖에." 옹고집이 말했다. "넋 나간 친구들을 따라 엉뚱한 길을 헤맬 수는 없지."

옹고집은 멸망의 도시로 돌아갔다. 크리스천과 유순한은 골짜기 한복판을 함께 걸으며 사이좋게 이야기를 나누었다. 둘의 이야기는 끝없이 이어졌다.

"함께 가자는 말에 귀 기울여줘서 얼마나 기쁜지 모르겠어요." 크리스천이 말했다. "옹고집 씨가 그렇게 허겁지겁 멸망의 도시로 돌아가는 걸 보고 정말 놀랐어요. 눈에 보이지 않는 존재의 세력과 그 두려움을 나만큼 절감했더라면 동행하자는 요청을 끝내 뿌리치지는 못했을 거예요."

"자, 크리스천 씨, 이제 우리 둘뿐이니 좀 더 자세히 말씀해보십시오. 지금 가는 곳에 도착하면 얼마나 멋진 일들이 기다리고 있을까요?"

"마음에 담고 있는 걸 말로 다 표현할 수 없는 게 안타까울 따름입니다." 크리스천이 말했다. "하지만 그토록 궁금해하시니 이 책이 설명하는 내용을 조금 읽어드리죠."

"그럼 선생은 그 책에 적힌 말이 다 사실이라고 믿는 겁니까?"

"두말하면 잔소리죠. 거짓말할 줄 모르는 분이 들려주신 말씀이거든요." 딛 1:2

"그렇다면 이야기해보세요. 무슨 일들이 우리를 기다리고 있는지 말씀해주세요."[14]

"영원한 나라에 머물며 변함없는 생명을 누리게 됩니다. 거기서 죽음을 맛보지 않고 한없이 살게 되는 거죠." 크리스천이 조곤조곤 가르쳐주었다. 사 65:17

"그래서요. 그 밖에는 또 뭐가 있죠?" 유순한은 거듭 재촉했다.

"영광의 면류관을 받고 해처럼 환하게 빛나는 옷을 입게 됩니다." 요 10:27-29; 딤후 4:8; 계 3:4; 마 13:43

"와, 멋지군요! 그다음은요?"

"울부짖을 일도 없고 괴로워할 것도 없습니다. 그곳의 주인이신 분이 우리 눈에서 모든 눈물을 닦아주실 것이기 때문입니다." 사 25:8; 계 7:17; 21:4

"스랍과 그룹 사 6:2; 살전 4:16-17; 계 5:11 그리고 바라보기만 해도 눈부신 이들과 더불어 지낼 겁니다. 앞서서 그 나라에 들어간 수많은 이들과 만나게 될 테고요. 다른 이들의 마음을 상하게 하는 이는 찾아볼 수 없고, 다들 사랑이 넘치며 거룩하기 이를 데 없습니다. 너나없이 하나님의 보살핌을 받을 뿐만 아니라 한없이 용납해주시는 주님의 임재 앞에 나아갈 수 있습니다. 한마디로 거기에 가면 금면류관을 쓴 장로들을 만납니다. 계 4:4; 14:1-5 황금 하프를 타는 성녀들도 볼 수 있습니다. 그곳의 주인이신 분을 사랑하는 마음으로 세상의 손에 붙들려 갈가리 찢기고, 불에 타 숨지고, 짐승의 먹잇감이 되고, 바다에 수장되는 등 온갖 고난을 당한 이들과 대면하게 됩니다. 요 12:25; 고후 5:2-4 거기에 사는 이들은 너나없이 영원한 생명을 외투처럼 덧입고 있습니다."

"듣고 있으니 가슴이 뜁니다. 그런데, 이처럼 엄청난 축복을 정말 누구나 누릴 수 있을까요? 그럴 만한 자격을 갖추려면 무슨 일을 해야 할까요?"

"그곳을 다스리시는 주님은 이 책에다 누구든지 진심으로 그 선물을 받고 싶어 하면 아무 조건 없이 거저 주시겠다고 적어놓으셨어요." 사 55:1-2; 요 6:37; 계 21:6; 22:17

"이런 얘기를 들을 수 있어서 얼마나 기쁜지 모르겠습니다. 자, 서두릅시다." 유순한이 재촉했다.

"등에 짊어진 짐 때문에 마음만큼 빨리 걷기가 어렵군요." 크리스천이 대꾸했다.

꿈에서 보니, 대화를 마무리 지을 때쯤 두 나그네는 계곡 한복판에 자리 잡은 진흙수렁 어간에 다가서고 있었다. 아무 생각 없이 걷고 있던 크리스천과 유순한은 순식간에 늪에 빠져들고 말았다. 구렁텅이의 이름은 '낙담Despond'이었다. 진창에서 허우적거리느라 둘은 머리끝까지 진흙을 뒤집어썼다. 크리스천은 등짐의 무게가 온몸을 찍어 누르는 바람에 차츰 바닥으로 가라앉기 시작했다.

"크리스천 씨, 이제 어떡하죠?" 유순한이 다급하게 물었다.

"솔직히, 나도 잘 모르겠어요!"

크리스천의 대답에 분통이 터진 유순한은 노기가 어린 목소리로 쏘아붙였다. "같이 걸어오는 내내 얘기했던 행복한 삶이라는 게 고작 이 꼴이란 말이오? 길을 떠나자마자 이처럼 험악한 사태에 맞닥뜨린다면 남은 여정이나 목적지에서 겪게 될 일은 더 말해 무엇하겠소? 살아서 이 늪을 빠져나가거든 그 멋지다는 나라에는 댁 혼자 가시구려. 난 이쯤에서 관두겠소." 그러곤 몇 차례 젖 먹던 힘까지 다해 발버둥을 친 끝에 간신히 진창에서 벗어나 멸망의 도시 쪽 기슭에 닿았다. 뭍으로 올라간 유순한은 뒤도 돌아보지 않고 사라져버렸으며 다시는 크리스천 앞에 모습을 드러내지 않았다.[15]

크리스천은 낙담의 늪에 홀로 남아 허우적거렸다. 견딜 수 없을 만큼 힘들었지만, 어떻게 해서든 멸망의 도시 반대편, 좁은 문 가까운 쪽에 닿으려고 안간힘을 썼다. 우여곡절 끝에 수렁 한쪽 가장자리까지 갔지만 등에 멘 짐보따리가 너무 무거워서 아무리 애를 써도 맨땅을 딛고 설 수가 없었다.[16] 그때 어디선가 헬프 Help라는 사나이가 나타나서 물었다. "여기서 뭘 하고 계십니까?"

헬프
Help

"선생님, 전도자라는 분이 이 길로 쭉 가라고 해서 따랐는데 이 지경이군요. 좁은 문으로 들어가야 한다고도 했어요. 그래야 장차 다가올 진노의 불길을 피할 수 있다고요. 그분이 가리켜주는 대로 곧장 가다가 여기에 이렇게 빠진 거죠."

"어딘가에 발판이 있을 텐데, 좀 찾아보시지 그랬어요?" 헬프는 안타까워했다.[17]

"너무나 겁이 나서 엉뚱한 데를 딛다 보니 이렇게 늪 속으로

깊이 가라앉게 됐답니다."

"손을 이쪽으로 뻗으세요." 헬프가 말했다. 그러곤 크리스천이 내미는 손을 꽉 붙잡고 끌어내서 시 40:2 단단한 땅에 세우더니 부디 조심해서 가던 길을 가라고 했다.

크리스천은 수렁에서 건져준 사나이에게 다가가서 물어보았다. "선생님, 이 늪은 멸망의 도시와 좁은 문 사이를 가로지르고 있습니다. 누구라도 나서서 이 구렁텅이를 메워버리면 나그네들이 안전하게 오갈 수 있을 텐데, 어째서 그냥 버려두는 거죠?"

"이 늪은 묻어버릴 수도, 달리 손을 볼 수도 없답니다." 헬프가 대답했다. "여기는 죄의식에서 비롯된 온갖 거품과 찌꺼기들이 밀려드는 바닥 중의 바닥이거든요. 그래서 낙담의 늪이라고 부르는 겁니다. 죄인이 스스로 자신의 절망적인 형편을 깨닫는 순간, 심령에서 솟구친 회의와 두려움, 맥 빠지게 만드는 걱정 근심 따위가 갖가지 끔찍한 괴로운 생각들과 함께 뒤엉켜 이 늪에 고입니다. 이 구덩이의 바닥이 그렇게 엉망진창인 까닭이 거기에 있습니다.

이곳이 그처럼 형편없는 상태로 남아 있는 걸 임금님은 아주 불쾌해하십니다. 사 35:3-4 그래서 지난 1천6백 년 동안 수많은 일꾼들이 왕실 측량사들의 지휘를 받아가며 고쳐보려고 최선을 다

낙담에서 크리스천을 건져내는 헬프

했습니다. 내가 알기로는 왕국 구석구석에서 실어다가 늪에 쏟아부은 유익한 가르침만 해도 2만 수레 분량은 족히 넘을 겁니다. 구렁텅이를 손보기 위해서 그처럼 최고급 자재를 한없이 쏟아부었는데도 여전히 낙담 그대로입니다. 임금님의 신하들이 나서서 수렁을 가로질러 튼튼한 디딤돌을 놓았지만 날씨가 나쁜 데다가 늪에서 떠오르는 잡다한 쓰레기들 탓에 눈에 잘 띄지 않는 게 문제입니다. 설령 일기가 쾌청해서 발판들이 또렷이 보인다 하더라도, 당황하거나 불안해하다가 발을 헛딛고 더러운 물에 풍덩 빠지는 이들이 수두룩합니다. 그래도 한 가지만큼은 분명합니다. 일단 좁은 문을 지나고 나면 길이 아주 반듯해진다는 사실입니다." 삼하 7:23

2

세상길,
아니면 좁은 길

The way of the world
or the narrow way

꿈속에서 집으로 돌아간 유순한을 보았다. 도착 소식을 듣고 이웃들이 찾아왔다. 더러는 과감하게 돌아왔으니 얼마나 현명하냐고 했다. 애당초 크리스천과 더불어 그처럼 위험천만한 여행을 시작한 게 바보짓이었다는 이들도 있었다. 한편에선 비겁하게 처신했다며 유순한을 조롱했다. "일단 출발을 했으면 끝을 봐야지 조금 힘든 일을 만났다고 금방 쪼르르 돌아오다니, 나 같으면 절대 그러지 않았을 거야!" 당황스럽고 뿌루퉁한 나머지 유순한은 잠시 몸을 사렸다. 하지만 곧 얼마쯤 자신감을 회복하고 다른 이들 틈에 끼어서 그 자리에 없는 가엾은 크리스천을 비웃어댔다.

이제 홀로 남은 크리스천은 가던 길을 계속 걸어갔다. 그때 멀리서 누군가가 벌판을 가로질러 다가오는 게 보였다. 마침내 크리스천과 얼굴을 마주한 신사는 자신을 '세속현자Worldly-Wiseman'라고 소개했다. '세상이치 시Carnal-Policy'에 살고 있는데 크리스천이 가려고 하는 곳과 아주 가까운 대단히 번화한 도시라고 했다.[1]

세속현자는 크리스천을 단박에 알아보았다. 멸망의 도시를 버리고 멀리 떠난 남자가 있다는 소문이 인근 마을과 성읍에 두루 퍼졌기 때문이다. 크리스천의 지저분한 차림새를 보고 쉴 새 없이 토해내는 한숨과 신음 소리를 듣는 순간, 세속현자는 눈앞의 상대가 바로 풍문의 주인공임을 확신하고 말을 걸었다.[2]

세속현자
Worldly-Wiseman

"어디로 가시오? 어쩌다가 이렇게 형편없는 몰골을 하게 되셨소? 등에 짊어진 커다란 보따리는 또 뭐요?"

"실은 저도 이렇게 무거운 짐은 난생처음입니다. 어디로 가느냐고 물으셨으니 드리는 말씀입니다만, 이쪽으로 계속 가다보면 나온다는 어린양의 문으로 갑니다. 그리 들어가면 이 육중한 짐을 벗어버릴 길을 찾을 수 있다는 얘길 들었습니다." 크리스천이 대답했다.

"결혼은 하셨소? 자식들도 있고?" 세속현자가 물었다.

"그렇습니다. 하지만 등짐에 하도 짓눌려서 식구들과 있어도 남들처럼 즐겁지가 않았어요. 이제는 의지가지없는 사내가 된 기분입니다." 고전 7:29

"괜찮다면 내 얘기를 한번 들어보시겠소?"

"저를 위해서 해주시는 말씀인데, 당연히 들어야죠. 그렇잖아도 조언이 꼭 필요했거든요." 크리스천이 대답했다.

"우선 한시바삐 짐을 벗어버리는 게 어떻겠소? 그러지 않고는 죽었다 깨나도 마음을 잡거나 하나님이 주신 축복을 마음껏 누리지 못할 게요."³

"저도 그러고 싶습니다. 허리가 휘도록 무거운 이 짐을 벗어버릴 수만 있다면 무얼 더 바라겠습니까? 하지만 아무리 애를 써도 떨쳐낼 수가 없군요. 세상천지를 다 둘러봐도 내 어깨에서 보따리를 떼어낼 줄 사람을 못 찾겠어요. 그래서 좁은 문을 찾아가는 겁니다. 말씀드린 대로, 짐을 내려놓으려고요."

"이리로 가야 짐을 벗어버릴 수 있다고 누가 그럽디까?"

"아주 고상하고 훌륭해 보이는 분이었습니다. 성함이 뭐라더라… 아, 생각났다. 전도자라는 분이었어요."

"창피한 줄도 모르고 그따위 얘길 주절거리다니!" 세속현자는 펄쩍뛰었다. "그 양반이 댁에게 가리켜준 것만큼 위태롭고 험난한 길은 다시없을 거요. 여태 어떤 고생을 했는지 돌아보구려.

낙담에 빠져 허우적대다 개흙을 온통 뒤집어쓰지 않았소? 잘 들어요. 이 길을 따라가는 한 온갖 괴로움과 어려움을 겪게 될 거요. 늪쯤은 시작에 불과하지. 세상을 좀 더 산 늙은이가 하는 말이니 부디 명심하시구려. 전도자가 짚어준 쪽으로 계속 가다 보면 피로, 고통, 굶주림, 심각한 위기, 헐벗음, 칼, 사자, 용, 흑암 따위의 공격을 피할 수 없을 거요. 그야말로 죽음과 맞닥뜨리는 거지. 길을 막고 물어보시오. 내 말이 사실임을 입증해줄 사람이 한둘이 아닐 테니. 잘 알지도 못하는 사람의 얘기를 듣고 무작정 위험한 길에 뛰어들 필요가 어디 있겠소?"

"그래도 어쩐지 어르신이 말씀하시는 온갖 어려움과 역경들보다 내 등짐이 더 끔찍하게 여겨집니다. 이 보따리에서 벗어날 수만 있다면 도중에 어떤 어려움을 만나든 신경 쓰지 않겠어요." 크리스천이 말했다.

"어쩌다가 그렇게 엄청난 짐을 짊어지게 된 거요?" 세속현자가 물었다.

"제가 들고 다니는 이 책을 읽기 시작하면서부터죠."

"그럴 줄 알았소." 세속현자는 따듯하게 다독였다. "댁 혼자만 당하는 봉변이 아니오. 분수를 모르고 너무 고귀한 일에 끼어들었던 허약한 이들이 수없이 같은 신세가 됐지. 십중팔구 그대 역시, 어느 날 갑자기 인간에게 가장 중요한 일이 무언지 헷갈리기 시작했을 거요. 나름대로 지켜왔던 삶의 초점이 흔들리게 됐겠지. 이제는 산란한 생각에 사로잡힌 나머지 제대로 알지도 못하는 무언가를 손에 넣으려고 극단적인 행동도 서슴지 않게 될 게 분명하오."⁴

"무거운 짐을 덜어줄 도움의 손길을 만나고 싶어 하는 건 사실입니다."

"하지만 구태여 수많은 위험이 도사리고 있는 방식으로 부담을 덜려고 애쓸 까닭이 도대체 무어란 말이오? 댁이 만나게 될 위험을 모두 피하면서 뜻을 이룰 수 있는 데를 알려드릴 테니, 조금만 더 참고 들어보시오. 마음을 열고 귀를 기울이면 한결 안전한 해결책을 보여드리리다. 위험은커녕 안전과 우정, 만족을 얻을 수 있을 거요. 장담할 수 있어요."⁵

"어르신, 부디 비결을 알려주십시오." 크리스천은 간곡히 부탁했다. 세속현자는 말을 이었다.

"요 옆에 '도덕골A village called Morality'에 가면 그토록 찾아 헤매던 위안과 구원을 얻을 수 있을 거요. 마을에는 '율법Legality'이란 어른이 살고 계신데 신중하고 명철하시기로 소문이 자자한 분이시오. 그대가 어깨에 짊어진 것과 같은 짐들을 덜어주는 기술을 가지셨지. 듣기로는 그 방면에는 따라올 사람이 없을 만큼 뛰어나시다는구려. 짐보따리 탓에 마음의 균형이 무너진 이들을 고치는 데도 일가견이 있다고 하고.⁶

그래서 하는 말인데, 당장 달려가서 도움을 청하는 게 좋겠소.

크리스천을 곁길로 이끄는 세속현자

댁이 여기서 멀지도 않아요. 혹시 출타 중이면 자제분의 힘을 빌리구려. 이름이 '예의Civility'라고 하던가?

아무튼 내가 일러준 대로만 하면 짐이 한결 가벼워질 거요. 그러고 나서도 멸망의 도시로 돌아갈 마음이 들지 않거든 아내와 자식들을 불러다가 도덕골에서 함께 사는 것도 생각해봐요. 마을에는 빈집이 많아서 큰돈을 들이지 않고도 어렵잖게 거처를 구할 수 있을 거요. 내가 장담하리다. 물가도 싼 편이고 정직한 이웃이라든지, 확실한 신용, 세련된 주변 환경 따위를 포함해서 행복한 생활을 하는 데 필요한 모든 요건들이 골고루 잘 갖춰져 있소. 손만 뻗으면 그렇게 멋진 것들을 다 가질 수 있지."

크리스천은 세속현자의 이야기에 적잖이 충격을 받았지만 곧 뜻을 정했다. 노인어른의 말이 사실이라면 그 가르침에 따르는 게 가장 바람직하겠다 싶었다. 잠시 생각을 정리하고 난 뒤에 크리스천이 물었다.

"어르신, 율법 선생 댁을 찾으려면 어느 길로 가야 할까요?"

"저쪽에 언덕이 보이시는가?"

"예, 저기 저 둔덕 말씀이시군요."

"저 언덕을 끼고 돌아서서 첫 번째 집이 선생 댁이오."

크리스천은 가던 길에서 벗어나 도움을 구하러 율법의 집 쪽으로 발길을 돌렸다. 그런데 언덕 근처에 다다른 크리스천은 깜짝 놀랐다. 생각했던 것보다 훨씬 높고 험했기 때문이다. 게다가 둔덕을 끼고 돌아가는 길 한쪽은 깎아지른 벼랑이어서 혹시라도 머리 위로 쏟아져 내릴까 겁이 더럭 났다.

얼마나 무섭던지 크리스천은 가던 길을 멈추고 얼어붙은 채 어찌할 바를 몰랐다. 전도자가 따라가라고 했던 길에서 빗겨나 샛길로 들어선 뒤부터 등짐이 한결 무거워진 느낌이었다.

언덕 위로는 번갯불마저 쉴 새 없이 번쩍거려서 아무 때라도 벼락을 맞을 것만 같았다.出 19:16, 18 등 뒤로 식은땀이 줄줄 흐르고 공포감에 온몸이 덜덜 떨리기 시작했다.[7]히 12:21 세속현자의 조언을 곧이곧대로 받아들인 게 한없이 유감스러웠다. 가슴을 치며 한참을 후회하고 있는데 저만치서 마주 오는 전도자가 보였다. 상대방을 알아보는 순간, 크리스천은 너무도 부끄러워서 얼굴이 벌겋게 달아올랐다.

전도자는 점점 더 가까이 다가오더니 딱딱하고 엄한 얼굴로 바라보며 나무라기 시작했다.

"크리스천 씨, 여기서 뭘 하고 있는 겁니까?"

질문을 받았지만 어떻게 대답해야 할지 몰라서 꿀 먹은 벙어리처럼 입을 꾹 다물고 서 있기만 했다.

"댁은 멸망의 도시 담벼락 바깥에서 울부짖던 그 양반이 아니던가요?" 전도자는 매섭게 캐물었다.

"그렇습니다. 내가 바로 그 사람입니다." 크리스천이 대꾸했다.

"그때 거기서 좁은 문으로 가는 길을 가르쳐주었던 걸로 아는

데요."

"그랬지요."

"그런데 어쩌면 이렇게 금세 곁길로 새어나갈 수가 있습니까? 짚어준 길을 따라가지 않으니 이런 꼴을 당하는 게 아닙니까!"

크리스천은 어물어물 변명을 늘어놓았다. "낙담을 건넌 지 얼마 안 돼서 점잖은 신사 분을 만났는데, 그 어르신이 저 너머 마을에 사는 어떤 선생을 만나면 짐을 벗어버릴 수 있을 거라고 간곡히 말씀하시기에 그 말에 따랐더니 이리 되었습니다."

"신사 분이라니, 그게 누구죠?"[8]

"아주 점잖은 어른 같았어요. 여러 말로 타이르는 바람에 차마 물리칠 수가 없었어요. 그래서 결국 여기까지 왔는데, 언덕과 길 위로 치솟은 절벽을 보니 꼭 머리 위로 무너져내릴 것만 같아서 더 나가지 못하고 딱 멈춰 서 있던 참입니다."

"신사 양반이 무어라고 하던가요?" 전도자가 물었다.

"무엇하러 어디로 가느냐고 묻기에 사실대로 말해주었지요."

"또 무슨 소리를 하던가요?" 전도자는 다시 캐물었다.

"딸린 식구가 있느냐고 묻더군요. 그렇기는 하지만 등에 진 짐에 짓눌려서 가족들과 있어도 예전처럼 즐겁지가 않다고 했어요."

"그러니까 뭐라고 하던가요?" 전도자가 다그쳤다.

"어서 짐을 벗어버리라기에 나도 그러고 싶다고 했어요. 그렇

잖아도 저 앞에 있는 어린양의 문으로 가서 어느 쪽으로 가야 구원받을 자리에 이를 수 있는지 알아볼 작정이라고요. 그랬더니 대뜸 더 편하고 쉬운 지름길을 알려주겠다는 거예요. 전도자님이 가르쳐준 쪽으로 가면 온갖 어려움들을 다 겪을 수밖에 없는데 자기가 가리키는 방향을 좇으면 죄다 피할 수 있다는 거죠.

'등에서 짐을 벗겨내는 기술을 가진 선생님이 있는 곳을 알려주겠다'는 말도 했어요. 그래서 그 어른을 믿고 전도자님이 알려준 길에서 벗어나 이 샛길에 접어든 겁니다. 짐을 털어내고 자유로워지고 싶어서요. 하지만 막상 여기에 와보니 모든 게 너무나 위험해 보이더군요. 와락 겁이 나서 꼼짝도 못할 지경이었어요. 이젠 무얼 어떻게 해야 할지 앞이 캄캄해요."

"잠시만 그대로 있어보세요." 전도자가 말했다. "하나님 말씀을 보여드리죠."

크리스천은 와들와들 떨며 기다렸다. 이윽고 전도자가 성경을 펼쳐 읽었다. "여러분은 말씀하시는 분을 거역하지 않도록 조심하십시오. 그 사람들이 땅에서 경고하는 사람을 거역하였을 때에 그 벌을 피할 수 없었거든, 하물며 우리가 하늘로부터 경고하시는 분을 배척하면 더욱더 피할 길이 없지 않겠습니까?" 히 12:25 아울러 다른 말씀도 들려주었다. "나의 의인은 믿음으로 살 것이

겁에 질린 채 시내 산 기슭에 주저앉은 크리스천

다. 그가 뒤로 물러서면, 내 마음이 그를 기뻐하지 않을 것이다."히 10:38

전도자는 크리스천에게 설명했다. "댁은 비참한 처지로 줄달음치고 있습니다. 지극히 높으신 분의 가르침을 외면하고 평안으로 이어지는 길에서 발길을 돌렸을 뿐만 아니라 한 걸음 더 나아가 스스로 망하는 길로 접어든 겁니다."

크리스천은 전도자의 발 앞에 털썩 무릎을 꿇고 금방이라도 숨이 넘어갈 것처럼 울부짖었다. "맙소사, 이젠 완전히 끝났구나!"

그걸 본 전도자는 오른손으로 크리스천을 붙잡아 일으키며 말했다. "사람들이 짓는 죄와 비방은 모두 용서를 받을 수 있습니다.마 12:31; 막 3:28 의심을 떨쳐버리고 믿음을 가지십시오.요 20:27"
간신히 기운을 차린 크리스천은 여전히 몸을 떨면서 전도자 앞에 섰다.

전도자가 말을 이었다. "지금부터 하는 얘길 명심하십시오. 댁을 홀린 이가 어떤 인물인지, 그리고 누구에게 보내려 했는지 이제 알려드리겠습니다.

댁이 만난 세속현자라는 양반은 이름 그대로입니다. 세상이 주는 가르침을 더없이 좋아하죠.요일 4:5 끊임없이 도덕골을 들락거립니다. 그곳에 있는 교회에 다니거든요. 속세의 원리를 그토록 떠받드는 건 십자가에 다가가지 않는 데 도움이 되기 때문입니다.갈 6:12 이런 세속에 물든 성품을 가진 탓에 내가 제시하는 방향이 올바른 길인 줄 알면서도 불쌍한 죄인들을 거기서 끌어내 엉뚱한 곳으로 이끄는 데 여념이 없습니다. 세속현자의 조언 가운데 크리스천 씨가 몹시 원통하게 생각하고 미워해야 할 일 세 가지가 있습니다.

첫째로, 바른길에서 떠나야겠다는 마음을 심어준 일입니다.

둘째로, 십자가를 외면하게 만들려고 갖은 수를 다 썼던 점입니다.

셋째로, 죽음이 기다리는 길로 들어서게 유혹했다는 사실입니다.

우선, 세속현자가 댁을 올바른길에서 돌아서게 했다는 데 분개할 뿐만 아니라 그 조언에 기쁘게 따랐던 것에 대해서도 똑같은 마음을 가질 필요가 있습니다. 하나님의 가르침을 물리치고 세속현자의 속삭임을 냉큼 받아들였던 행동을 몹시 혐오스럽게 생각해야 합니다. 주님은 '너희는 좁은 문으로 들어가기를 힘써라.눅 13:24 생명으로 이끄는 문은 너무나도 좁고, 그 길이 비좁아서, 그것을 찾는 사람이 적다마 7:14'고 말씀하십니다.

사악한 세속현자는 댁을 꼬드겨 그 좁은 문에서, 아니 그리 통하는 길에서 끌어내 자멸 직전까지 몰아갔던 겁니다. 그러니 바른길에서 벗어나게 꼬드긴 세속현자를 미워하고 거기에 솔깃한 자신을 유감스럽게 여기는 게 당연합니다.

다음으로, 크리스천 씨를 충동질해서 십자가를 혐오스럽게 여기게 만들려고 안달복달했던 점을 미워해야 합니다. 다른 무엇보다도, 심지어 이집트의 온갖 보화보다 아끼고 사랑해야 할 게 바로 십자가이기 때문입니다. 히 11:25-26 영광의 왕께서는 한 걸음 더 나가서 '자기 목숨을 얻으려는 사람은 목숨을 잃을 것' 막 8:35; 요 12:25; 마 10:39이며 '누구든지 내게로 오는 사람은, 자기 아버지나 어머니나, 아내나 자식이나, 형제나 자매뿐만 아니라, 심지어 자기 목숨까지도 미워하지 않으면, 내 제자가 될 수 없다' 눅 14:26고 하셨습니다. 다른 얘길 속삭이는 이들이 있다면 그게 누구든 영원한 생명을 주는 진리와 맞서는 자들입니다. 그런 가르침은 더 볼 것도 없이 증오해야 마땅합니다.

마지막으로, 죽음에 이르는 길로 이끌어 들인 걸 미워해야 합니다. 아울러 세속현자가 크리스천 씨를 보내려고 했던 선생의 실체가 무엇이며 그를 통해서는 결코 짐을 내려놓을 수가 없다는 사실이 얼마나 명명백백한지 알아둘 필요가 있습니다. 구원을 받을 수 있다며 세속현자가 만나보라고 했던 율법이란 인물은 지금도 자식들을 데리고 종살이 하고 있는 여인의 아들입니다. 크리스천 씨가 당장이라도 머리 위로 쏟아질 것만 같아서 겁이 난다고 했던 높은 산의 이름은 시내 산입니다. 여인과 딸린 자식들이 모두 노예 신분에서 벗어나지 못하고 있는 판에 어떻게 댁의 짐을 벗겨줄 수가 있겠습니까?

율법은 등짐을 느슨하게 해줄 능력조차 없습니다. 여태 율법의 도움을 받아서 무거운 보따리를 내려놓았다는 사람은 단 한 명도 없었고 앞으로도 그럴 겁니다. 율법의 힘에 기대서는 자유를 얻을 수 없습니다. 율법을 따르는 행위로는 아무도 짐을 벗을 수가 없거든요.

세속현자가 이방인이라면 율법은 사기꾼인 셈이죠. 율법의 아들 예의는 또 어떻고요. 생김새는 번듯하지만 댁을 도울 능력이 전혀 없는 위선자에 지나지 않아요. 나를 믿으세요. 이 얼치기들한테 들은 얘기는 다 헛소리예요. 내가 알려드린 길에서 벗어나게 해서 구원을 받지 못하게 하려는 수작일 뿐입니다."

말을 마친 전도자는 하늘을 우러러 그 모든 얘기가 사실임을 확인해달라고 부르짖었다. 순간, 불쌍한 크리스천이 딛고 섰던 산의 꼭대기 쪽에서 음성이 들리며 불길이 치솟았다. 머리칼이 거꾸로 서는 것 같았다. 크리스천의 귀에 목소리가 똑똑히 들렸다. "무릇 율법 행위에 속한 자들은 저주 아래에 있나니 기록된 바 누구든지 율법 책에 기록된 대로 모든 일을 항상 행하지 아니하는 자는 저주 아래에 있는 자라 하였음이라." 갈 3:10

남은 건 죽음뿐이라고 생각한 크리스천은 서럽게 울기 시작했다. 세속현자를 만난 순간을 저주하며 그 말에 귀를 기울인 자신이야말로 멍청이 중에 멍청이라고 수없이 자책했다. 그리고 육신의 욕심을 채우려는 속임수에 불과한 세속현자의 주장을 바른

길에 들어서도록 타이르는 어른의 목소리로 여겼던 걸 몹시 부끄러워했다. 한참을 그렇게 괴로워하던 크리스천은 생각을 가다듬고 해야 할 말을 속으로 정리한 다음 전도자에게 다가서며 물었다.

"어떻게 보십니까? 아직 희망이 남아 있는 걸까요? 지금이라도 길을 되짚어 양의 문으로 올라갈 수 있을까요? 이렇게 버림받은 채 고향으로 돌아가서 창피와 망신을 당할 수밖에 없는 건가요? 세속현자의 말을 들은 게 한없이 후회스럽습니다. 죄를 용서받을 길은 없을까요?"

전도자가 말했다. "당신의 죄는 이루 헤아릴 수 없을 만큼 큽니다. 한편으로는 선한 길을 저버리고 다른 한편으로는 금지된 길에 발을 들여놓는 두 가지 잘못을 동시에 범했기 때문이죠. 그럼에도 불구하고 양의 문에서 기다리시는 분은 크리스천 씨를 반가이 맞아주실 겁니다. 그분은 언제나 따뜻한 마음을 품고 사람들을 대해주시거든요."

전도자는 다시는 곁길로 빠지지 않도록 조심하라고 단단히 주의를 주었다. 그렇지 않으면 '그분이 진노하셔서 걸어가는 그 길에서 망할 것'시 2:12이라고 경고했다.

크리스천은 양의 문으로 통하는 좁은 길로 되돌아가게 해달라고 부탁했다. 전도자는 입을 맞추고 환한 미소와 함께 무사히 도착하기를 빌어주었다.

양의 문을 두드리는 크리스천

크리스천은 발길을 재촉했다. 일분일초라도 빨리 양의 문과 이어진 길로 돌아갈 욕심에 아무한테도 말을 걸지 않았다. 설령 누가 뭘 묻더라도 대답조차 하지 않았을 것이다.

마치 금지된 지역에 들어선 사람처럼 냅다 걷기만 했다. 세속 현자의 달콤한 말에 넘어가 포기했던 길로 다시 돌아가기 전까지는 도무지 마음을 놓을 수가 없었다.

그렇게 얼마나 걸었을까, 마침내 크리스천은 문간에 이르렀다. 문지방에는 "문을 두드리라. 그리하면 너희에게 열릴 것이니"마 7:7라는 글귀가 적혀 있었다.

크리스천은 두어 차례 문을 두드리며 중얼거렸다. "들어가도 될까? 선한 뜻을 거스르며 살았던 자격 없는 인간이지만 안에 계신 분이 불쌍하게 봐주시면 좋겠는데…. 그럼 지극히 높으신 분을 영원토록 찬양해야지."

잠시 후, '선의Good-Will'라는 진지한 표정을 가진 이가 문간에 나오더니 어디서 온 누구며 무얼 원하느냐고 물었.[9]

"무거운 짐을 짊어진 불쌍한 죄인입니다." 크리스천이 말했다. "코앞에 닥친 진노를 피하려고 멸망의 도시를 탈출해 시온산으로 가는 길입니다. 다들 이 문이 안전한 피난처로 가는 통로라고 하더군요. 혹시 나를 받아주실 수 있는지 알고 싶습니다."

"온 마음을 다해 환영합니다!" 선의는 뛸 듯이 반기며 문을 활짝 열어주었다.

그런데 어찌 된 셈인지 문턱 너머로 첫발을 들여놓기가 무섭게 선의가 달려들어 거칠게 안쪽으로 끌어들였다. 크리스천이 물었다. "어째서 이렇게 거세게 잡아당기시는 거죠?"

선의가 대답했다. "문에서 조금 떨어진 곳에 바알세붑을 우두머리로 섬기는 튼튼한 성채가 있습니다. 나그네들이 이 문을 들어서려고 하면 바알세붑과 그 졸개들이 화살을 쏘아대곤 해요. 가엾은 죄인들이 안전한 피난처에 들어가기 전에 죽여 없애겠다는 거죠."[10]

"한없이 기쁘면서도 떨리네요." 크리스천이 말했다.

그렇게 무사히 안으로 들어서자[11] 문간에 섰던 선의는 누가 이리로 보냈느냐고 물었다.

"전도자라는 분입니다. 이렇게 문을 두드리면 선생님께서 다음에 해야 할 일을 가르쳐주실 거라고 했어요." 크리스천이 대답했다.

"활짝 열린 문이 댁 앞에 있습니다. 아무도 그 문을 닫을 수 없습니다." 선의가 못 박아 말했다.

"지금껏 온갖 위험하고 어려운 일들을 헤쳐 나온 보람을 이제 거두나봅니다." 크리스천도 정색을 하고 화답했다.

"그런데 어떻게 혼자서 여기에 오려고 마음먹은 거죠?" 선의가 캐물었다.

"이웃들은 스스로 위험에 처했다는 사실을 전혀 알아채지 못했어요. 하지만 내 눈에는 날이 갈수록 또렷이 보이더라고요." 크리스천이 설명했다.

"댁이 이곳으로 온다는 사실을 아는 이가 있습니까?" 선의가 다시 물었다.

"예. 나그네 길에 나서는 걸 아내와 아이들이 보고는 어서 멸망의 도시로 돌아오라고 울부짖더군요. 몇몇 이웃들도 어서 돌아서지 못하느냐고 소리쳐 불러댔지만 난 손가락으로 귀를 단단히 틀어막고 내쳐 걸어서 여기까지 왔습니다."

"뒤쫓아 와서 집으로 가자고 타이르는 이웃은 없던가요?"

"있고말고요. 옹고집과 유순한이라는 분들이 그랬어요. 그렇지만 돌이킬 기색을 보이지 않으니까 옹고집 씨는 떨치고 가버렸어요. 유순한 씨는 얼마쯤 동행했고요."

"그런데 어째서 끝까지 함께 오지 않은 거죠?"

"낙담에 다다를 때까지는 같이 걸었어요. 그러다 갑자기 수렁에 빠진 거예요. 그러자 유순한 씨는 크게 상심해서 더 가고 싶어 하지 않았어요. 진창에서 기어 나와 자기 집이 있는 쪽 기슭에 올라서자마자 멋진 나라에 가려거든 혼자 잘 가보라고 하더군요. 그러곤 제 갈 길로 가버렸어요. 그때부터는 혼자서 여행을 계속했습니다. 결국 그 양반은 옹고집을 따라가고 난 이 좁은 문으로 오게 된 거죠."

선의는 탄식했다. "아, 불쌍한 유순한 씨! 그이에게는 작은 어려움조차 감수하기 싫을 만큼 하늘의 영광이 무가치해 보였던 걸까요?"

크리스천도 깊은 한숨을 내쉬었다. "유순한 씨 얘길 했습니다만, 이제 내 사연을 고백해야겠어요. 나 역시 유순한 씨보다 나을 게 하나도 없습니다.[12] 그 양반이 집으로 돌아간 건 사실이지만 나 역시 세속현자라는 이의 감언이설에 깜빡 넘어가서 죽음의 길에 들어섰지 뭡니까."

"뭐라고요? 댁을 덮친 것도 그자였단 말입니까?" 선의가 화들짝 놀라며 물었다. "율법이란 친구의 도움을 받으면 수월하게 문제를 해결할 수 있다는 얘기도 했겠군요. 둘 다 사기꾼입니다. 댁은 그 말을 곧이곧대로 받아들였나요?"

크리스천은 고개를 끄덕였다. "그렇습니다. 성심성의껏 충고에 따랐어요. 곧바로 율법이란 분을 찾아보러 떠난 거죠. 그런데 집이 있다는 곳에 가는 길목에서 거대한 산을 만났어요. 언제 머리 위로 무너져내릴지 모르겠다는 생각이 드니까 겁이 나서 꼼짝도 못하겠더라고요."

"거기서 수많은 이들이 목숨을 잃었지요. 앞으로 더 많은 이들이 그럴 테고요." 선의의 목소리가 서글펐다. "그래도 산산조각 나지 않고 살아남았으니 천만다행입니다."

크리스천은 이야기를 이어갔다. "정신이 헷갈려서 오도 가도 못하고 서 있을 때 전도자가 구하러 오지 않았더라면 나 역시 변을 당했을지 몰라요. 그분이 달려와 도와준 건 정말 하나님이 자비를 베풀어주신 덕분이었어요. 그렇지 않았더라면 여기 서 있지도 못했을 겁니다. 사실 나는 그 산에서 죽어 마땅한 사람인데 이렇게 얘기를 나누고 있군요. 모두가 문 안으로 들어올 수 있게 허락해준 선생님 덕분입니다."

"우리는 아무도 물리치지 않아요. 문간에 오기 전까지 무슨 일을 했든지 신경 쓰지 않습니다. 쫓겨날 일이 없는 거죠."요 6:37 선의가 말했다. "자, 이제 잠시 저를 따라오시겠어요? 크리스천 씨가 가야 할 길을 알려드리죠. 저 앞을 보세요. 좁은 길이 이어지는 게 보입니까? 저게 댁이 걸어야 할 길입니다. 믿음의 선조들과 예언자들, 그리스도와 그분의 제자들이 닦아놓은 길입니다. 어때요, 마치 자를 대고 그은 것처럼 반듯하죠? 반드시 저 길로 가야 합니다."

"하지만…." 크리스천이 머뭇거리며 말했다. "갈림길이나 굽은 길이 나타나면 처음 지나는 이는 길을 잃기 십상이지 않을까요?"

"맞습니다. 샛길이 헤아릴 수 없을 만큼 많은데 하나같이 굽고 널찍합니다. 그게 바로 바른길과 그릇된 길을 구별하는 방법입니다. 바른길은 늘 곧고 좁습니다."마 7:14

꿈속에서 크리스천이 선의에게 등에 달라붙은 짐을 떨쳐내게 도와달라고 간청하는 게 보였다. 여전히 무거운 보따리를 짊어지고 있는 데다가 누군가의 손을 빌지 않고는 벗어버릴 길이 전혀 없었기 때문이다.

선의는 말했다. "짐이 버겁겠지만 구원받는 자리에 도착할 때까지만 참으세요. 일단 거기에 들어가면 등짐 따위는 저절로 떨어져 나갈 테니까요."[13]

크리스천은 다시 여행을 떠날 채비를 갖추기 시작했다. 준비가 거의 끝나갈 때쯤, 선의는 크리스천에게 길을 따라 한참 걸어가면 '해석자Interpreter'의 집이 나오는데 대문을 두드리면 주인이 나와서 놀라운 사실을 알려줄 거라고 했다. 그러곤 크리스천을 껴안고 작별인사를 나누었다.[14]

선의와 헤어진 크리스천은 걷고 또 걸어서 마침내 '해석자'의 집에 이르렀다. 거푸 문을 두드리자 한 남자가 나오더니 무슨 일이냐고 했다.

"이 댁에 훌륭한 분이 살고 계시다는 얘길 듣고 가르침을 받으려고 찾아온 나그네입니다. 주인어른과 이야기를 좀 나누고 싶습니다."

잠시 후, 남자와 더불어 밖으로 나온 주인은 어떻게 도와주면 좋겠느냐고 물었다.

"어르신, 저는 멸망의 도시에서 왔고 시온 산으로 가는 중입니다. 성문 곁에 서 있던 분이 길을 가르쳐주면서 이 댁에 들르라고 했습니다. 주인어른이 앞으로 여행을 계속하는 데 도움이 될 엄청난 사실을 알려줄 거라면서요."

그러자 해석자가 말했다. "들어오시게. 유익한 말씀을 들려드리리다."[15] 머슴에게 등불을 밝히게 하고 앞장서 걸으며 크리스천더러 따라오라고 했다. 하인이 방문을 열어젖히자 한쪽 벽에 걸린 기품이 넘치는 인물의 초상화가 눈길을 사로잡았다. 두 눈은 하늘을 우러러보고, 책 중의 책을 손에 쥐었으며, 입술에는 진리의 법을 새겼고, 온 세상을 짊어진 모습이었다. 머리에는 황금 면류관을 쓴 채, 마치 뭇 사람들에게 무언가를 호소하는 듯 서 있었다.

"이건 무슨 그림인가요?" 크리스천이 물었다.

"대단하신 분의 초상일세. 아이들을 잉태하고 고전 4:15 온갖 고초를 무릅쓰고 낳으시며 갈 4:19 세상에 태어난 아기들을 손수 돌보시는 어른이시지. 눈을 들어 하늘을 바라보시며, 가장 고귀한 책을 손에 드시고, 입술에 진리의 법을 새기신 게 보이는가? 어두운 것들을 알아내서 죄인들에게 밝히 보여주시는 게 이분의 일이라는 뜻일세. 이 그림은 그런 의미를 담고 있다네. 사람들을 간곡하게 설득하고, 세상을 등에 메고, 머리에 면류관을 쓴 것도 보일걸세. 어떻게든 주인을 섬기려는 사랑을 품은 까닭에 세상이 제시하는 것들을 거절하고 경멸하면 장차 다가올 세상에서 영광스러운 상급을 받게 된다는 걸 가르쳐주는 장면이지. 가장 먼저 이 그림을 보여주는 건 이분이야말로 자네가 가려는 곳을 다스리는 주인께서 임명하신 유일한 안내자이기 때문일세. 거기 가는 도중에 만날 갖가지 어려운 상황에서 그대를 이끌어주실 분이란 뜻이라네. 그러니 여태 보여준 걸 세심하게 살피고 무엇보다도 이 그림을 마음에 깊이 새겨두게. 그래야 그림 속 인물과 전혀 닮지 않은 누군가가 나타나서 바른길로 인도해주겠다고 사탕발림을 하더라도 속절없이 따라가서 파멸의 문턱을 넘나들지 않을 게 아닌가!"

해석자는 크리스천의 손을 잡고 툭 터진 응접실로 데려갔다. 구석구석 먼지가 소복한 게 단 한 번도 청소를 하지 않은 것 같았다. 방 안을 휙 둘러본 해석자는 일꾼을 불러서 청소를 시켰다. 머슴이 비질을 시작하자 먼지가 뽀얗게 피어올랐다. 얼마나 짙던지 숨이 막힐 지경이었다. 해석자는 곁에 섰던 계집아이에게 말했다. "물을 가져다가 온 방에 두루 뿌려라!" 소녀가 시키는 대로 물을 끼얹자 먼지가 말끔히 가시고 방 안이 빤짝빤짝 깨끗해졌다.

크리스천이 물었다. "여기에는 무슨 의미가 있습니까?"

해석자가 대답했다. "응접실은 은혜로운 복음으로 성결해진 적이 단 한 번도 없는 마음을 가리킨다오. 먼지는 인간을 총체적으로 더럽히는 원죄와 내면의 타락을 말하지. 비질을 처음 시작한 머슴은 율법일세. 물을 가져다 뿌린 일꾼은 복음이고. 첫 번째 하인이 청소를 시작하자마자 티끌이 한가득 피어오르는 걸

봤으리라 믿네. 먼지가 그렇게 자욱하니 방 안이 깨끗해질 리가 없지. 그대도 숨이 막혀서 쩔쩔매더군. 율법은 마음에서 죄를 말끔하게 씻어내기는커녕 오히려 되살리고, 키우고, 힘을 더하게 만든다는 사실을 이걸 통해 알 수 있지. 율법이 죄를 샅샅이 드러내고 하지 말아야 할 일을 가르쳐주는 건 분명하지만 완전히 정복하고 굴복시킬 힘은 전혀 없다네. 롬 7:6; 고전 15:56; 롬 5:20

계집아이가 물을 뿌리고 나서 치우니까 방이 말끔해지는 걸 보았는가? 복음의 향기롭고도 소중한 능력이 마음에 들어와 어떻게 역사하는지 가르쳐주는 장면일세. 소녀가 바닥에 물을 끼얹고 먼지를 샅샅이 쓸어내는 모습 그대로라네. 어떻게 해야 죄를 격파하고 굴복시키며 믿음으로 마음을 정결하게 해서 마침내 영광의 왕이 머무시기에 합당한 심령을 가질 수 있는지 잘 보여주지." 요 15:3; 엡 5:26; 행 15:9; 롬 16:25-26; 요 15:13

해석자는 다시 크리스천의 소매를 잡고 곁에 있는 조그만 방으로 이끌었다. 어린아이 둘이 의자 하나씩을 차지하고 앉아 있었다. 형처럼 보이는 아이는 '정욕Passion'이고 다소 어려 보이는 꼬마는 '인내Patience'라고 했다. 정욕은 무언가 못마땅한 기색이 가득했지만 인내는 아주 조용했다. 크리스천이 물었다. "정욕은 왜 저렇게 심통이 난 거죠?"

해석자가 대답했다. "두 아이의 보호자가 더할 나위 없이 멋진 선물을 줄 테니 내년 봄까지 기다리라고 했다네. 정욕은 당장 받고 싶어서 안달이 났지만 인내는 얼마든지 기다려볼 심산이지."

그때 웬 남자가 보물이 잔뜩 담긴 자루를 들고 들어오더니 정욕의 발 앞에 수북하게 쏟아놓았다. 아이는 보화를 집어 들고 환호하면서 쌤통이라는 듯 인내를 쳐다보며 낄낄거렸다. 하지만 보물들은 눈 깜짝할 새에 삭아 문드러지더니 흔적도 없이 사라져버렸다. 남은 것이라고는 찌꺼기와 넝마쪼가리뿐이었다.

크리스천은 해석자에게 이게 무슨 의미인지 자세히 풀이해달라고 부탁했다.

"그러지." 해석자가 말했다. "아이들은 두 종류의 인간을 뜻한다네. 정욕은 이 세상에 속한 이들을 말하고 인내는 장차 다가올 나라의 백성들을 가리키지. 지켜봤으니 잘 알겠지만, 정욕은 뭐든지 지금, 늦어도 올해 안에 갖고 싶어 한다오. 쉽게 말해서 세상에 사로잡혀 사는 친구들은 바라는 일들이 당장 바로 여기서 이뤄지길 바라고 다음 세상에서 누릴 몫으로 남겨둘 줄을 모르는 걸세. 장차 다가올 세상에서 큰 축복을 누리게 된다는 하나님의 말씀보다 '덤불 속의 새 두 마리보다 손에 쥔 한 마리가 더 낫다'는 속담을 더 떠받드는 꼴이지. 하지만 그대가 본 것처럼 정욕은 수중에 넣은 보물들을 금세 탕진해버리고 넝마쪼가리만 붙들고 있게 된다네. 비슷한 성품을 가진 이들은 이 세상이 끝나는 날 너나없이 그런 꼴이 되고 말거야."

크리스천이 대꾸했다. "이제 보니 인내가 여러 면에서 지혜롭군요. 가장 좋은 걸 기다릴 줄 안 덕분에 정욕의 손에 누더기만 남는 순간에도 영광을 상급으로 얻게 될 테니까요."

"옳은 말일세." 해석자는 고개를 끄덕였다. "그뿐만이 아니라네. 정욕이 받은 보물들은 순식간에 사라져버리는 반면에 다음 세상의 영광은 그 어떤 상황에서도 전혀 빛이 바래지 않거든. 나중에 다 드러나겠지만, 정욕이 제 맘에 드는 걸 먼저 차지한 걸 내세우며 인내를 비웃는 건 그야말로 어처구니없는 일이야. 결국은 인내가 가장 좋은 걸 차지하고 정욕을 조롱하게 될걸세. 먼저 된 자가 나중 된다고나 할까? 마지막 날이 오면 가장 훌륭한 선물을 받게 되겠지. 억만금을 준다 해도 그 보물을 물려받거나 살 수 없을 거야. 세상의 보화를 가진 이는 살아 있을 동안만 누리고 쓸 수 있지만 최후의 보배는 영원히 사라지지 않는다네. 성경에 나오는 어느 부자가 들었던 얘기 그대로이지. '애야, 되돌아보아라. 네가 살아 있을 동안에 너는 온갖 호사를 다 누렸지만, 나사로는 온갖 괴로움을 다 겪었다. 그래서 그는 지금 여기서 위로를 받고, 너는 고통을 받는다.'"눅 16:25

크리스천이 말했다. "지금 여기서 누리는 행복을 탐내는 게 아니라 장차 다가올 일들을 기다리는 게 최선이라는 생각이 듭니다."

"맞는 말씀이오." 해석자가 받았다. "그래서 '보이는 것은 잠깐이지만, 보이지 않는 것은 영원' 고후 4:18하다고 하는 게 아니겠소. 그럼에도 불구하고 다음 세상에 속한 일들과 육신의 욕구는 서로 부대끼지만 이 땅의 것들은 세속적인 욕망과 쉬 어우러지지. 눈에 보이는 세상을 외면하고 보이지 않는 세계에 소망을 두는 이들을 좀처럼 찾아보기 어려운 까닭이 거기에 있다네. 이 세상과 육체의 욕구는 금방 친해지고 육신에 속한 사람과 영원한 것들 사이에는 상당한 거리가 나게 마련이라오."

해석자는 또다시 크리스천의 손을 잡고 벽난로가 있는 방으로 이끌었다. 난로의 불꽃은 갈수록 드세고 뜨겁게 타올랐다. 누군가가 불길을 잡으려고 끊임없이 물을 쏟아붓고 있었지만 조금도 수그러들지 않았다.

크리스천이 물었다. "여기에는 무슨 의미가 들어 있습니까?"

해석자가 대답했다. "불길은 마음속에서 하나님이 이루시는 은혜의 역사일세. 불을 끄려고 난로에 물을 퍼붓고 있는 이는 사탄이지. 하지만 보다시피 마귀가 제아무리 훼방을 놓아도 불길은 점점 더 맹렬하고 뜨겁게 피어오르고 있네. 그 까닭을 알려드리리다."

해석자는 크리스천을 한쪽 벽으로 데려갔다. 웬 남자가 기름통을 들고 선 게 보였다. 눈에 띄지 않게 모닥불 위에다 기름을 뿌려대고 있었던 것이다.

"이건 또 무슨 일이랍니까?" 크리스천이 물었다.

"이분은 그리스도시라네. 쉴 새 없이 은혜의 기름을 부어가며 마음속에서 이미 시작된 일이 사그라지지 않게 지키시는 걸세. 마귀가 무슨 짓을 하든지 그리스도가 중심에서 벌이고 계신 은혜로운 역사는 갈수록 왕성해지는 법이지.고후 12:9 불씨가 꺼지지 않도록 벽 뒤에 지키고 섰던 분을 그대도 보았을 게요. 그처럼 숨어 계시는 탓에 심령 한복판에서 은혜의 역사가 소멸되지 않고 유지되는 까닭을 제대로 아는 이가 드물다네."

얘기를 마친 해석자는 앞장서서 크리스천을 멋진 궁궐로 안내했다. 얼마나 장중하고 아름답던지 입이 떡 벌어질 정도였다. 화려한 대궐이 눈에 들어오자 크리스천은 기뻐서 어쩔 줄 몰랐다. 두터운 성벽 위로 금빛 찬란한 옷을 입은 이들이 걸어 다니는 게 보였다.

크리스천이 물었다. "궁궐 안에 들어가도 될까요?"

해석자는 크리스천을 데리고 성문으로 다가갔다. 문간에는 이미 수많은 이들이 몰려들어 서성이고 있었다. 다들 안으로 들어가고 싶지만 엄두를 내지 못하는 눈치였다. 문에서 조금 떨어진 곳에 한 남자가 책상 위에 장부를 펴놓고 앉아 궁궐에 들어가려는 이들의 이름을 기록하고 있었다. 대궐문 앞에는 중무장한 군인들도 잔뜩 버티고 서 있었다. 누구든 궁전으로 들어가려 들면 최대한 상처를 입히고 피해를 안겨주겠다고 단단히 작심한 듯했다.

크리스천은 깜짝 놀랐다. 너나없이 병사들의 위세에 밀려 뒤로 물러났을 무렵, 한 사나이가 결연한 표정으로 책상에 앉은 남자에게 다가가 말했다. "나리, 내 이름을 올려주십시오." 명부에 이름이 올라가기가 무섭게 사내는 칼을 뽑아들고 머리에 투구를 뒤집어썼다. 그러곤 뒤도 돌아보지 않고 성문을 지키는 군사들에게 맹렬하게 달려들었다. 병사들 역시 죽을힘을 다해 방어했지만 사나이는 꿈쩍도 하지 않고 칼을 사납게 휘둘러 닥치는 대로 찌르고 베어 넘겼다.

수없이 많은 상처를 입고 입힌 끝에, 마침내 사내는 병사들의 방어선 사이로 길을 뚫고 행 14:22 궁전 안으로 돌진해 들어갔다. 순간, 안에 있던 이들과 성벽 위를 거닐던 이들이 일제히 외치는 소리가 들렸다. "오라! 어서 오라! 영원한 영광을 얻으리니!"

뜻을 굽히지 않았던 사내는 결국 궁궐 안에 들어가 금빛 옷을 입게 되었다. 크리스천은 빙그레 웃으며 말했다. "뭘 의미하는지 알겠어요. 이제 가던 길을 계속 가야 할 때가 된 것 같군요."

"아직은 아닐세! 일러둘 게 조금 더 있으니 다 듣고 나서 가도록 하게나." 해석자는 크리스천의 팔을 붙들고 칠흑처럼 캄캄한 방으로 인도했다. 방 안에는 한 남자가 철창에 갇혀 있었다.

한없이 슬퍼 보이는 얼굴이었다. 고개를 푹 숙이고 땅바닥만 물끄러미 쳐다보았다. 깍지 낀 두 손을 무릎에 올려놓은 채 가슴이 무너져내리는 듯 깊은 한숨을 내쉬었다. 크리스천이 물었다.

세상길, 아니면 좁은 길

모두 두려움에 떨 때,
맹렬하게 싸워 길을 개척한 한 사나이

"이건 무슨 뜻입니까?" 해석자는 대답하지 않고 남자와 직접 이야기해보라고 했다.

크리스천이 철창 속 사내에게 물었다. "댁은 누구시죠?"

남자가 대답했다. "과거에는 생각조차 못했던 그런 인간입니다."

"예전에는 어떤 분이었는데요?" 크리스천이 되물었다.

"믿음에 관해서라면 누구 못지않게 곧바르고 나날이 성장하는 길을 걸었지요. 한때는 새 예루살렘에 들어가기에 부족함이 없다고 자부했어요. 거기에 간다는 생각만으로도 기쁨에 가슴이 벅차오르곤 했지요." 눅 8:13

"지금은 어떤데요?"

"이제는 자포자기 상태예요. 절망감이 철창처럼 날 에워싸고 있죠. 도저히 빠져나갈 수가 없어요. 이젠 다 틀렸어요!"

"어쩌다가 이 지경에 이른 거죠?" 크리스천이 캐물었다. 남자는 솔직하게 고백했다.

"늘 조심하고 성실하게 살지 못했어요. 욕망이 이끄는 대로 정신없이 따라갔어요. 말씀의 빛과 하나님의 선하심에 등을 돌리고 죄를 지었습니다. 성령님을 가슴 아프게 했습니다. 결국 그분은 떠나가셨어요. 그뿐만이 아닙니다. 마귀의 유혹에 넘어가서 내 중심에 받아들이고 말았어요. 주님의 진노를 재촉하고 삶에서 몰아내고 만 거지요. 이제는 마음이 너무 딱딱해져서 돌이킬 수조차 없게 됐어요."

"그럼, 이 양반에게는 소망의 여지가 전혀 없는 건가요?" 크리스천은 해석자를 돌아보며 물었다.

"그것도 직접 물어보게나." 해석자가 대답했다. 크리스천은 다시 남자에게 말했다.

"정말 소망이 없습니까? 이렇게 계속해서 절망의 철창에 갇혀 지내야 하는 겁니까?"

"전혀 없어요. 절망 그 자체입니다." 우리 안의 남자가 대꾸했다.

"하지만 생각해보세요. 찬송받을 분의 아들 그리스도는 동정심이 가득하신 분이잖아요."

사내는 요지부동이었다. "이 두 손으로 그분을 다시 십자가에 못 박았습니다.히 6:6 그분의 인격을 모독했습니다.눅 19:14 그분의 의로움을 짓밟았습니다. '거룩하게 한 언약의 피를 부정한 것으로 여기고 은혜의 성령을 욕되게'히 10:28-29 했습니다. 그렇게 해서 스스로 모든 약속과 담을 쌓고 두려움, 끔찍한 두려움만 남게 된 겁니다. 주님의 심판과 불같은 진노가 원수를 삼키듯 쏟아질 게 분명하다는 공포감 말입니다."

"어떻게 이토록 참담한 처지에 이르게 된 겁니까?"

"세상의 욕망과 쾌락, 유익해 보이는 것들을 너무 좋아했던 거죠. 하지만 이제는 그 하나하나가 다 내게 상처를 주고 지독한 벌레들처럼 날 갉아먹고 있어요." 남자가 설명했다.

"지금이라도 뉘우치고 거기서 돌이킬 순 없을까요?" 크리스천은 기대에 차서 말했다.

"하나님은 내 회개를 받아주시지 않았어요." 사내는 고개를 푹 숙였다. "말씀을 읽어도 믿음이 생기지 않습니다. 주님이 손수 나를 이 철창에 가두신 게 틀림없어요. 세상 누구도 여기서 날 풀어줄 수 없어요. 오, 이건 끝이 없어요. 영원한 거죠! 장차 맞닥뜨리게 될 한없는 고통을 어떻게 견뎌야 할지 모르겠어요."

해석자가 결론을 내렸다. "이 양반의 비참한 처지를 잊지 말고 항상 주의하게."

"알겠습니다." 크리스천이 대답했다. "무시무시하군요. 늘 조심하고 깨어 기도해서 이분을 처참한 상황에 밀어 넣은 올무에 걸리지 않도록 하나님이 도와주시길 바랄 따름입니다. 자, 이제는 정말 떠나야 할 것 같습니다. 그렇지 않을까요?"

해석자는 황급히 막아섰다. "한 가지만 더 보고 가게. 더는 붙잡지 않겠네."

그러곤 크리스천을 침실로 데려갔다. 한 남자가 막 잠자리에서 일어나 주섬주섬 옷을 입고 있는 참이었다. 무언가 큰 충격을 받았는지 와들와들 온몸을 떨고 있었다. 크리스천이 물었다. "왜 저렇게 떠는 거죠?"

해석자는 사내를 부르더니 몸을 떠는 까닭을 크리스천에게 설명해보라고 했다. 얘기는 이랬다.

"어젯밤에 자면서 꿈을 꾸었는데 하늘이 칠흑같이 어두워지는 걸 보았습니다. 번갯불이 번쩍이고 천둥이 요란하더군요. 그렇게 무서운 천둥번개는 난생 처음이었습니다. 비몽사몽간에 하늘을 올려다봤더니 구름이 예사롭지 않은 속도로 몰려들기 시작하더라고요. 곧이어 천지를 울리는 나팔소리가 울려 퍼졌습니다. 그리고 어떤 분이 구름을 타고 수많은 수행원들의 호위를 받아가며 하늘나라에서 내려오셨어요. 모두들 타오르는 불꽃을 덧입고 있었습니다. 하늘이 마치 불바다 같았어요. 그때 커다란 음성이 들렸습니다. '일어나라, 죽은 자들이여! 심판의 자리로 나오너라!' 그러자 바위가 갈라지고 무덤이 열리면서 죽어서 그 안에 잠들었던 사람들이 걸어 나왔습니다. 기쁨을 주체하지 못하고 하늘을 우러러보는 이들이 있는가 하면, 두려움에 질려 산속에 피하려는 무리도 적지 않았습니다. 고전 15:52; 살전 4:16; 유 1:14-15; 요 5:28-29; 살후 1:7-8; 계 20:11-14; 사 26:21; 미 7:16-17; 시 95:1-3; 단 10:7 구름 위에 앉으신 분은 책을 펼치시고 온 세상 사람들을 가까이 부르셨습니다. 주님 앞에는 연신 사나운 불길이 뿜어져 나와서 아무도 가까이 다가갈 수 없었습니다. 마치 재판관과 죄인 사이를 난간이 가로막고 있는 형국이었습니다. 말 3:2-3; 단 7:9-10

구름 위에 앉으신 분은 늘어선 하늘나라의 군사들에게 호령하셨습니다. '가라지와 쭉정이, 잡풀들을 샅샅이 거둬다가 활활 타오르는 불 못에 던져버려라!' 마 3:12; 13:30; 말 4:1 명령이 떨어지자마자 내가 서 있는 자리와 아주 가까운 곳이 스르르 갈라지면서 끝을 알 수 없을 만큼 깊은 웅덩이가 나타났습니다. 벌어진 아가리로 시커먼 연기와 불티가 소름끼치는 비명과 함께 쉴 새 없이 새어 나오더군요. 구름 위에 앉으신 분이 천사들에게 선포했습니다. '알곡들을 모아서 곳간에 들여라!' 눅 3:17 그러자 수많은 이들이 구름 위로 들려 올라갔습니다. 하지만 난 뒤에 남고 말았습니다. 살전 4:16-17 어디든 숨고 싶었지만 그럴 수가 없었습니다. 구름 위에 앉으신 분이 뚫어져라 지켜보고 계셨기 때문입니다. 그동안 지은 죄가 낱낱이 떠올랐습니다. 양심이 인정사정 두지 않고 날 고발했습니다. 롬 2:14-15 바로 그 순간, 화들짝 놀라서 잠이 깼습니다."

크리스천이 물었다. "뭘 보고 그토록 두려움에 사로잡힌 겁니까?"

남자가 설명했다. "심판의 날이 닥쳤는데 아무 준비가 돼 있지 않았으니까요. 하지만 무엇보다도 겁났던 건 따로 있습니다. 하늘나라의 군사들이 수많은 백성들을 데려가면서 난 거들떠보지도 않았다는 점입니다. 그리고 발밑이 쫙 갈라지면서 지옥의 불 못이 아가리를 벌리는데 얼마나 무서웠는지 몰라요. 양심도 가혹하게 날 몰아세웠어요. 높으신 재판장님이 날 똑바로 쳐다보시더군요. 분노가 가득한 눈이었어요."

해석자가 크리스천에게 말했다. "이런 일들을 생각해본 적이 있으신가?"

"그렇습니다." 크리스천이 대답했다. "소망이 생기기도 하고 더럭 겁이 나기도 합니다."

해석자가 진지한 표정으로 속삭였다. "새 예루살렘으로 가는 내내 이 모든 일들을 명심해서 끊임없이 힘을 얻고 다른 한편으로는 늘 조심하도록 자극하는 도구로 삼게나." 크리스천은 길 떠날 준비를 서두르기 시작했다. 출발할 채비가 끝나갈 때쯤, 해석자가 말했다. "보혜사께서 항상 함께하셔서 새 예루살렘으로 가는 길을 인도해주시길 비네."

크리스천도 작별인사를 했다. "여기서 희한하고도 유익한 일, 유쾌하면서도 두려운 일, 안정감과 지혜를 주어서 주어진 과제를 잘 해결하는 데 도움이 되는 일들을 두루 보았습니다. 앞으로 거치게 될 여정을 정확히 파악하는 데 꼭 필요한 것들을 보여주어서 참 고맙습니다. 선한 해석자님께 깊이 감사드립니다." 그러곤 다시 먼 길을 떠났다.

십자가 아래 짐을 벗은 크리스천

3

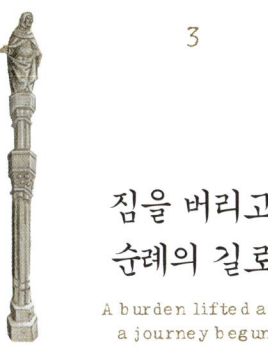

짐을 버리고 순례의 길로

A burden lifted and
a journey begun

꿈은 계속됐다. 크리스천이 가게 될 큰길의 양편으로는 담이 늘어서 있었다. 울타리의 이름은 '구원Salvation'이었다.사 26:1 그러므로 크리스천으로서는 길을 따라 내처 달리기만 하면 그만이었다. 그렇다고 마냥 쉽기만 한 건 아니었다. 등에 짊어진 짐이 문제였다.¹

야트막한 언덕이 나타날 때까지 크리스천은 줄곧 앞만 보고 달렸다. 꼭대기에는 십자가가 서 있고 그 아래쪽에는 무덤이 자리 잡고 있었다. 그런데 언덕을 기어올라 십자가에 이르자 짐보따리가 등에서 툭 떨어져 나가더니 떼굴떼굴 굴러서 무덤 속으로 사라져버리고 말았다.

마침내 자유로워진 크리스천은 더할 나위 없이 즐거워하며 행복에 겨워 소리쳤다. "주님이 고통을 당하신 덕에 내가 쉼을 누리고 그분이 스스로 죽음을 택하신 까닭에 내가 생명을 얻었구나!" 크리스천은 한참 동안 가만히 서서 십자가를 우러러보았다. 그저 바라보기만 해도 짐이 벗겨진다는 게 너무도 놀라워서 믿어지지 않을 지경이었다. 크리스천은 보고 또 보았다. 어느새 눈물이 솟아 뺨을 타고 흘러내렸다.[2] 슥 12:10 그렇게 십자가에서 눈길을 떼지 못하고 한참을 흐느끼고 있는데, 해처럼 밝게 빛나는 옷을 입은 천사 셋이 다가와 "평안이 함께하길 빕니다!"라며 인사를 건넸다. 첫 번째 천사가 말했다. "그대의 죄는 용서받았습니다." 막 2:5 이번에는 두 번째 천사가 나서서 누더기 같은 옷을 벗기고 새 옷을 입혀주었다. 슥 3:4 세 번째 천사는 이마에 표시를 해 주더니 단단히 봉인된 두루마리 하나를 건넸다. 그러고는 길을 가면서 자주 펼쳐보고 새 예루살렘 성문에 도착하는 즉시 내보이라고 했다.[3] 엡 1:13 말을 마친 세 천사는 홀연히 사라졌다.

크리스천은 뛸 듯이 기뻤다. 길을 걷는 내내 입에선 노래가 흘러나왔다.

이렇게 멀리 왔네,
죄 짐에 짓눌린 채.

달래줄 이 찾을 수 없어
안에 감춘 깊은 슬픔.

마침내 이르렀네,
이곳은 얼마나 멋진가!
여기는 그저 시작이리라,
온전하고 영원한 축복이여!

이제 짐은 떨어졌네,
내 등에서 영원히.
붙들어 맸던 끈은 풀리고
은혜가 슬픔을 잘라냈네.

복된 십자가여! 복된 무덤이여!
그리고 가장 복된 분이여!
나를 위해 수치를 당하신
기꺼이 모욕을 받으신 주님이여!

크리스천은 계속 걸어서 언덕 아래에 도착했다. 순간, 한쪽 길바닥에서 쇠사슬에 발목이 묶인 채로 세 남자가 누워 곤히 잠들어 있는 게 보였다. 첫 번째 사내의 이름은 '우매Foolish', 둘째

는 '나태 Sloth', 마지막은 '방자 Presumption'였다.⁴

크리스천은 빨리 깨우지 않으면 큰일 나겠다 생각하고 다가가서 말했다. "어쩌자고 망망대해나 다름없는 곳에서 자고 있는 겁니까? 영락없이 돛대 꼭대기에 누운 꼴이로군요.잠 23:34 아래로는 깊이를 알 수 없는 죽음의 바다가 입을 쩍 벌리고 있는데 어떻게 이렇게 태평할 수 있단 말입니까? 어서 일어나서 길 밖으로 나가세요. 괜찮다면 쇠사슬과 족쇄를 벗어버리게 도와드리겠습니다. 원수가 우는 사자같이 삼킬 자를 찾아 두루 다니다 여러분을 보면 당장 달려들어 그 무서운 이빨로 물어뜯고 말겁니다."벧전 5:8 졸린 눈을 비비며 일어난 세 남자는 크리스천을 보더니 투덜대기 시작했다. 먼저 우매가 입을 열었다. "도대체 뭐가 위험하다고 이 난립니까?" 나태가 거들었다. "조금만 더 잤으면 딱 좋았는데!" 방자도 한마디 했다. "사람마다 생각이 다르고 갈 길이 다 다른 거요. 괜히 끼어들어 이래라저래라 하지 말고 댁의 앞가림이나 잘하쇼." 그러더니 다시 벌렁 누워 잠을 청했다. 크리스천도 할 수 없이 발길을 돌렸다.

허울
Formalist

크리스천은 생각할수록 마음이 불편했다. 위험천만해 보이기에 깨우고, 타이르고, 심지어 족쇄까지 풀어주겠다는데 어쩌면 그렇게 남의 친절을 깡그리 무시할 수가 있단 말인가!⁵ 이런 생각을 하며 걷는데, 두 사나이가 왼쪽

담장을 훌쩍 뛰어넘어 좁은 길로 내려섰다. 한쪽은 '허울Formalist'이었고 일행은 '위선Hypocrisy'이었다. 둘은 곧장 이편으로 다가왔다. 얼마 가지 않아서 셋은 나란히 걷게 되었다. 크리스천은 망설이지 않고 말을 걸었다.[6]

"신사 양반들은 어디서 와서 어디로 가십니까?"

위선
Hypocrisy

허울과 위선이 대답했다. "우린 '허영Vain-Glory'이란 지방에서 태어나서 시온 산으로 가는 길이오. 거기서는 찬양과 영광을 한 몸에 받을 수 있다고 해서."

크리스천이 물었다. "그럼 이 길 초입에 서 있는 문으로 들어오지 그러셨어요. '문으로 들어가지 아니하고 다른 데로 넘어 들어가는 사람은 도둑이요 강도'라는 말씀도 못 들어보셨어요?"요 10:1

허울과 위선은 자신들처럼 그저 담을 타넘기만 하면 질러갈 수 있는데 한사코 문을 지나서 길에 들어서길 고집하는 건 불편하기 이를 데 없는 소모전이라고 단정했다. 고향에서는 자기들뿐만 아니라 다들 그렇게 산다는 것이다.

"하지만 무단침입으로 볼 수도 있지 않을까요? 우리가 가려는 새 예루살렘 성의 주인께서는 손수 보여주신 뜻을 어기는 짓으로 여기실 거예요." 크리스천이 말했다.

허울과 위선은 천 년도 더 된 고향의 관습일 뿐이니 너무 신경 쓰지 말라며 도리어 크리스천의 입을 막으려 했다.

"하지만 그런 관습이 법적으로도 인정을 받을 수 있을까요?" 크리스천은 끈질기게 물고 늘어졌다.

두 사람은 조금도 주눅 들지 않고 대답했다. "공정한 재판관이라면 합법적인 풍속이란 판결을 내릴 거요. 지름길을 통해서 끼어드는 건 천 년이 넘는 세월 동안 이어져 내려온 전통이거든. 그리고 길을 제대로 찾아들었으면 그만이지, 어떻게 왔느냐가 뭐 그리 중요하다고 호들갑이시오? 어쨌든 들어왔잖소. 댁은 좁은 문을 지나서 여기까지 왔고 우린 담을 넘어서 왔지만 이렇게 같은 길을 가고 있소. 그쪽이 선택한 방식이 우리가 고른 방법보다 낫다는 보장이 어디에 있소?"

크리스천도 지지 않았다. "나는 하나님이 정하신 길을 따라가지만 여러분들은 마음 내키는 대로 걷습니다. 이미 이 길의 주인께서는 여러분을 도둑으로 지목하셨습니다. 그러니 두 분이 여행을 마치고 목적지에 도착한다 해도 진실한 사람이라는 평가를 받을 수 있을지 지극히 의심스럽습니다. 주님의 가르침을 좇지 않고 제멋대로 끼어들었으니 결국 그분의 사랑을 입지 못하고 제풀에 밀려나고 말 겁니다."

구원의 벽을 타넘으려는 허울과 위선

말문이 막힌 두 사람은 남의 일에 상관 말라며 언성을 높였다. 크리스천과 나란히 걸으면서 법률과 규정이라면 누구 못지않게 충실히 지켰다는 소리만 몇 번씩이나 되풀이했다. 나중에는 부끄럽고 벌거벗은 몸을 감출 셈으로 어디선가 얻어 입었을 게 분명한 그 겉옷을 빼면, 크리스천과 자신들 사이에 다를 게 뭐가 있느냐고도 했다. 크리스천은 또박또박 받아쳤다.

"법률과 규정을 지키는 것만으로는 구원을 받을 수 없습니다. 좁은 문을 통해 이 길에 들어서지 않았기 때문이죠.갈 2:16 내가 걸친 이 외투로 말하자면, 우리가 가고 있는 곳의 주인님이 주신 겁니다. 여러분이 말씀하신 그대로 벌거벗은 몸을 가리라고요. 그러니까 이건 그분의 따뜻한 마음을 보여주는 상징인 셈입니다. 전에는 달랑 누더기 한 벌뿐이었어요. 언젠가 새 예루살렘 성에 도착하면 거기를 다스리는 주인어른이 이 겉옷을 보고 날 확실히 알아보실 거란 생각을 할 때마다 얼마나 위로가 되는지 모릅니다. 주님이 손수 내 더럽고 해진 옷을 벗기시고 이 외투를 입혀주셨거든요.

그뿐이 아닙니다. 두 분은 아마 알아보지 못하겠지만 이마에도 표시가 있어요. 무거운 짐보따리가 벗겨지던 날, 주님과 가장 가까운 동료 가운데 한 분이 만들어준 거예요.

여행을 하면서 꺼내 읽고 힘을 얻으라고 주신 두루마리도 있어요. 새 예루살렘 성문에서 신분증처럼 꺼내 보이면 반갑게 맞아줄 거라고 하더군요. 모르긴 해도 여러분은 이런 것들에는 아무 관심이 없으실 것 같군요. 좁은 문을 통해 들어오지 않으셨으니 말입니다."

허울과 위선은 가타부타 대꾸가 없었다. 서로 마주 보고 껄껄 웃었을 따름이다.

크리스천은 두 사람과 한 길을 나란히 걸으면서도 더 이상 말을 섞지 않았다. 그저 혼잣말을 하거나 깊은 한숨을 내쉬었다. 가끔씩 스스로 격려하며 기운을 북돋았다. 환하게 빛나는 옷을 입은 천사가 주고 간 두루마리를 꺼내 읽으며 각오를 새롭게 하기도 했다.

그렇게 한참을 걸은 끝에 셋은 '곤고재 The Hill Difficulty'[7]와 맞닥뜨렸다. 고개 자락에는 샘이 있어서 맑고 시원한 물이 쉴 새 없이 솟아났다. 여기부터는 길이 세 갈래로 갈라져서 어느 한쪽을 선택해야 했다. 좁은 문에서부터 이어져온 길은 가파른 고개와 곧장 연결됐다. 다른 길은 언덕의 왼편으로, 세 번째 길은 오른편으로 휘어 돌아갔다. 크리스천은 먼저 샘으로 가서 갈증이 깨끗이 사라질 때까지 양껏 물을 들이켰다.사 49:10 그러곤 혼잣말을 해가며 비탈길을 오르기 시작했다.

고개가 높아도 오르고 말겠어.

역경 따위가 날 막을 수는 없지,

생명으로 가는 길이 여기 있음을 알고 있으니
마음 단단히 먹자. 거죽을 일도, 겁먹을 것도 없다.
쉽지만 끝이 비참한 그릇된 길을 걷기보다
힘들어도 바른길을 가는 편이 훨씬 나으니.

뒤이어 허울과 위선도 언덕 밑자락에 도착했다. 하지만 깎아지른 듯 가파르고 높은 고갯길과 평평한 길들을 보고는 덥석 쉬워 보이는 쪽을 선택했다. 양쪽 길이 둔덕 기슭을 크게 감아 돌아서 크리스천이 선택한 곧은길과 다시 만날 거라고 생각했다. 한쪽의 이름은 '위험Danger'이었고 반대편 도로는 '파멸Destruction'이었다. 허울은 위험이란 이정표가 서 있는 쪽으로 방향을 잡았다. 으스스한 숲 지대로 이어지는 길이었다. 반면에 위선은 파멸이란 길로 들어섰다. 얼마 지나지 않아 시커먼 산들이 줄지어 에워싸고 있는 벌판이 나타났다. 위선은 돌부리에 걸려 넘어지고 쓰러지기를 수없이 되풀이하다 다시는 일어나지 못하고 말았다.

크리스천은 고개를 힘겹게 올라갔다. 속도는 점점 느려졌다. 처음에는 달리다가 차츰 걷게 됐고 나중에는 두 손과 무릎을 땅에 대고 엉금엉금 기어가야 했다. 경사가 갈수록 심해졌기 때문이다.

오르막길을 중간쯤 올라가자 시원한 정자가 나타났다. 지친

곤고재를 오르기 시작한 크리스천

나그네들이 잠시 쉬면서 기운을 차리도록 고개의 주인이 만들어 놓은 쉼터였다. 크리스천은 마루턱에 털썩 주저앉았다.

그러고는 겉옷자락을 들추고 두루마리를 꺼내 읽었다. 보면 볼수록 위로가 되는 말씀이었다. 예전에 십자가 아래에 갔을 때 받은 외투도 다시 한 번 훑어보았다. 놀랍게 변한 자기 삶을 돌아보면 흐뭇하기 이를 데 없었다. 모처럼 편안히 쉬다 보니 까뭇하게 졸음이 밀려왔다. 크리스천은 금세 곯아떨어져서 한밤중이 될 때까지 내처 잤다. 잠이 얼마나 달았던지 두루마리를 떨어트리는지도 모르고 코를 골았다.[8]

그렇게 늘어져 있는데 누군가 다가와서 깨우는 것 같은 소리가 들렸다. "게으른 사람아, 개미에게 가서, 그들이 사는 것을 살펴보고 지혜를 얻어라!"잠 6:6 퍼뜩 깨어난 크리스천은 용수철처럼 튀어 일어나서 다시 길을 재촉하기 시작했다. 고갯마루에 이르려면 아직도 한참을 더 가야 했다.

꼭대기에 도착하자 저만치 두 남자가 마주 달려오는 게 보였다. '소심Timorous'과 '불신Mistrust'이었다. 크리스천이 물었다. "여보시오들, 도대체 무슨 사연이 있기에 길을 거슬러 달려가는 겁니까?"[9]

소심은 자기들 역시 시온 성으로 가려고 곤고재를 기어 올라왔노라고 했다. "하지만, 가면 갈수록 위험한 일들을 더 자주 만나게 되는 거예요. 그러니 돌이킬 수밖에요. 출발했던 곳으로

곤고재 중턱의 쉼터에서 깊은 잠에 빠져든 크리스천

다시 돌아가려고요."

"그럼요. 그렇고말고요." 불신이 거들었다. "저 앞 길목에는 사자가 두 마리씩이나 딱 버티고 있다니까요. 자는지 깨어 있는지는 정확하지 않았어요. 하지만 가까이 다가갔더라면 녀석들의 손아귀에 잡혀 온몸이 갈기갈기 찢겨 나갔을 거예요. 불 보듯 뻔한 일이죠."

크리스천이 말했다. "말씀을 들으니 겁이 나네요. 목숨을 건지려면 어디로 가야 할까요? 발길을 돌려 고향으로 돌아가면 죽을 수밖에 없어요. 머지않아 하늘에서 유황불이 쏟아지게 되어 있거든요. 새 예루살렘에 들어간다면 백 퍼센트 안전하죠. 나로서는 전진할 수밖에 없어요. 돌아가는 건 곧 죽음을 의미하니까요. 앞만 보고 나아간다면 죽을 것만 같은 공포감에 시달리겠지만 그걸 넘어서면 영원한 생명을 얻을 수 있잖아요. 난 계속 가겠어요."

불신과 소심은 언덕 아래로 달려 내려가고 크리스천도 가던 길을 따라 걸음을 재촉했다. 그런데 방금 들은 얘기가 뇌리에서 떠나질 않았다. 품 안에 넣어둔 두루마리라도 꺼내 읽어야 마음이 가라앉을 것 같았다. 그러나 아무리 옷자락을 더듬어봐도 통 찾을 수가 없었다.

낙심천만이었다. 어떻게 해야 할지 그야말로 난감했다. 거기 적힌 말씀을 보며 위안을 얻고 싶은 마음이 간절했다. 뿐만 아니라 두루마리는 새 예루살렘에 들어갈 수 있는 통행증이기도 했다.

크리스천은 넋 나간 사람처럼 멍하니 서서 허공만 쳐다보았다. 뭘 어떻게 해야 할지 통 알 수가 없었다. 기억을 더듬어보니 고개 중턱의 쉼터에서 깊이 잠들었을 때 잃어버린 것 같았다. 크리스천은 그 자리에 무릎을 꿇고 주저앉아서 어리석은 행동을 용서해달라고 하나님께 간구했다. 그러곤 두루마리를 찾으러 길을 되짚어 내려갔다.

쉼터로 돌아가는 크리스천의 마음은 한없이 무겁고 괴로웠다. 땅이 꺼져라 한숨을 쉬기도 하고 눈물을 훔치기도 했다. 피곤한 몸을 잠깐 추스르고 얼른 일어날 것이지 그런 데서 곯아떨어지는 멍청이가 또 있겠느냐며 자책하고 또 자책했다. 정자까지 가는 내내 크리스천은 길바닥을 여기저기 샅샅이 훑었다. 여행길에 큰 위안을 주었던 두루마리를 찾을 수만 있다면 더 바랄 게 없겠다는 심정이었다.

마침내 앉아서 쉬다가 곤하게 잠들었던 정자가 저만치 보이는 곳에 도착했다. 쉼터가 눈에 들어오자 거기 누워 코를 골았던 한심한 기억이 다시 떠올라서 새삼 속이 쓰렸다. 살전 5:7-8; 계 2:5 크리스천은 잠을 저주하며 탄식했다.

"대낮에 떠메고 가도 모르게 깊이 잠이 들다니, 난 참 형편없는 인간이로구나! 그렇게 곤고한데 어떻게 잠을 잔단 말인가! 고갯길의 주인은 순례자들의 영혼이 한숨 돌리고 가도록 이 정자를 세웠건만 난 그 쉼터를 이용해서 육신의 쉼을 얻는데 급급

했어.

 얼마나 먼 길을 쓸데없이 걸어야 했던가! 이스라엘 백성들이 죄 때문에 겪었던 일이나 매한가지야. 그이들도 홍해 길을 오래도록 헤매 다녔잖아. 기뻐하며 지나갔던 길을 이제 괴로움과 슬픔에 잠겨 다시 가야 해. 거기서 잠들지만 않았었더라면 결코 벌어지지 않았을 일이지. 지금쯤이면 까마득히 먼 데까지 갔을 텐데…. 한 번이면 충분한 길을 세 번씩이나 걸을 수밖에 없게 됐어. 벌써 낮은 거지반 물러가고 한밤의 어둠이 밀려들기 시작하는구나! 오, 그렇게 잠들지 않았더라면 얼마나 좋았을까!"[10]

 크리스천은 정자에 앉아서 눈물을 쏟았다. 그러나 슬픔을 주체하지 못하면서도 마지막으로 누웠던 자리 밑을 살펴보았다. 바로 그 순간, 의자 아래로 삐죽 나와 있는 두루마리가 눈에 확 들어오는 게 아닌가! 떨리는 손으로 낚아채듯 집어 올린 크리스천은 누가 볼세라 얼른 품 안에 감추었다. 잃어버렸던 두루마리를 되찾은 기쁨을 어디다 비할 수 있으랴! 그건 생명을 보장하고 새 예루살렘 성에 들어갈 길을 열어주는 보증서였다. 크리스천은 두루마리를 외투 안쪽 깊숙한 곳에 조심스럽게 간직했다. 그리고 그 소중한 물건이 떨어져 있는 자리로 시선을 돌리게 하신 하나님께 감사를 드리고 감격의 눈물을 흘리며 다시 길을 떠났다.

 크리스천은 재빨리 고갯길을 타고 올라갔다. 하지만 꼭대기에 이르기도 전에 해가 지고 말았다. 쉼터에서 자느라 낭비해버린 시간이 두고두고 아쉬웠다. 저도 모르게 원망이 새어나왔다.

"오, 벌 받아 마땅한 잠이여! 거기서 지체한 탓에 길에서 밤을 맞게 됐구나! 햇살이 사라진 길을 걸어야 하다니! 어둠이 뒤덮이면 어디로 가는지조차 분간하기 어려울 텐데…. 쓸데없이 자는 바람에 음산한 동물들의 울음소리까지 듣게 됐어." 살전 5:6-7

문득, 사자들을 보니 오금이 저리더라는 불신과 소심의 이야기가 떠올랐다. 크리스천은 혼자 중얼거렸다. "그런 짐승들은 먹잇감을 찾아 밤중에 어슬렁거리게 마련인데, 칠흑같이 어두운 길에서 녀석들과 마주치면 어디로 달아나지? 놈들에게 잡혀서 갈기갈기 찢기지 않으려면 어떻게 해야 할까?"

이런 생각을 하면서도 크리스천은 걸음을 멈추지 않았다. 온갖 불리한 조건들을 곱씹으며 걷다가 고개를 들어보니 눈앞에 웅장한 건물이 나타났다. '뷰티풀House Beautiful'이라는 대궐같이 큰 집이었는데 큰길 바로 곁에 서 있었다.[11]

크리스천은 혹시 하룻밤을 묵어갈 수 있을까 싶어서 서둘러 그쪽으로 달려갔다. 얼마쯤 가자 길이 부쩍 좁아들었다. 그리고 거기서 이백 미터 정도 떨어진 곳에 문지기의 오두막이 보였다. 다가가면서 자세히 살펴보니 사자 두 마리가 길에서 어슬렁거리는 게 눈에 들어왔다. 크리스천은 생각했다. '불신과 소심을 돌아서게 만든 위험한 길목이 바로 여기로구나!' 사자들은 쇠사슬에 단단히 묶여 있었지만 크리스천의 눈에는 보이지 않았다. 그

사자에 대한 두려움에 사로잡힌 크리스천

래서 겁을 잔뜩 집어먹고 뒷걸음질을 쳤다. 무작정 걷다가는 백이면 백, 잡아먹힐 것만 같았다.

바로 그때, 건너편 오두막에서 한 남자가 얼굴을 내밀었다. '주의깊은 Watchful'이란 이름을 가진 문지기였는데 당장이라도 내빼려는 듯 주춤거리는 크리스천을 보고 냅다 소리쳤다. "허약하기 짝이 없는 양반 같으니! 막 8:34-37 사자를 두려워하지 말아요. 사슬로 단단히 묶어놨으니까. 믿음을 시험해서 확신이 없는 부류를 가려내려고 저기다 매어뒀을 뿐, 길 한복판에서 벗어나지만 않으면 털끝 하나 건드리지 못한다는 말이요."

주의깊은
Watchful

뒤에는 곤고함, 앞에는 두려움.
기껏 고개를 올라왔더니 사자들이 으르렁거리네.
크리스천은 편안히 쉴 틈이 없네.
힘겨운 싸움이 끝나면 또 다른 씨름이 기다리니.

사자들이 무서워 덜덜 떨면서도 크리스천은 문지기가 가르쳐준 대로 조심스럽게 앞으로 나아갔다.[12] 녀석들은 쉴 새 없이 으르렁거렸지만 달려들어 물어뜯지는 못했다. 주먹을 단단히 말아 쥔 채 살금살금 걸어서 간신히 문지기가 기다리는 정문 앞까지 갔다.

크리스천은 문지기에게 물었다. "여기는 뉘 댁입니까? 혹시

하룻밤 묵어갈 수 있을까요?"

"고개의 주인이 지은 집이오. 순례자들의 수고를 덜어주고 안전하게 보호하시려고 말이오." 주의깊은이 선선히 대답하며 어디서 왔으며 어디로 가느냐고 물었다.[13]

"멸망의 도시를 떠나서 시온 산으로 가는 길입니다. 도중에 날이 저무는 오늘밤을 지새울 곳을 찾고 있지요."

"성함이 어떻게 되시오?"

"제 이름은 크리스천입니다만, 예전엔 '타락한Graceless'이라고 불렸습니다. 하나님이 '셈의 장막에서 살게' 하신 야벳 족속의 후손이죠." 창 9:27

"그런데 왜 이렇게 늦은 거요? 해가 완전히 떨어졌으니 하는 말이오." 문지기가 캐물었다.

"진즉에 올 수도 있었지요. 하지만 천하에 다시없는 멍청이 짓을 하고 말았어요. 고개 중턱에 있는 쉼터에서 잠이 들고 만 거예요. 두루마리까지 흘려가면서 완전히 곯아떨어진 거죠. 꼭대기에 다다를 때까지 그 보물을 잃어버린 줄도 몰랐어요. 문득 생각이 나서 찾아보니까 보이질 않더라고요. 어쩌겠어요, 누웠던 쉼터까지 되짚어 갈 수밖에요. 얼마나 괴롭고 조마조마하던지! 거기서 간신히 두루마리를 찾았어요. 덕분에 이렇게 다시 품에 넣고 다닐 수 있게 된 거죠."

문지기는 말했다. "그랬구려. 이 댁에 사는 아가씨 한 분을 불러드리리다. 댁의 얘기를 듣고 괜찮다고 말씀하시면 나머지 식구들에게도 인사를 시켜드리겠소. 그게 이 집의 규칙이오."

초인종을 누르자 그 소리를 듣고 진지한 표정을 한 아름다운 아가씨가 문을 열고 나왔다. 자기는 '신중Discretion'이라면서 곧바로 무슨 일이냐고 물었다.

신중
Discretion

경건
Piety

문지기가 대답했다. "멸망의 도시를 탈출해서 시온 산으로 가는 길인데 몹시 지친 데다 날까지 저물어서 하룻밤 재워주실 수 있는지 묻는군요. 그래서 아가씨를 불러드리겠다고 했습니다. 얘기를 나눠보고 집안 법도에 따라 적절한 결정을 내려주실 거라고요."

아가씨는 출발지와 행선지를 물었다. 또 어떻게 이 길에 들어서게 됐는지 물었다. 도중에 무얼 봤고 어떤 일을 겪었는지도 물었다. 크리스천은 묻는 대로 빠짐없이 대답하고 나서 말했다. "저는 크리스천이라고 합니다. 오늘 밤은 꼭 여기서 묵어갔으면 좋겠습니다. 고개의 주인어른이 순례자들을 위로하고 안전하게 보호하시려고 이 저택을 지었다고 들었습니다." 아가씨는 빙그레 미소를 지었다. 그렁그렁 눈물이 가득한 눈으로 크리스천을 바라보며 잠시 뜸을 들이더니 "식구들 가운데 두어 명을 더 불러야겠어요"라고 했다.

그러곤 안으로 들어가서 분별Prudence과 경건Piety, 자선Charity을 데리고 나왔다. 몇 마디 더 묻고 답한 뒤에 아가씨들은 크리스천을 집 안에 들였다. 어디선가 여러 식구들이 문간으로 몰려나와서 낯선 손님을 맞아주었다. "어서 오세요. 주님의 축복이 함께 하시길 빕니다. 이곳은 댁과 같은 순례자들을 환대하시려고 이 고개의 주인께서 지은 집입니다." 크리스천은 깊이 고개 숙여 인사하고 식구들을 따라 집 안으로 들어갔다.

자리를 잡고 앉자 마실 것을 가져다주었다. 그리고 저녁식사가 준비되는 동안 한데 어울려 이런저런 이야기를 나누었다. 너나없이 흥미로운 토론으로 유익한 시간을 보냈다. 누군가 경건과 분별, 자선에게 한마디 해달라고 부탁했다.

경건이 가장 먼저 입을 열었다. "착한 크리스천 씨, 잘 오셨습니다. 오늘 밤, 우리 집에 모시게 돼서 얼마나 기쁜지 모르겠습니다. 여기까지 오는 동안 경험한 일들을 나눠주시면 모두에게 큰 도움이 될 것 같습니다."

크리스천이 화답했다. "제 순례길에 관심을 가져주시니 참 반갑습니다. 기꺼이 모험담을 들려드리죠."

"순례에 나서게 된 제일 큰 동기가 무언지 알고 싶습니다." 경건이 말했다.

뷰티풀 저택 문간에서 인사를 나누는 크리스천

"무시무시한 환상을 도저히 떨쳐버릴 수 없어서 쫓기듯 고향에서 도망쳐 나왔습니다. 거기에 계속 머물다가는 죽음을 모면할 수 없다는 메시지였어요." 크리스천이 대답했다.

"집을 나온 뒤에 하필 이쪽 길로 들어선 까닭은 뭐죠? 무슨 일이 있었던 건가요?"

"하나님이 그렇게 인도하셨어요. 파멸을 두려워하는 마음이 날 찍어 눌렀어요. 어디로 가야 할지조차 모르겠더라고요. 온몸을 떨고 울부짖으며 세월을 보내다가 우연히 어떤 분을 만나게 됐어요. 자기는 전도자라고 하면서 좁은 문으로 가라고 하더군요. 그 양반이 방향을 짚어주지 않았더라면 나로서는 바른길을 찾을 수가 없었을 거예요. 가르쳐준 대로 죽 따라오다 보니 결국 이 집까지 오게 됐습니다."

"중간에 해석자의 집에 들르지 않았던가요?" 경건이 재우쳐 물었다.

"맞습니다. 그 댁에 있으면서 평생 잊지 못할 일들을 보고 들었습니다. 특히 세 가지가 가장 중요했어요. 첫째로, 어떻게 그리스도께서 사탄의 훼방에도 불구하고 마음속에서 은혜의 사역을 계속해 나가시는지 깨달았습니다. 둘째로, 철창에 갇힌 사나이를 만났습니다. 죄를 짓고 스스로 하나님의 사랑을 기대하지 못하게 된 인물이었죠. 마지막으로, 잠을 자다가 마지막 심판이 닥쳐오고 있음을 알게 된 이의 꿈 이야기였습니다." 크리스천이 대답했다.

"정말 꿈에 본 일들을 자세히 설명해주었단 말입니까?" 경건은 고개를 갸우뚱거렸다.

"그렇습니다. 정말 무서운 꿈이었어요. 얘기를 들으면서 얼마나 마음이 찔렸는지 모릅니다. 그래도 듣기를 정말 잘했다는 생각이 들었습니다."

"해석자의 집에서 본 게 그것뿐인가요?" 경건은 집요하게 캐물었다.

"그렇지 않습니다." 크리스천은 손사래를 쳤다. "해석자는 온 백성이 모두 금빛 찬란한 옷을 입고 있는 우아한 궁전으로 데려갔습니다. 거기서 용감한 사나이 하나가 무장병사들의 방어벽을 뚫고 성문으로 돌진하는 장면을 보았습니다. 그러곤 열렬한 환영을 받으며 영원한 영광 가운데로 들어가더군요. 보는 것만으로도 얼마나 황홀하던지! 그 고마운 분 댁에 일 년이라도 머물고 싶었지만 가야 할 길이 멀어서 그러지는 못했습니다."

"여기까지 오는 도중에 또 무얼 보았습니까?" 경건은 더 많은 걸 알고 싶어 했다.

"본 게 있지요. 조금 더 갔더니 어떤 분이 피를 흘리며 나무에 달려 있는 게 보였습니다. 신기하게도 그분을 바라보는 순간, 짐 보따리가 등에서 떨어져 나갔습니다. 등짐이 너무 무거운 탓에 줄곧 끙끙거렸는데 그게 순식간에 해결돼버린 겁니다. 좀처럼 보기 힘든 놀라운 일이었습니다. 그때까지 그 비슷한 일조차 겪은 적이 없었어요. 그 자리에 얼어붙은 채 십자가에 달린 분을 우러러보고 있는데, 해처럼 밝게 빛나는 천사 셋이 다가왔습니다. 한 분은 모든 죄가 용서받았음을 확인해주었습니다. 또 다른 분은 누더기를 벗기고 여러분이 보고 계신 이 외투를 둘러주었습니다. 세 번째 분은 내 이마에 표시를 하고 봉인된 이 두루마리를 주었습니다." 크리스천은 품 안에서 두루마리를 꺼내 보였다.

경건은 다시 캐물었다. "다른 것들도 보았지요, 그렇지 않은가요?"

크리스천은 지체 없이 대꾸했다. "지금껏 한 얘기들은 모두 굵직굵직한 일들만 추린 겁니다. 그 밖에도 이것저것 본 게 많습니다. 이를테면, 쇠로 만든 족쇄를 찬 채 길 한쪽에서 자고 있는 세 남자(우매, 나태, 방자)를 만났습니다. 과연 제가 그 친구들을 깨울 수 있었을까요? 여러분들은 어떻게 생각하세요?

허울과 위선이 시온 산에 간다면서 담을 넘어 끼어드는 것도 보았어요. 하지만 얼마 못 가서 길을 잃고 말더라고요. 그럴 것 같아서 여러 차례 주의를 주었지만 들은 척도 않더군요. 하지만 가장 힘들었던 건 이 고개를 기어오르고 사자와 맞닥뜨리는 따위의 일이었어요. 문간에 서 있던 고마운 문지기 양반이 아니었더라면 뒷걸음질 치다가 순례고 뭐고 다 집어치웠을 거예요. 하지만 이제는 여기까지 이르게 해주신 하나님께 참으로 감사해요. 반가이 맞아주신 여러분들도 고맙고요."

이번엔 분별이 크리스천에게 묻기 시작했다.

"더러 고향이 그립지 않던가요?"

"자주 생각이 나기는 하더군요. 그립다기보다는 창피하고 진저리가 나는 쪽으로 말입니다. 만일 떠나온 곳을 생각하고 있었더라면, 돌아갈 기회가 있었을 것입니다. 그러나 사실은 더 좋은 곳을 동경하고 있었던 것입니다. 그것은 곧 하늘의 고향입니다."히 11:15-16

분별이 꼬집었다. "비록 도망쳐 나오기는 했지만 향수 같은 게 있을 것 같은데요."

"있기는 있지요. 하지만 아쉬움 같은 건 아니에요. 한때 나뿐만 아니라 고향사람들 모두가 즐거워하던 세상적인 욕구들이 남아 있기는 하지만, 이제는 괴롭고 가슴 아픈 기억을 불러일으킬 따름입니다. 마음 같아서는 두 번 다시 떠올리고 싶지 않은데, 가장 선하고 좋은 일들만 생각하려고 노력해도 웬일인지 더할 나위 없이 끔찍한 것들이 되돌아와서 마음과 행동을 파고드는군요."롬 7:16-19

"끈질기게 괴롭히던 악한 것들을 완전히 제압하는 경우도 있지 않습니까?" 신중이 물었다.

"사실입니다. 더러 그럴 때가 있어요. 제게는 금쪽같이 소중한 시간이죠." 크리스천이 말했다.

"악착같이 달라붙어 괴롭히는 악한 욕구와 생각들을 언제 제압할 수 있었는지 기억나세요?"

크리스천은 자신 있게 대답했다. "기억나고말고요. 십자가 아래서 경험한 일들을 생각할 때 그렇습니다. 아름답게 수놓은 겉옷을 볼 때 그렇습니다. 외투 안에 품고 다니는 두루마리를 읽을 때 그렇습니다. 내가 향해 가는 목적지의 모습을 마음에 그려볼 때도 그렇습니다."

신중이 의아하다는 듯 물었다. "어째서 그토록 간절히 시온 산에 가고 싶어 하는 거죠?"

"십자가에 달려 돌아가신 나의 구세주가 살아 계신 걸 보고 싶기 때문이죠. 지금 날 괴롭히는 것들을 죄다 떨쳐버리고 싶고요. 거기엔 죽음이 없고 한없이 사랑하는 이들과 더불어 살게 된다고 하더군요. 사 25:8; 계 21:4 솔직히 말씀드리자면, 그분을 사랑하는 건 내 짐을 가볍게 해주신 까닭입니다. 마음의 병으로 더 버틸 수 없을 만큼 지쳤거든요. 더 이상 죽음이 없는 곳에서 쉴 새 없이 '거룩하다, 거룩하다, 거룩하다!' 하고 외치는 벗들과 함께 지낼 수 있기를 바랄 따름입니다."

이어서 자선이 크리스천에게 물었다. "가족이 있으신가요? 결혼하셨어요?"

"아내와 혼인해서 어린 자식 넷을 두었습니다."

"왜 함께 오지 않았나요?"

크리스천은 눈물을 글썽이며 말했다. "그럴 수 있었더라면 얼마나 좋았겠습니까? 하지만 식구들은 순례여행에 나서는 걸 결사적으로 반대했습니다."

"그렇다 하더라도 그냥 남아 있는 게 얼마나 위험한 일인지 다시 설명하고 가르쳤어야 했습니다." 자선이 다그쳤다.

"했지요." 크리스천이 해명했다. "하나님이 이 도시 전체를 남김없이 파멸시키실 거라고 수없이 얘기했어요. 하지만 다들 우스갯소리 취급을 하더군요. 도무지 믿으려 들지를 않았어요." 창 19:14

그 말에도 자선은 순순히 물러서지 않았다. "식구들이 진심 어린 충고에 귀를 기울이도록 은혜를 베풀어주시길 하나님께 기도해봤습니까?"

크리스천이 대답했다. "당연하죠. 수없이 간구하고 애원했습니다. 짐작하시리라 믿습니다만, 내게는 아내와 가엾은 아이들이야말로 더없이 소중한 존재들입니다."

"멸망을 앞두고 얼마나 괴롭고 두려운지 가족들에게 솔직하게 털어놓은 적이 있습니까? 선생은 파멸의 순간이 임박했음을 생생하게 내다보고 있었던 것 같습니다만."

"그렇습니다. 설명하고 또 설명했지요. 잔뜩 겁먹은 얼굴하며 눈에 가득한 눈물, 심판이 코앞에 닥쳤다는 사실에 온몸을 떠는 모습을 식구들도 보았을 거예요. 하지만 서글프게도 그 정도만 가지고는 선뜻 따라나설 결심을 하기 어려웠던 모양입니다."

"가족들은 뭐라고 하던가요? 무슨 핑계를 대면서 함께 가지 않겠다고 하던가요?"

"아내는 세상을 다 잃게 될지도 모른다고 걱정하더군요. 아이들은 고만때 젊은이들이 좋아할 만한 일들을 쫓아다니느라 정신이 없었어요. 그러니 이런저런 핑계를 대면서 순례여행을 내켜 하지 않았죠."

자선은 더 깊이 파고들었다. "멸망의 도시에서 보내는 나날이 허망하다는 걸 깨닫지 못했군요. 그런데 어떻게 선생의 삶에는 변화가 찾아오고 결국 길을 떠날 결심까지 하게 됐던 거죠? 계속 고향에 머물러 사는 게 얼마나 어리석은 일인지, 순례여행에 따라 나서는 게 얼마나 훌륭한 결정인지 확실하게 깨닫도록 도와줄 수는 없었습니까?"

크리스천은 대답했다. "물론, 썩 잘살았다고 자부할 수는 없지요. 흠과 잘못이 많다는 걸 모르진 않습니다. 제아무리 그럴듯한 말을 해도 사는 꼴이 엉망이면 설득력이 떨어진다는 점도 잘 압니다. 하지만 식구들한테 공격할 빌미를 주지 않으려고 조심스럽게 행동해온 것도 엄연한 사실입니다. 나로서는 아내와 아이들이 순례길에 따라나서는 걸 주저하게 만들 만한 행동을 한 적은 없습니다. 그런데 식구들은 바로 그런 점을 트집 잡더군요. 너무 엄격한 잣대를 들이대서 자기들 보기에는 전혀 죄 될 게 없는 일을 가지고도 문제를 삼는다는 거죠. 하나님의 뜻을 거스르거나 이웃에게 해를 끼치는 죄를 저지르지 않으려고 신경을 쓰는 게 가족들 눈에는 앞길을 가로막는 행동으로 보였던 모양예요."

자선이 마무리했다. "가인이 동생을 미워한 것도 '그가 한 일은 악했는데, 동생이 한 일은 의로웠기 때문입니다.' 요일 3:12 아내와 아이들이 똑같은 이유로 거북하게 여겼다면 스스로 죄의 삯을 치를 테고 선생은 그 피에서 자유로울 수 있을 것입니다." 겔 3:19

크리스천과 숙녀들은 식사가 준비될 때까지 많은 이야기를 나누었다. 식탁이 마련되고 상이 차려지자 다 같이 둘러앉았다. 상에는 먹음직스러운 음식들과 향기로운 포도주가 그득했으며 고개의 주인에 얽힌 사연들로 이야기꽃을 피웠다.

주님이 무슨 일을 하셨고, 왜 그렇게 하셨는지, 무엇 때문에 이 집을 세우셨는지 나누며 찬양했다. 듣자 하니 위대한 용사이셨음에 틀림없었다. '죽음의 세력을 쥐고 있는 자'와 싸워서 큰 어려움을 겪으신 끝에 결국 승리하셨다고 했다. 히 2:14-15 그런 얘기를 들으니 주님을 사랑하는 마음이 더욱 커졌다.

그러기 위해서 주님은 엄청난 피를 쏟았다고 했다. 크리스천은 그 말을 믿어 의심치 않았다. 하지만 가장 영광스럽고 은혜로운 점은 오직 자신의 백성을 사랑하는 순순한 마음으로 그 모든 고난을 당하셨다는 사실이었다. 저택의 식솔들 가운데는 그분이 십자가에서 돌아가신 뒤에 주님과 대화를 나눈 이들도 있다

고 했다. 아무리 멀리 가더라도 반드시 함께하시겠다고 친히 말씀하시는 걸 분명히 들었노라고 장담했다. 그렇다면 그분만큼 불쌍한 순례자들을 사랑하시는 분은 다시없을 것이라고도 했다.

뿐만 아니라 그분께 직접 들었다는 다른 말들도 전해주었다. 가련한 백성들을 위해 영광을 스스로 벗어버렸으며 '시온 산에 홀로 계시지 않겠다'고 분명하게 못 박아 말씀하셨다는 얘기였다. 또한 본래 거지에 지나지 않으며 거름더미에 뒹굴던 순례자들을 왕자로 만들어주기로 약속하셨다고 했다. 삼상 2:8; 시 113:7

크리스천과 식탁에 함께 앉은 이들은 밤늦게까지 이런 이야기를 나누며 즐겁게 교제했다. 그러곤 주님이 보호해주시길 기도하고 나서 제각기 침실로 흩어졌다. 크리스천이 안내받아 간 곳은 해 뜨는 쪽으로 큰 창이 난 다락방이었다. 방문에 '평안'이라는 명패가 달려 있었다. 거기서 새벽녘까지 깊이 자고 일어난 크리스천은 이렇게 노래했다.

여기가 어디인가?
나그네 같은 인생을 위해 베푸시는
예수님의 사랑과 보살핌이 가득한 곳, 주님이 예비하신 그곳!
죄를 용서받은 이 몸, 이미 천국 문턱에 사네.

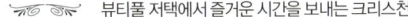
뷰티풀 저택에서 즐거운 시간을 보내는 크리스천

날이 밝자 모두들 일어나서 조금 더 대화를 나누었다. 다들 저택의 보물 몇 가지를 보고 나서 떠나라고 붙들었기 때문이다. 그러곤 서둘러 서재로 데려가서 고색창연한 문서들을 보여주었다. 가장 먼저 고개 주인의 내력을 담은 족보를 펼쳤다. 주님은 '옛날부터 계셨으며 세대를 이어 영원토록 계시는 분'의 아들이라고 적혀 있는 게 눈에 들어왔다. 아울러 그분이 일으키신 갖가지 역사와 불러서 일꾼으로 삼으셨던 수많은 백성들에 관한 이야기가 빼곡하게 적혀 있었다. 오랜 세월이 지나고 온갖 풍상을 다 겪어도 결코 빛이 바래거나 무너지지 않는 집에 머물게 하셨다는 기록도 있었다.

그리고 주님의 종들이 했던 훌륭한 일들 가운데 몇 가지를 골라서 읽어주었다. "그들은 믿음으로 나라들을 정복하고, 정의를 실천하고, 약속된 것을 받고, 사자의 입을 막고, 불의 위력을 꺾고, 칼날을 피하고, 약한 데서 강해지고, 전쟁에서 용맹을 떨치고, 외국 군대를 물리쳤습니다." 히 11:33-34

다른 기록들 가운데서도 한 구절 찾아 낭독했다. 주님은 심지어 지난날 그분의 인격과 이루신 일들을 악랄하게 모독했던 이들마저도 사랑으로 품어주신다는 이야기였다. 그밖에도 유명한 역사적인 사건들에 관한 기록도 몇 가지 살펴보았다. 옛일과 요즘일이 이미 일어난 사건과 머지않아 벌어질 사태에 관한 예언들과 어우러져 있었다. 원수들에게는 한없는 두려움을 안겨주

뷰티풀 저택에 보관된 문서들을 살펴보는 크리스천

지만 순례자들에게는 무한정 위로와 위안을 선사하는 예언과 계시들이었다.

이튿날은 무기고로 데려가서 주님이 순례자들을 위해 준비해 두신 다채로운 장비들을 보여주었다. 다양한 칼, 방패, 투구, 흉배, 모든 기도, 절대로 해지지 않는 신발 등 없는 게 없었다. 주님을 섬기는 이들이 하늘의 별처럼 많아도 넉넉히 무장시키고도 남을 것 같았다.

그분을 좇는 이들이 놀라운 역사를 일으킬 때 썼던 장비들도 보여주었다. 크리스천은 모세의 지팡이, 야엘이 시스라를 죽일 때 썼던 말뚝과 망치, 기드온이 미디안 군대와 싸울 때 사용한 항아리와 나팔과 횃불을 살펴보았다. 삼갈이 블레셋 사람 육백 명을 죽일 때 썼던 소 모는 막대기도 있었다. 삼손이 손에 쥐고 괴력을 발휘했던 나귀 턱뼈도 구경했다. 다윗이 가드의 골리앗을 쓰러트렸던 물매와 물맷돌, 그리고 주님이 마지막 날 죄의 자식들을 처단할 때 휘두르실 칼도 보았다. 그 밖에도 대단한 물건들이 수두룩한 걸 보면서 크리스천은 말할 수 없이 기뻤다. 무기고를 돌아본 뒤에 모두들 방으로 돌아가서 푹 쉬었다.

다음 날, 자리에서 일어난 크리스천은 길 떠날 채비를 시작했다. 하지만 저택 식구들은 날씨가 쾌청해지면 '환희산맥The Delectable Mountains' 이 나타날 테니 그걸 보고 가라고 붙들었다. 그곳은 최종 목적지와 훨씬 더 가까우므로 더 큰 격려와 위로를 받게 될 거라고 했다. 결국 하루 더 묵어가기로 했다. 그다음 날, 식구들은 크리스천을 옥상으로 데려가더니 남쪽을 보라고 했다. 저 멀리 숲과, 포도원, 가지각색 과일과 꽃들, 우물과 샘들이 아기자기하게 들어서 쾌적한 산골마을이 보였다. 더없이 아름다운 동네였다. 사 33:16-17

마을의 이름을 묻자 '임마누엘 랜드Immanuel's Land'라고 했다. "여기처럼 저곳도 순례자들을 위한 마을입니다. 거기에 가면 목자들의 도움을 받아 새 예루살렘의 성문을 볼 수 있을 겁니다."

이제는 아무도 크리스천이 길 떠나는 걸 말리지 않았다. 다만 출발하기 전에 무기고에 한 번 더 들르는 게 좋겠다고 했다.

창고에 들어서자 다들 달려들어서 도중에 적의 습격을 받더라도 자신을 지킬 수 있도록 머리부터 발끝까지 무장을 갖추어주었다. 철저한 대비를 끝낸 크리스천은 친구들과 함께 대문으로 나갔다.[14] 문 앞에 이르자 문지기에게 혹시 그사이에 지나간 순례자가 있는지 물었다. 곧바로 그렇다는 대답이 돌아왔다.

"누군지 기억나세요?" 크리스천이 물었다.

"이름을 물었더니 '신실Faithful'이라고 합디다."

"오, 잘 아는 사람입니다." 크리스천이 반색을 했다. "한동네서 살았죠. 이웃이었어요. 고향까지 똑같아요. 얼마나 멀리 갔을 것 같아요?"

"지금쯤이면 고개를 다 내려갔을 거요." 문지기가 대꾸했다.

"그렇군요. 주께서 고마운 문지기 양반과 함께하시고 내게 베풀어주신 친절을 보시고 복 주시길 빕니다."

작별인사를 마친 크리스천은 발길을 재촉했다. 신중과 경건, 자선, 분별은 고개 아래까지 바래다주겠다고 했다. 예전에 나눴던 이야기들을 되새기며 걷다 보니 어느새 내리막길 앞에 이르렀다.

크리스천이 말했다. "언덕을 내려가는 일도 고개를 오르는 것만큼이나 힘들고 위태로워 보입니다."

분별이 대답했다. "그렇습니다. 머잖아 '겸손의 골짜기The Valley of Humiliation'에 들어설 텐데 그게 생각만큼 만만한 노릇이 아닙니다. 미끄러지거나 넘어지지 않고 비탈을 내려가는 게 좀 힘들어야죠. 그래서 이렇게 모셔다드리는 겁니다."

크리스천은 조심조심 비탈을 타고 내려가기 시작했다. 도움을 받아가며 살금살금 걸어도 한두 차례 엉덩방아를 찧는 건 어쩔 수가 없었다.

이러구러 일행은 언덕 밑자락에 도착했다. 저택 식구들은 빵 한 덩어리와 포도주 한 병, 건포도 한 줌을 건네주었다. 이제부터는 크리스천 혼자 가야 했다.

뷰티풀 저택에 서서 임마누엘 랜드를 바라보는 크리스천

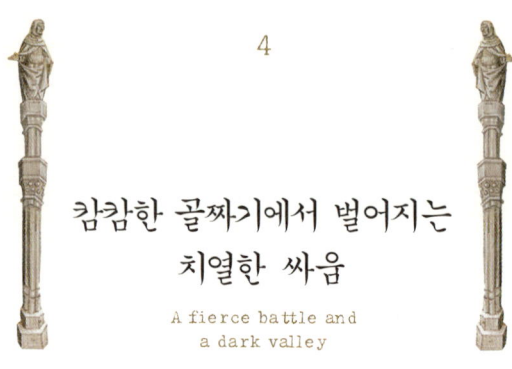

4

참참한 골짜기에서 벌어지는 치열한 싸움

A fierce battle and a dark valley

안타깝게도 겸손의 골짜기에 들어서기가 무섭게 크리스천은 시련에 부딪혔다. 얼마 가지 않아 맞은편에서 잔혹하기로 악명 높은 '아볼루온Apollyon'이란 괴물이 다가오는 게 보였다.[1]

두려웠다. 어떻게 상대하는 게 좋을지 머릿속이 복잡했다. 달아나야 할까, 아니면 버텨야 할까? 이 궁리 저 궁리 하다 문득 등 쪽은 갑옷에 덮인 상태가 아니라는 데 생각이 미쳤다. 돌아서서 내빼다가는 놈의 손쉬운 표적이 되어 화살을 맞기 딱 알맞았다. 아볼루온의 공격을 막아내고 살아남으려면 정면으로 맞서는 게 최선이었다.

크리스천은 계속 걸어가서 마침내 놈과 딱 마주쳤다. 보기만 해도 진저리가 날 만큼 끔찍한 몰골이었다. 물고기처럼 비늘이 온몸을 덮었고(녀석은 그걸 자랑스러워했다) 용처럼 날개가 달려 있었다. 다리는 곰을 닮았고, 배에서는 불과 연기가 쏟아져 나왔으며, 입은 사자와 비슷했다. 괴물은 크리스천의 코앞까지 다가오더니 깔보듯 쳐다보며 질문을 쏟아내기 시작했다.

아볼루온
Apollyon

"어디서 오는 길이냐? 다음에는 어디로 갈 거지?"

"온갖 죄악이 들끓는 멸망의 도시를 떠나서 시온 성으로 가는 길이다!" 크리스천이 대꾸했다.

"그게 사실이라면 너도 내 졸개가 분명하구나. 그 땅 전체가 내 것이거든. 거기선 내가 왕이고 신이란 말씀이지. 감히 임금을 배신하고 달아나겠다고? 다시 수하에 두고 부릴 작정이 아니었더라면 네까짓 것쯤은 한 방에 끝장낼 수도 있었어."

크리스천은 지지 않고 맞섰다. "네놈이 판치는 땅에서 태어난 건 사실이지. 하지만 널 섬기는 건 너무나 고달픈 일이었어. 누구도 네가 주는 품삯으론 목숨을 이어갈 수가 없어. '죄의 삯은 죽음' 롬 6:23이거든. 그래서 철이 들자마자 사려 깊은 이들이 했던 일을 고스란히 따라했어. 마땅히 되어야 할 인간의 참 모습을 갖출 길은 없는지 두루 찾아본 거지."

캄캄한 골짜기에서 벌어지는 치열한 싸움

아볼루온은 펄쩍 뛰었다. "졸개들을 순순히 내줄 임금이 세상에 어디 있다더냐? 널 그냥 풀어줄 줄 아느냐? 일이 고되고 삯이 적은 게 문제라면 다 해결해줄 테니 얼른 돌아가거라. 나라의 형편이 나아지는 대로 섭섭잖게 대우해주마. 내가 약속하지."

크리스천은 단호하게 선언했다. "이미 다른 분께 날 드렸다. 왕의 왕께 바친 몸이 되었으니 어떻게 네 밑으로 되돌아가겠느냐!"

"여우를 피하려다 호랑이 만난다는 속담이 꼭 너를 두고 한 말이로구나." 괴물이 말했다. "주님께 삶을 바치고 그분을 섬기겠노라고 주절거리다가 침이 마르기도 전에 냉큼 등을 돌리고 날 찾아오는 인간이 어디 한둘인 줄 아느냐? 지금이라도 내게 돌아오면 만사가 다 잘 풀릴 것이다."

크리스천은 당당하게 대답했다. "벌써 주님께 날 드리고 충성을 바치기로 맹세했다. 그런데 어떻게 마음을 바꿔 먹겠느냐? 나더러 배신자 노릇을 하다가 목맬 짓을 하라는 거냐?"

"나한테도 그러지 않았느냐? 하지만 지금이라도 뉘우치고 돌아오기만 하면 다 눈감아주마."

크리스천이 맞받았다. "네게 약속했던 건 그야말로 무지해서 한 짓이었다. 지금 깃발을 들고 앞서 가시는 임금님은 나를 넉넉히 품어주시고 널 섬기던 시절에 저지른 잘못까지 모두 용서해주실 수 있는 분이시다. 멸망의 앞잡이 마귀야, 잘 들어라! 분명히 말하지만, 나는 주님을 섬기는 일과 그분이 주시는 삯, 그분의 일꾼들, 그분의 다스림, 함께 있는 이들, 그분의 나라를 네 것들과 비교할 수 없을 만큼 좋아해. 그러니 날 꼬드길 생각일랑 집어치워. 나는 주님의 종이고 그분을 따라갈 거니까!"

아볼루온은 무섭게 으르렁거렸다. "다시 생각해보는 게 좋을 거야. 감정이 가라앉고 나면 네가 선택한 길의 실체가 보일 테니. 그 양반을 섬기던 이들 가운데 상당수가 나와 내 길을 등졌다가 비참한 최후를 맞았다는 것쯤은 들어봤겠지? 그처럼 수치스럽게 죽어간 친구들이 얼마나 많은지 한번 꼽아보라고. 게다가 너는 그 어른을 섬기는 쪽이 내 밑에 있는 것보다 한결 낫다고 여기는 모양인데, 혹시 알고 있나? 그분은 거처에 콕 박혀서 자신을 따르는 이들을 내 손에서 건져내기 위해 밖으로 나와본 적이 없어. 하지만 난 그렇지 않다고. 세상이 다 아는 얘기지만, 나를 열심히 섬기는 애들이라면 완력을 쓰든 살살 꼬드기든 무조건 그분과 그 길에서 되찾아왔다는 말씀이지. 너도 마찬가지야. 내가 곧 구해내고 말겠어."

"주님이 당장 구원의 손길을 내미는 대신 꾹 참고 기다리시는 건 그 사랑을 시험해보시려는 뜻이야. 끝까지 그분께 붙어 있는지 알아보시려는 거지." 크리스천은 거침없이 받아쳤다. "비참한 최후니 뭐니 떠들어댄다만, 그런 이들은 제 몫의 상급에 영광을 더할 뿐이야. 하늘의 임금님이 왕의 위엄과 천사들의 영광 가운데 오실 때 영원한 생명과 아울러 커다란 영예를 얻게 될 걸 아는 까닭에 눈앞의 구원을 기대하는 대신 일생일대의 시험을 견뎌내기 때문이지."

"여태까지 그 양반을 제대로 섬기지도 못했잖아, 안 그래? 그래놓고 어떻게 품삯을 받길 바라지?" 괴물이 깐죽거렸다.

"주님께 충실하지 못했다니, 그게 무슨 소리지?" 크리스천이 따져 물었다.

"길을 떠나고 얼마 안 돼서는 잔뜩 겁을 집어먹었었지? 낙심의 늪에 빠져서 죽다 살았고. 그뿐만이 아니야. 임금님이 벗겨주시길 얌전히 기다리지 않고 그릇된 방법으로 짐을 벗어버리려 한 적도 있었지. 어리석게도 잠에 빠져서 두루마리를 잊어버린 적도 있었어. 사자들을 보고는 다 집어치우고 돌아가려는 마음이 굴뚝같았고. 지금껏 걸어온 여정이나 그사이에 보고 들은 얘기를 할 때마다 속으로는 듣는 이들이 말 한마디, 몸짓 하나에 열광해주기를 원했잖아."

"맞아. 모두 사실이야. 네가 일일이 들춰내지 못한 일들도 수두룩해." 크리스천은 순순히 인정했다. "하지만 지금 내가 섬기고 예배하는 임금님은 한없이 자비로우셔서 언제든 용서할 준비를 갖추고 계셔. 물론 네놈의 지배를 받고 있는 동안은 그런 허물들이 날 단단히 사로잡았지. 스스로 빗장을 풀고 그처럼 추악한 것들이 들어오게 내버려뒀으니까. 하지만 거기에 눌려 신음

하면서 줄곧 뼈저리게 후회했어. 그러다가 내 임금님께 완전히 사면을 받은 거지."

아볼루온은 불같이 화를 내며 끼어들었다. "네놈의 임금과 나는 도저히 화해할 수 없는 원수지간이야! 됨됨이도 싫고, 법도도 싫고, 그 백성들도 구역질 나게 싫어! 내가 일부러 여기까지 온 까닭이 뭔 줄 알아? 널 거꾸러트려서 한 발자국도 못 움직이게 하려는 거야, 알겠어?"

"아볼루온아, 도대체 무슨 짓을 하고 있는지 알기는 하는 거냐? 난 지금 '왕의 대로大路'를 걷고 있어. 거룩하고 또 거룩한 길이지. 그러니 네놈이나 몸조심하는 게 좋을걸?"

그러자 괴물은 두 다리를 쩍 벌려 길을 가로막으며 대꾸했다. "빈말로 겁주려는 게 아니야. 이제 숨통이 끊어질 각오나 하시지. 무저갱을 두고 맹세하건대, 단 한 발자국도 못 가게 해줄 테니! 네놈의 영혼을 산산이 부숴버리겠어!"

말이 끝나기도 전에 아볼루온은 크리스천의 가슴을 겨누고 불화살을 날려 보냈다. 크리스천은 재빨리 손에 쥔 방패를 내밀어 막아내고 위기를 모면했다.

그리고 한 손으로는 검을 뽑아 들었다. 담대하게 맞설 때가 됐다고 판단했기 때문이다. 마귀는 우박을 쏟아붓듯 쉴 새 없이 불화살을 쏘아대며 쏜살같이 쳐들어왔다. 크리스천은 안간힘을 써가며 공격을 막아냈지만 결국 머리와 손발에 상처를 입고 말

았다. 부상에 놀라 잠시 주춤하는 기색을 보이자 괴물은 더 거칠게 밀고 들어왔다. 크리스천은 다시 한 번 용기를 내서 과감하게 아볼루온에 맞섰다. 목숨을 건 싸움은 반나절이 넘도록 계속됐다. 수없이 상처를 입은 크리스천은 점점 기운이 떨어져갔다.

승기를 잡았다고 생각한 괴물은 거침없이 크리스천을 붙잡아 땅에 패대기쳤다. 가엾은 순례자는 칼까지 놓치고 말았다. "넌 이제 죽었어!" 아볼루온은 의기양양하게 소리치며 짓밟아 죽일 듯 덤벼들었다. 크리스천은 이젠 정말 끝이구나 싶었다.

그러나 마귀가 몸을 한껏 젖혀 최후의 일격을 날리고 선한 순례자의 목숨을 완전히 끊어놓으려는 순간, 하나님이 간섭하신 덕분에 크리스천은 힘껏 팔을 뻗어 떨어트린 칼을 잽싸게 주워 들고 외쳤다. "원수야, 내가 당하는 고난을 보고서, 미리 흐뭇해하지 말아라. 나는 넘어져도 다시 일어난다!"[2] 미 7:8 동시에 아볼루온의 가슴을 깊이 찔렀다. 마귀는 치명적인 부상을 입고 뒤로 벌러덩 나가떨어졌다. 기세가 오른 크리스천은 다시 한 번 칼을 휘두르며 오금을 박았다. "이 모든 일에 우리를 사랑하시는 이로 말미암아 우리가 넉넉히 이기느니라!" 롬 8:37 그 말이 떨어지기가 무섭게 아볼루온은 용의 날개를 퍼덕이며 날아가버리고 다시는 모습을 드러내지 않았다.[3] 약 4:7

아볼루온과 싸우는 크리스천

꿈속에서 벌어지는 전투를 지켜보면서 들었던 아볼루온의 욕설과 괴성은 상상할 수조차 없을 만큼 끔찍했다. 마치 용이 비명을 내지르는 것 같았다. 크리스천 역시 이루 말할 수 없이 거친 탄식과 신음을 연신 내뱉었다. 양날 검으로 상대에게 치명적인 상처를 입히기 전에는 단 한 번도 굳은 표정을 누그러뜨리지 않을 만큼 치열하게 싸웠다. 결정적인 타격을 주었음을 확인하고 나서야 환하게 미소 지으며 하늘을 우러러보았다. 그때까지는 난생처음 보는 두렵고 맹렬한 싸움이 계속되었다.

전투가 끝나자 크리스천은 사자 입에서 건져주시고 아볼루온에게 맞서도록 도와주신 분께 감사드리기로 작정하고 기쁨에 넘쳐 찬송했다.

거대한 바알세불, 마귀의 대장,
날 죽일 작정을 하고
갖가지 무기와 몸서리쳐지는 분노를 쏟아가며
나와 격렬한 싸움을 벌였네.
하지만 하나님의 천사 미카엘이 날 도왔네.
단칼에 원수를 날려 보냈네.
그러므로 하나님을 영원히 찬양하리라.
그분의 거룩한 이름을 감사하며 송축하리라.[4]

그때 하나님이 보낸 사자가 생명나무 이파리를 한줌 쥔 채 찾아왔다. 잎사귀를 받아서 다친 데 붙였더니 상처가 감쪽같이 아물었다. 크리스천은 자리에 앉아서 빵을 먹고 신중과 경건, 자선이 챙겨준 병을 열어 포도주를 마셨다.

기운을 차린 크리스천은 다시 길을 떠났다. 아볼루온이 돌아와 다시 시비를 걸 수도 있고 다른 원수와 맞닥뜨리게 될지 알 수 없었으므로, 칼을 꺼내들고 사방을 살피며 조심스럽게 계곡을 빠져나갔다. 다행히 더 이상 적들의 습격은 없었다.

겸손의 골짜기에서 벗어나자 '죽음의 그늘 골짜기 The Valley of the Shadow of Death'라는 또 다른 협곡이 나타났다.[5] 새 예루살렘으로 가려면 반드시 거쳐야 할 외길이었으므로 크리스천으로서도 골짜기를 지나는 것 외에 달리 방도가 없었다.

계곡 안은 황량하고 쓸쓸하기 이를 데 없었다. 예레미야 선지자의 말따마나 "광야 곧 사막과 구덩이 땅, 건조하고 사망의 그늘진 땅, 사람이 그곳으로 다니지 아니하고 그곳에 사람이 거주하지 아니하는 땅"[6] 렘 2:6 을 통과하게 하신 것이다.

차차 알게 되겠지만, 여기서 크리스천은 아볼루온과 싸울 때보다 훨씬 더 심한 어려움을 겪을 운명이었다.

꿈에서 보니, 죽음의 그늘 골짜기 어귀에 다다른 순례자는 두 사내와 마주쳤다. 축복의 땅 가나안을 돌아보고 돌아와서 부정적인 보고를 했던 정탐꾼의 후손들이었다. 민 13장 크리스천은 부

죽음의 그늘 골짜기로 걸어 들어간 크리스천

리나케 달려가는 남자들을 불러 세우고 어디로 가는 길이냐고 물었다.

"돌아가는 길예요! 집으로 간다고요! 댁한테도 그렇게 권하고 싶네요. 목숨을 보전하고 편안히 살 마음이 눈곱만큼이라도 남아 있다면 어서 돌아가세요."

"왜 그러세요? 무슨 큰일이라도 났나요?" 크리스천이 다급하게 질문했다.

"큰일이다마다." 사내들이 말했다. "댁이 가고 있는 바로 이 길을 따라서 최대한 멀리 갔었어요. 돌이킬 수 없는 막바지까지 간 셈이죠. 거기서 조금만 더 나갔더라도 이렇게 돌아와서 선생더러 이런 얘기를 할 수도 없었을 겁니다."

"길 끄트머리에 뭐가 있기에 이토록 두려워하는 겁니까?"

"죽음의 그늘 골짜기로 막 들어가려는 참에, 천만다행으로 앞길을 한번 굽어봤습니다. 그런데 저 앞에 어마어마한 위험이 도사리고 있지 뭡니까!" 시 44:19; 107:10

"그래서, 뭘 봤다는 겁니까?" 크리스천은 끈질기게 물고 늘어졌다.

"봤다니까요!" 사내들은 고함을 치다시피 했다. "골짜기 그 자체가 문제예요. 칠흑같이 어두운데 귀신이며 괴물, 구덩이에 사는 용들이 득실거리는 게 보이더군요. 뿐만 아니라 울부짖고 고함치는 괴성이 안쪽에서 계속 들려왔어요. 마치 수많은 이들이 쇠사슬에 묶인 채 처참한 고통을 당하면서 내지르는 소리 같았어요. 계곡의 하늘에는 기운이 빠지게 만드는 혼란의 구름이 짙게 드리웠고요. 죽음도 골짜기 위로 날개를 넓게 펴고 있었습니다. 한마디로 무시무시하고 뒤죽박죽인 상태였습니다."[7] 욥 3:5; 10:22

하지만 크리스천은 마음을 바꾸지 않았다. "겁이 나는 건 사실이지만 그래도 새 예루살렘으로 가는 길은 여기뿐이지 않습니까?"[8] 렘 2:6

두 사내는 진저리를 치며 말했다. "댁이 어떻게 하든 상관하지 않겠어요. 하지만 우린 절대로 가지 않을 거예요."

두 남자와 헤어진 크리스천은 언제라도 공격이 시작될 수 있다는 생각에 잔뜩 긴장한 채 칼을 단단히 움켜쥐고 계속 앞으로 나갔다.

골짜기가 시작되는 곳부터 끝까지 오른쪽으로 아주 깊은 물길이 나 있었다. 옛날 옛적부터 눈먼 사람이 눈먼 사람을 인도하다 앞장선 쪽과 뒤따르던 쪽이 모두 빠져 죽었던 물고랑이었다. 시 69:14-15

계곡 왼편에도 몹시 위험해 보이는 수렁이 길게 이어져 있었는데 자칫 발을 헛디뎠다가는 단단한 바닥을 찾지 못하고 한없이 가라앉을 수밖에 없었다. 다윗 왕이 빠졌던 바로 그 수렁이었다. 넉넉히 꺼내줄 힘을 가지신 분의 도움이 없었더라면 그 역시

숨이 막혀 죽고 말았을 것이다.[9]

발을 디딜 수 있는 자리는 너무나 좁았다. 뼈를 깎는 노력이 없이는 바른길을 가기가 어려웠다. 한 치 앞을 내다볼 수 없을 만큼 캄캄해서 물고랑을 피했다 싶으면 수렁이 입을 벌리고 기다렸다. 간신히 진흙 늪으로 들어가는 걸 모면하려면 물길에 빠지기 직전까지 몰려가며 조심조심 걸어야 했다.

꿈속에서 크리스천이 걸어가면서 내쉬는 깊은 한숨소리가 들렸다. 그것 말고도 위험스러운 게 한두 가지가 아니었다. 사방이 너무 어두워서 앞으로 나가려고 발을 들었다가도 어디다 내려놓아야 할지, 또는 무얼 디뎌야 할지 몰라 허둥대기 일쑤였다.

꿈에서 보니, 계곡 중간쯤에 길 오른편으로 지옥으로 들어가는 통로가 나 있었다.[10]

'이젠 어떻게 해야 할까?' 크리스천은 생각에 생각을 거듭했다. 어귀로 엄청난 불길과 연기가 쏟아져 나왔다. 불똥이 튀고 흉측한 소리가 고막을 찢을 것 같았다. 이건 아볼루온처럼 칼로 어찌해볼 수 있는 상대가 아니었다. 크리스천은 검을 칼집에 도로 꽂고 다른 무기를 꺼내 들었다. '온갖 기도 All-prayer'라는 신무기였다. 엡 6:18

크리스천은 목청껏 부르짖었다. "주께 구하오니 내 영혼을 건지소서!" 시 116:4 오래도록 그렇게 간구했지만 불꽃은 여전히 코앞에서 널름대고 있었다. 뿐만 아니라, 모진 고통을 당하며 토해내는 구슬픈 탄식과 이리저리 황급하게 종종걸음을 치는 소리까지 들려왔다. 그러다가 산산조각이 나거나 거리의 진흙덩이처럼 짓밟혀 뭉개지는 게 아닐까 하는 생각까지 들 정도였다.

한참을 걸어가는 동안 줄곧 그처럼 두려운 장면과 끔찍한 소음을 보고 들어야 했다. 엎친 데 덮친 격으로 또 다른 어려움이 닥쳐왔다. 마귀들이 떼를 지어 달려오는 소리를 들었기 때문이다. 크리스천은 그 자리에 멈춰 서서 새로이 나타난 원수들과 어떻게 맞서는 게 가장 좋을지 궁리했다. 지금이라도 돌아갈까 하는 생각이 잠깐 머리를 스쳤지만 금방 떨쳐버렸다. 어쩌면 벌써 절반 넘게 골짜기를 지나왔는지도 모를 일이 아닌가! 여태까지 돌파해온 갖가지 난관들이 떠올랐다. 돌아가면서 겪게 될 위험이 앞으로 만나게 될 고비보다 훨씬 더 견디기 어려울 수도 있었다. 크리스천은 앞만 보고 나가기로 굳게 결심했다.

마귀들과의 거리는 점점 더 가까워졌다. 마침내 거의 눈앞까지 다가왔을 때, 크리스천은 더할 나위 없이 강렬한 목소리로 외쳤다. "나는 주님의 권능에만 의지해서 걸어가겠어!" 그러자 귀신들은 일제히 등을 돌리고 걸음아 날 살려라 달아나버렸다.

마귀들
fiends

가만히 보니, 불쌍한 크리스천은 너무나 경황이 없어서 제 목소리조차 가려내지 못하는 것 같았다. 불 못 어귀에 가까워졌을 무렵에 마귀 하나가 살짝 따라붙어서 하나님을 심각하게 모독하는 얘기를 속삭였는데, 크리스천은 그 말들이 모두 제 속에서 나왔다고 철석같이 믿는 눈치였다. 한없이 사랑하는 분을 모독하고 있다는 생각(실제로는 그런 짓을 하지 않았다)은 그때까지 겪었던 그 어떤 어려움보다 크리스천을 더 심하게 괴롭혔다. 사악한 생각을 당장 걷어치우고 싶었지만 그럴 수가 없었다. 귀를 막아서 마귀가 속닥거리는 거짓말을 잠재우거나 잡소리의 근원을 파헤치는 것조차 힘들었다.

불안하고 혼란스러운 상태로 얼마나 걸었을까? 앞서 간 이의 목소리를 들은 것만 같았다. "내가 비록 죽음의 그늘 골짜기로 다닐지라도, 주님께서 나와 함께 계시고, 주님의 막대기와 지팡이로 나를 보살펴주시니, 내게는 두려움이 없습니다." 시 23:4

크리스천은 뛸 듯이 기뻤다. 그럴 만한 이유가 있었다. 첫째로, 골짜기에 하나님을 두려워하는 이가 또 있다는 점을 깨달은 까닭이다. 둘째로, 상황이 말할 수 없이 어둡고 음울할지라도 하나님이 앞장서 그 사람을 인도하신다는 걸 알았다. 주님이 그 순례자와 동행하신다면 자신과도 함께해주실 게 분명했다. 악마는 악착같이 눈을 가리려 하겠지만 그건 엄연한 사실이었다. 욥 9:11 셋째로, 얼른 그 순례자를 따라잡아서 끝까지 동행해야겠다는 소망이 생겼기 때문이다.

크리스천은 부지런히 걸으며 소리 높여 앞서 가는 순례자를 불렀다. 하지만 그 친구도 자기 혼자 골짜기를 지나가고 있다고 생각했던지 한마디 대꾸가 없었다. 마침내 해가 떠오르고 새날이 밝았다. 크리스천은 행복에 겨워 외쳤다. "주님이 사망의 그늘을 아침으로 바꾸셨다!"[11] 암 5:8

그러곤 뒤를 돌아보았다. 돌아가고 싶은 마음이 들어서가 아니었다. 캄캄한 암흑 속에서 어떤 위험들을 뚫고 나왔는지 밝은 빛에 비추어보려 했을 따름이다. 길 한편의 물고랑과 반대편에 자리 잡은 수렁이 또렷하게 드러났다. 그 사이로 난 길이 얼마나 좁은지도 한눈에 들어왔다. 웅덩이 속에 바글거리는 귀신과 괴물, 용들의 모습도 아스라이(태양이 떠오른 뒤에는 가까이 다가오지 못한다) 보였다. "하나님은 어둠 가운데서도 은밀한 것들을 드러내시며, 죽음의 그늘조차도 대낮처럼 밝히신다" 욥 12:22 는 말씀 그대로였다.

골짜기를 가로지르는 고독하고 황량한 길에서 만났던 수많은 위험(예전에는 무척 두려웠지만 이제는 그 실체를 똑똑히 보게 된)에서 구원받은 게 눈물겹도록 감격스러웠다.

밝은 빛 가운데 서서 걸어온 길을 굽어보며 죽음의 그늘 골짜기에 들어서서 이만큼 지나올 때까지 참으로 위태로운 일들을 많이도 겪었다는 생각을 했다. 하지만 장차 만날, 그러니까 아직 남은 길을 가며 경험하게 될 위험에 비하면 그건 아무것도 아니었다. 앞길을 내다보니 구덩이와 함정들, 깊은 구멍, 덫과 올가미, 수렁으로 통하는 그릇된 샛길이 수두룩했다. 햇살이 환하게 비치는 게 얼마나 축복인가 싶었다. 여전히 캄캄한 상태가 계속됐더라면 천 번을 죽었다 깨어난다 해도 죽음의 그늘 골짜기를 빠져나가 무사히 순례여행을 마칠 수가 없었을 것이다. 크리스천은 떠오르는 태양을 바라보며 중얼거렸다. "하나님이 그 등불로 내 머리 위를 비추어주시고 빛으로 인도해주시니 내가 그 빛으로 어둠을 뚫고 지나가는구나!" 욥 29:3 크리스천은 바로 그 빛에 의지해서 골짜기 끄트머리에 다다랐다.

내가 꿈에서 보니, 골짜기가 끝나는 자리 어간에는 피와 뼈, 해골, 토막 난 시체들이 뒤엉켜 뒹굴고 있었다. 심지어 앞서 그 길을 갔던 순례자들의 몸뚱이도 있었다. 어쩌다 이렇게 처참한 꼴이 되었을까 곰곰이 더듬어보고 있는데 언뜻 가까운 동굴에 거인 둘이 버티고 있는 게 보였다. 오래전부터 거기 터를 잡고 살고 있는 '교황Pope'과 '이교도Pagan'였다. 결국 내가 본 건 그 거인들이 휘두른 권력과 포학에 잔인하게 희생된 이들의 뼈와 피, 해골, 토막 난 몸뚱이들이었던 셈이다.

그런데 놀랍게도 크리스천은 별다른 어려움 없이 그 자리를 지나갔다. 알고 보니, 이교도는 진즉에 죽어 있었다. 교황은 아직 살아 있기는 했지만 나이가 많은 데다가 젊은 시절에 크고 작은 싸움들에 수없이 시달린 탓에 날이 갈수록 정신이 혼미하고 관절이 뻣뻣해져 있었다. 이제는 점찍은 먹잇감을 움켜쥐고 숨통을 끊어놓을 힘이 없어진 까닭에 동굴 문턱에 앉아서 손톱을 물어뜯으며 지나가는 순례자들을 지켜보면서 헛웃음이나 흘리는 처지였다.

크리스천은 동굴 어귀에 나와 앉은 늙은이를 휙 지나쳤다. 노쇠한 거인은 스치듯 지나가는 순례자를 바라보며 구시렁거렸다. "저놈을 불에 집어던졌어야 했는데!" 크리스천은 신경 쓰지 않고 몹쓸 늙은이가 지키고 있는 길목을 가볍게 통과했다. 입에서는 저절로 흥겨운 가락이 흘러나왔다.

오, 이 멋진 세상! (달리 어떻게 표현하랴)
이곳에서 만난 끔찍한 곤경에서 지켜주셨으니
어려움에서 날 건져주신
그 손길에 축복이 있으라.
갈수록 에워싸는 어두움과 마귀
지옥과 죄의 위험.
길마다 널린 올가미와 함정, 덫과 그물들.
걸리고, 매이고, 넘어질 수밖에 없는
쓸모없고 어리석은 나를 살리신
예수님께 면류관을 씌워드리세.

5

'신실'이라는 이름의 길벗

A faithful friend

얼마나 걸었을까, 크리스천은 야트막한 언덕에 이르렀다. 순례자들이 앞길을 내다볼 수 있도록 일부러 쌓아올린 둔덕이었다. 꼭대기에 올라가서 앞쪽을 굽어보니, '신실Faithful'이 저만치 앞서 걷는 게 보였다. 크리스천은 큰 소리로 외쳤다. "여보세요! 여기 좀 보세요! 금방 달려갈 테니 잠깐만 기다려주세요! 함께 갑시다!"[1] 부르는 소리를 들었는지 신실이 뒤를 돌아보았다. 크리스천은 다시 목소리를 높였다. "그냥 가지 마세요! 잠시만 멈춰보세요! 얼른 갈게요."

하지만 신실은 걸음을 늦추지 않았다. "안 돼요! 목숨을 건지

신실
Faithful

려면 조금이라도 빨리 달아나야 해요. 복수를 벼르는 이들이 피 값을 찾겠다며 날 쫓아오고 있거든요."

그 말을 들은 크리스천은 죽을힘을 다해 달려서 마침내 신실을 따라잡았다. 그냥 뒤따라간 정도가 아니라 얼마쯤 앞지르기까지 했다. '나중 된 자로서 먼저 된' 셈이었다. 먼저 가던 순례자를 추월하고 우쭐해진 크리스천은 고개를 돌려 신실을 바라보며 자랑스럽게 미소 지었다. 순간, 크리스천은 무언가에 걸려 비틀거리다 땅바닥에 고꾸라지고 말았다. 얼마나 세차게 넘어졌던지 신실이 달려와 부축해줄 때까지 자리에서 일어나지도 못했다.[2]

꿈에서 보니, 그 뒤부터 두 사람은 어깨를 나란히 하고 함께 걸었다. 마치 형제처럼 서로를 아끼고 사랑했으며 여기까지 오면서 제각기 겪었던 일들을 나누느라 시간 가는 줄 몰랐다.[3]

"존경하는 벗이여!" 크리스천은 사랑스러운 신실 형제에게 말했다. "그대를 따라잡을 수 있어서 얼마나 기쁜지 모릅니다. 하나님이 우리 둘의 심령에 역사하시고 동행으로 즐겁게 한길을 가게 하셨습니다."[4]

신실이 화답했다. "순례를 시작할 때부터 함께하고 싶었습니다만, 그대가 나보다 먼저 떠나는 바람에 이렇게 먼 길을 홀로 걸을 수밖에 없었답니다."

"나를 좇아 순례여행에 나서기 전에 얼마나 오랫동안 멸망의 도시에 머무셨습니까?"

"오래 지체할 수가 없었습니다. 형제가 출발한 뒤로 머잖아 하늘에서 불벼락이 쏟아져서 도시가 다 타 없어질 거란 소문이 파다했으니까요."

"그래요? 이웃사람들이 그렇게 얘기했단 말입니까?" 크리스천은 눈이 휘둥그레졌다.

"그렇습니다. 한동안은 다들 눈만 뜨면 그 얘기를 나누었으니까요."

"그랬군요! 그런데 위험을 피해서 피난 나온 사람이 어째서 형제님 한 분뿐이죠?"

신실이 대답했다. "이미 얘기한 것처럼 이러니저러니 말은 많았지만 아무도 사실로 받아들이지는 않았던 것 같아요. 너나없이 그 일을 입에 올리면서도 그대가 '꽁무니 빠지게 달아났다'는 식으로 비아냥거리는 경우가 적지 않았어요(순례여행을 조롱하는 표현이죠). 하지만 나는 언젠가 하늘에서 불과 유황이 비처럼 쏟아져서 온 도시를 다 살라버릴 거라는 확신이 들었어요. 지금도 그렇게 믿고 있고요. 그래서 고향을 등지고 이렇게 순례길에 들어서게 된 겁니다."

"한동네에 살던 유순한 씨에 대해 무슨 얘기를 들은 게 있습니까?" 크리스천이 물었다.

"있고말고요. 그대를 따라가다가 낙담이란 늪에 빠졌다고 하더군요. 본인은 그 부분을 극구 부정하지만 개인적으로는 틀림없는 사실로 보고 있습니다. 수렁에나 있음직한 개흙을 잔뜩 뒤집어쓴 채 다시 나타났거든요." 신실이 말했다.

"동네 사람들은 뭐라던가요?"

"내가 떠나올 무렵에는 도중에 돌아온 걸 조롱하는 분위기였어요. 놀리고 창피를 주는 건 물론이고 아예 따돌리기까지 했어요. 도시를 떠났을 때보다 일곱 배는 형편이 나빠진 꼴이죠."

"유순한 씨를 비웃는 까닭을 모르겠군요. 너나없이 멸시하던 길을 포기하고 돌아왔으니 도리어 칭찬해주어야 할 일이 아닐까요?" 크리스천은 고개를 갸우뚱거렸다.

"다들 그러더군요. '변절자 같으니라고. 저런 인간은 목을 매달아야 해. 스스로 한 약속에도 충실하지 못한 놈!' 바른길을 버리고 돌아선 탓에 하나님이 원수들까지 부추겨 야유와 멸시를 받으며 두고두고 말거리가 되게 만드신 게 아닌가 싶습니다." 렘 29:18-19

"길을 떠나기 전에 유순한 씨와 이야기해봤습니까?"

"길에서 한 번 마주친 적이 있어요." 신실이 대답했다. "하지만 제 행동이 부끄러운지 고개를 돌리고 지나가는 바람에 대화를 나누지는 못했습니다."

"순례를 처음 시작했을 무렵에는 그 양반에게 기대를 걸기도 했지만, 지금은 도시 전체가 무너져내릴 때 함께 멸망을 당하지 않을까 걱정됩니다. '개가 그 토하였던 것에 돌아가고 돼지가 씻었다가 더러운 구덩이에 도로 누웠다' 벧후 2:22는 속담이 그대로 들어맞았으니 말입니다." 크리스천이 말했다.

"두렵기는 합니다만 누군들 닥쳐올 일을 막을 수 있겠습니까?" 신실은 서글픈 표정으로 머리를 끄덕였다.

크리스천은 다른 데로 화제를 돌렸다. "형제님, 이제는 우리와 좀 더 관련이 깊은 문제들을 이야기해봅시다. 이번 여정에서 어떤 일들을 겪었는지 들려주시겠어요? 아무 어려움 없이 여기까지 오시지는 않았을 테니까요."

"크리스천 형제님도 그러셨다고 들었습니다만, 저도 낙담에 빠졌다가 간신히 빠져나왔습니다. 그러곤 양의 문까지 별다른 위험을 겪지 않고 쭉 갔어요. 그러다 '음탕Wanton'이란 여자를 만났는데 자칫 큰 피해를 입을 뻔했습니다." 신실은 차분하게 설명했다.

"그 덫을 피했다니 천만다행입니다. 요셉도 음탕의 유혹을 받았지만 뿌리치고 도망쳤었지요. 하지만 그 대가로 목숨을 내놓아야 할 위기에 몰렸었어요. 창 39:11-13 그런데 그 여자가 형제님한테 무슨 짓을 한 거죠?"

"음탕이 얼마나 알랑거리는지 당해보지 않으면 상상조차 못할 겁니다. 날 꼬드겨서 순례길을 버리고 자기를 따라나서게 하려고 듣도 보도 못한 온갖 쾌락과 만족을 맛보게 해주겠다는 약속까지 해가며 그야말로 안간힘을 쓰더군요."

"음탕이 세상의 모든 쾌락을 떠안길지언정 선한 양심에서 오는 기쁨만큼은 줄 수 없을 겁니다."

"그렇습니다. 잘 아시겠지만 음탕이 말하는 즐거움이란 음란하고 육체적인 쾌락뿐이죠." 신실이 맞장구쳤다.

"'음행하는 여자의 입은 깊은 함정이니, 주님의 저주를 받는 사람이 거기에 빠진다'고 했는데 거기서 벗어나게 하셨으니, 참으로 고마우신 하나님입니다." 잠 22:14 크리스천이 덧붙였다.

"정말 그 유혹을 말끔히 떨쳐버렸는지 아직 의문입니다."

"무슨 말씀이죠?" 크리스천은 눈을 동그랗게 뜨고 물었다. "신실 형제님은 음탕의 뜻을 따르지 않았잖아요?"

"그렇기는 하죠." 신실이 대답했다. "언젠가 봤던 '그 여자의 걸음은 스올로 치닫는다' 잠 5:5는 옛글이 떠올라서 자신을 더럽히진 않았습니다. 여인의 매력적인 모습을 보지 않으려고 눈을 꼭 감아버렸습니다. 욥 31:1 음탕은 저주를 퍼붓고 막말을 하더군요. 나는 시치미 뚝 떼고 가던 길을 계속 갔습니다."

"도중에 다른 공격을 받지는 않았습니까?"

신실은 잠시 기억을 더듬고 나서 대답했다.

"곤고재 밑자락에 도착할 즈음에 나이 많은 노인네를 만났는데 이름이 무어고 어디로 가느냐고 물었어요. 새 예루살렘까지 가는 순례자라고 했더니 대뜸 그러더군요. '아주 정직한 젊은이 같구려. 내 집에 가서 함께 살면서 일을 거들어주지 않겠소? 품삯은 넉넉하게 쳐드리리다.'

그래서 이름과 사는 데를 물어봤어요. 자기는 '첫 사람 아담Adam the First'이라고 하며 '기만동The town of Deceit'에 산다고 했어요. 엡 4:22

무슨 일을 맡기고 삯은 얼마나 주려 하느냐고 했더니, 허다한 즐거움을 누릴 수 있는 일을 하는데 힘을 보태주면 품삯으로 상속자의 지위를 주겠다고 하더군요.

다시 물었죠. 어떤 집에 살고 다른 일꾼들이 더 있느냐고요. 그랬더니 자기 집에는 세상의 온갖 좋은 것들이 다 구비되어 있고 머슴들은 죄다 피붙이들이라고 했어요. 그 얘길 들으니 자녀는 어떻게 두었는지 궁금해지더라고요. 노인네의 말인즉, 딸만 셋인데 '육신의 정욕Lust of the Flesh'과 '안목의 정욕Lust of Eyes'과 '이생의 자랑Pride of Life' 요일 2:16인데 마음이 있으면 결혼해도 좋다는 거예요. 마지막으로 계약기간은 얼마로 할 생각이냐고 물었죠. 기다렸다는 듯이 죽는 날까지 같이 살자고 하데요."

"그래서 어떻게 했어요?"

"처음에는 노인네를 따라가볼까 하는 마음도 있었어요. 썩 괜찮은 제안이었거든요. 그런데 이야기를 나누면서 그 양반의 이

마를 잘 보니까 '옛 사람을 그 행실과 함께 벗어버리라'고 적혀 있는 거예요."

"그래서요?" 크리스천은 다음 이야기를 재촉했다.

"불현듯 말은 번지르르하지만 실제로 집 안에 발을 들여놓는 순간 붙들려서 종살이를 하게 될지도 모른다는 생각이 들었습니다. 그래서 그만하라고, 그 집 근처에도 가고 싶지 않다고 단호하게 얘기했죠.

노인네는 불같이 화를 냈어요. 차마 입에 담지 못할 욕설을 퍼부으면서 사람을 보내서 끈질기게 쫓아다니며 영혼을 괴롭히겠다는 말까지 하더라고요. 당장 돌아서서 자리를 떴어요. 하지만 막 몸을 피하려는 순간, 꽉 잡고 늘어져서 놔주질 않는 거예요. 팔다리가 찢어져나가는 줄 알았다니까요. '오호라 나는 곤고한 사람이로다' 롬 7:24 라는 소리가 절로 튀어나올 정도였어요. 그래서 뒤도 돌아보지 않고 곤고재를 기어오르기 시작했죠.

그런데 고개를 절반 남짓 올라갔을 때쯤, 우연히 뒤를 돌아보니까 웬 남자가 바람처럼 빠르게 쫓아오더라고요. 사내는 쉼터 근처에서 날 따라잡았어요."

"내가 잠시 쉬려고 앉았다가 곯아떨어져서 두루마리를 잃어버렸던 데가 바로 거기예요." 크리스천이 끼어들었다.

"형제님, 끝까지 들어보세요." 신실이 말을 이었다. "뒤따라온 사내는 불문곡직하고 달려들더니 혼절할 때까지 두들겨 팼어요. 간신히 의식을 되찾고 도대체 왜 이러느냐고 물었죠. 그랬더니 내가 은근히 첫 사람 아담을 따라갈 마음을 먹었기 때문이라고 을러대면서 가슴을 세게 후려치는 거예요. 다시 얻어맞고 자빠져서 마치 죽은 것처럼 바닥에 쓰러졌어요. 어렴풋이 정신을 차리고 남자에게 매달려 살려달라고 빌었어요. 하지만 상대는 '내 사전에 자비란 없다' 면서 또 곤죽이 되도록 주먹질을 했어요. 어떤 분이 갑자기 나타나서 당장 멈추라고 호통을 치지 않았더라면 아마 전 맞아죽고 말았을 거예요."

"매질을 말려주신 분이 계셨다고요?"

"예. 처음에는 알아보지 못했어요. 그런데 나중에 지나가실 때 보니까 양손과 옆구리에 깊은 상처가 있더군요. 그래서 알았죠. 그분은 주님이었어요. 덕분에 계속 고갯길을 오를 수 있었습니다."

"신실 형제님을 따라왔던 사내는 아마 '모세' 였을 겁니다." 크리스천이 설명했다. "상대가 누구든 법을 어겼다 싶으면 자비를 베푸는 법이 없지요."

"잘 압니다. 처음 만난 게 아니거든요. 고향에서 편히 살고 있을 때 불쑥 찾아와서 거기 머물러 있다가는 하늘에서 쏟아지는 불벼락에 맞아 온 집안이 타죽고 말 거라고 얘기해준 장본인이 바로 그 사냅니다."

"형제님이 모세를 만났던 쪽 고개 꼭대기에 집 한 채가 서 있는 게 보이지 않던가요?" 크리스천이 물었다.

"봤어요. 사자들이 지키고 있는 집 말씀이죠? 대낮이어서 그랬는지 녀석들은 잠들어 있더군요. 하지만 가야 할 길이 아직 한참 남아 있어서 문지기를 지나쳐 언덕을 내려왔지요."

크리스천은 몹시 안타까워했다. "맞아요. 문지기가 저더러 형제님이 방금 지나갔다고 알려주었거든요. 잠시 들렀더라면 주인 아가씨들이 평생 잊을 수 없을 만큼 진귀한 물건들을 수없이 보여주었을 텐데…. 아무튼 그건 그렇다 치고, 겸손의 골짜기에서는 아무도 못 보셨어요?"

신실이 대답했다. "'불만Discontent'이란 양반을 만났는데 그쯤에서 자기랑 돌아가자며 열변을 토합디다. 골짜기에는 눈길을 줄 만큼 영예로운 게 조금도 없다는 거죠. 골짜기로 들어가는 순간, '교만Pride', '오만Arrogance', '자만Self-Conceit', '세상영광Worldly-Glory'을 비롯해 자기랑 친한 모든 친구들과 완전히 담을 쌓는 셈이라고 했어요. 고집을 꺾지 않고 겸손의 골짜기로 들어가면 그 패거리의 심기를 대단히 불편하게 만들 거라고요."

"저런! 그래서 뭐라고 대답했어요?"

"거론하는 인물들과 한때 피붙이나 다름없이 가까이 지냈고 육신적으로 따져봐도 친척지간인 건 사실이지만, 순례에 나설 때 이미 의절을 당한 처지고 내 쪽에서도 다시 보고 싶은 마음이 없노라고 했죠. 이제는 피 한 방울 안 섞인 남이나 다를 바 없으니 더 이상 이래라저래라 하지 말라고 딱 못을 박았어요.

뿐만 아니라, 겸손의 골짜기를 그런 식으로 얘기하지 말라고 따끔하게 한마디 해줬어요. 겸손이 영예보다 낫고 '거만한 마음은 넘어짐의 앞잡이' 잠 16:18라는 얘기도 못 들어봤냐고요. 댁과 세상 친구들이 애착을 가질 만하다고 여기는 것들이 아니라, 참으로 지혜로운 이들이 추구하는 진정한 영예를 찾으러 기꺼이 골짜기 안으로 들어가겠노라고 했어요."

"계곡 안에서 만난 사람은 없었어요?" 크리스천이 캐물었다.

"예, '수치심Shame'이라는 남자를 만났어요. 순례를 떠난 이후로 별의별 사람들을 다 상대했지만, 이름과 됨됨이가 이렇게 어울리지 않는 인물은 처음 봤어요. 보통은 얼마쯤 티격태격하다가 금방 떠나버리잖아요. 그런데 그 뻔뻔스런 친구는 창피한 줄도 모르고 찰떡같이 달라붙어서 절대로 떨어지지 않더라고요." 신실은 손사래를 치며 말했다.

"맙소사! 그 염치없는 인간이 뭐랍디까?"

"신앙을 통째로 부정했어요. 믿음의 존재를 염두에 두는 태도 자체가 가련하고, 천박하며, 음침한 짓거리라더군요. 양심에 신경 쓰는 건 사내답지 못하다면서 스스로 말과 행실을 살펴서 요즘 사람들이 서슴없이 하는 일들을 삼가고 조심한다면 놀림감이 될 거라고 장담했어요. 힘 있고, 집안 좋고, 똑똑한 이들은 결코 내 의견에 동의하지 않을 거랬어요. 고전 1:26; 3:18; 빌 3:7-8; 요 7:48 순

'신실'이라는 이름의 길벗

례자라는 작자들은 십중팔구 평판이 나쁘고, 허약하고, 가난한 인종들이라고 꼬집더라고요. 한마디로 자연과학에 대한 무지와 이해부족을 고스란히 드러내는 시대착오적인 행태라는 거죠.

정말 할 말, 못할 말 가리지 않고 다 하더라구요. 예를 들어, 뉘우치고 슬퍼하는 마음으로 설교를 듣는 건 망신스러운 모습이고 집에 돌아가면서 한숨지으며 탄식하는 것도 수치스러운 행동이라고 했어요. 사소한 잘못을 두고 이웃에게 용서를 구한다든지 허락 없이 가져온 남의 물건에 대해 값을 치르는 걸 다 부끄럽게 생각했어요. 신앙은 악(제 입으로 그렇게 말했어요. 썩 그럴듯한 이름이지 않아요?)을 포용할 줄 아는 강한 인간들을 이간질하고 믿음으로 형제자매가 되었다는 명분을 내세워 죄 많은 밑바닥 인생들까지 존중하게 만든다며 열을 올리더군요. 그러곤 내게 질문하더군요. '얼마나 창피한 일입니까, 안 그렇소?'"

"형제님은 뭐라고 했어요?" 크리스천은 재촉하듯 물었다.

"처음에는 뭐라고 대꾸해야 좋을지 막막하더라고요." 신실이 말을 이었다. "얼마나 정신을 빼놨던지, 그 바람에 온몸의 피가 머리로 쏠리는 것 같았어요. 그렇습니다. 하마터면 말문이 딱 막힐 뻔했습니다. 하지만 문득 '사람들이 높이 평가하는 그러한 것은 하나님이 보시기에 혐오스러운 것' 눅 16:15이란 생각이 들더군요. 수치심은 하나님과 그분의 말씀이 아니라 인간이 좋아하는 얘기만 하고 있다는 걸 파악하기 시작한 거죠.

뿐만 아니라, 마지막 심판 날 생사를 가르는 기준은 끈질기게 괴롭히는 세상의 이념과 정신이 아니라 지극히 높으신 분의 지혜와 법이라는 걸 깨달았어요. 그러므로 하나님이 그분을 좇는 신앙과 민감한 양심을 더 사랑하신다는 점을 감안할 때, 온 천지가 다 들고 일어나 반대한다 할지라도 주님의 말씀을 따르는 게 가장 좋은 선택이라는 얘기죠. 하나님은 하늘나라를 위해 스스로 어리석은 자가 되는 지혜로운 이들을 부르시며, 그리스도를 사랑하는 가난뱅이가 세계를 주름잡을 만큼 뛰어나지만 예수님을 미워하는 인물보다 훨씬 풍요롭다는 사실을 알게 된 겁니다.

그래서 쏘아붙여줬어요. '썩 물러가라, 내 구원을 가로막는 원수 수치심아! 내가 네놈의 말에 솔깃해서 왕이신 주님을 외면할 것 같으냐? 그랬다가 다시 오시는 주님을 무슨 낯으로 뵙겠느냐? 하나님의 길과 그분의 일꾼들을 부끄러워하면서 무슨 은총을 기대할 수 있겠느냐?' 막 8:38

수치심이란 놈은 생각할수록 대담한 불한당이었습니다. 악착같이 쫓아다니며 '신앙생활을 하는 건 정말 미욱한 짓'이라고 이런저런 말로 귓가에 속삭여대는 통에 좀처럼 곁에서 몰아낼 수가 없었어요. 결국 '네놈이 우습게 보는 것들이야말로 내가 가장 영광스럽게 여기는 것'이니 아무리 설득하려고 발버둥을 쳐봐야 소용없다고 호통을 쳤습니다. 그제야 그 불쾌한 녀석이 떨어져 나가더군요. 놈을 떼어내고 나니 얼마나 후련한지, 노래가 절로 나왔습니다.

그럼에도 불구하고,
하늘의 부르심에 순종하는 이들이
맞닥뜨리는 시험은 수없이 많으니
육신의 허점을 정확히 겨냥해
밀려오고 또 밀려오네.
지금이 아니어도 언젠가는
시험을 받고, 무릎을 꿇고, 실족할지 모를 일.
순례자들이여, 오 순례자들이여
조심하며 단호하게 물리치세!

"그렇게 악독한 녀석과 용감히 맞서 싸웠다니 참 기쁘군요." 크리스천이 말했다. "어울리지 않는 이름을 가졌다는 말씀에 백 번 동감입니다. 거리거리 따라다니며 남들 앞에서 부끄러운 마음을 갖게 만들려고 갖은 수를 다 쓰는 걸 보면 여간 뻔뻔스러운 놈이 아니네요. 결국 선한 것을 부끄럽게 만들려는 수작이 아닙니까? 여간 대담한 놈이 아니고서는 감히 엄두를 낼 수 없는 짓이지요. 그따위 허세를 참아줄 게 아니라 당당히 물리쳐야 합니다. '지혜 있는 사람은 영광을 물려받고, 미련한 사람은 수치를 당할 뿐' 잠3:35이라는 솔로몬 왕의 말마따나, 바보가 아니고서야 그런 소리에 귀를 기울일 리가 있겠습니까?"

신실은 고개를 끄덕이며 말했다. "수치심과 맞서 싸우게 도와달라고 주님께 기도해야 할 것 같아요. 그분은 이 세상 나그넷길을 마칠 때까지 단호하게 진리 편에 서길 바라실 테니까요."

"옳은 말씀입니다. 그밖에는 계곡에서 아무도 보지 못했습니까?" 크리스천이 다소 의외라는 듯 물었다.

"예, 그게 전부입니다. 그 뒤로는 겸손의 골짜기를 지나는 내내 햇살이 밝게 빛났거든요. 죽음의 그늘 골짜기를 가로지를 때도 그랬고요." 신실이 대답했다.

"별 탈 없이 통과했다니 참 다행입니다." 크리스천이 말했다. "내 경우는 그렇게 순탄하지 못했어요. 계곡에 들어서자마자 아볼루온이라는 더러운 마귀를 만나서 무시무시한 싸움을 벌였죠. 솔직히 말해서 녀석이 날 쓰러트리고 온몸으로 찍어 누를 때는 끝장나는 줄 알았습니다. 정말로 저 마귀가 날 짓이겨 죽이겠구나 싶었어요. 힘에 밀려 쓰러지면서 칼마저 놓쳤기 때문입니다. 놈이 '넌 이제 죽었어!'라고 외치며 달려드는 순간, 하나님께 부르짖었더니 그분이 들으시고 곤경에서 구해주셨어요. 죽음의 그늘 골짜기를 절반 가까이 지나는 동안 햇빛이라고는 눈곱만큼도 들지 않았어요. 이러다 죽는 게 아닌가 생각한 적이 한두 번이 아니에요. 하지만 마침내 동이 트고 해가 떠오르더군요. 그때부터는 훨씬 쉽고 편안하게 골짜기를 지날 수 있었어요."

6

말씀을 뛰어넘는 믿음

A faith beyond words

꿈속에서 둘은 함께 걸어가고 있었다. 신실은 무심코 고개를 돌렸다가 '허풍선Talkative'이라는 사내가 길 한쪽에 붙어 걷는 걸 보았다.[1] 언젠가부터 여럿이 어깨를 나란히 하고 지날 수 있을 만큼 길이 넓어져 있었다. 허풍선은 가까이서보다 조금 거리를 두고 볼 때 훨씬 훤칠하고 잘나 보이는 스타일이었다. 신실은 허풍선에게 말을 걸었다.

"안녕하세요? 혹시 거룩한 나라로 가시나요?"

"예, 말씀하신 데까지 갑니다." 허풍선이 대답했다.

"잘됐군요. 함께 가면 좋을 것 같은데, 어떠세요?" 신실이 초대했다.

"길동무로 받아주신다면 저야 그저 고마울 따름입니다." 허풍선은 반색을 했다.

"그럼 됐네요. 이리 오셔서 선한 일에 관한 이야기나 나누면서 시간을 보냅시다."

허풍선은 기다렸다는 듯 말했다. "선한 일에 관해 대화하는 게 얼마나 유익한지 알고 계신 분들과 만나게 돼서 말할 수 없이 기쁩니다. 솔직히 말해서 요즘 같은 세상에 누가 여행을 하면서 선한 일을 화제로 삼아 의견을 주고받으며 시간을 보내려 하겠습니까? 그저 쓸데없는 소리나 하면서 세월을 낭비하기 일쑤죠. 그것만 생각하면 속이 상해 못 견디겠습니다."

신실도 맞장구를 쳤다. "그렇습니다. 그렇게 시간을 흘려보내는 건 참으로 유감스러운 일이죠. 하나님과 하늘나라에 관해 이야기하는 것만큼 혀와 입을 보람 있게 쓸 수 있는 일이 또 어디에 있겠습니까?"

"그런 생각을 가진 분들과 함께 걷다니, 벌써부터 신이 납니다." 허풍선은 따듯하게 대꾸했다. "선생의 말씀에는 확신이 넘치는군요. 굳이 덧붙이자면, 하나님의 일을 두고 대화할 때만큼 유익하고 유쾌한 게 없습니다. 아울러 역사나 사물의 신비, 기적, 표적과 경이로운 사건들을 알고 싶으면 성경을 봐야 합니다. 그만큼 멋진 기록을 담고 있는 책은 다시없을 테니까요."

말씀을 뛰어넘는 믿음

신실은 열심히 고개를 끄덕였다. "그렇고말고요. 하나님의 역사를 더듬는 데 신경을 써가며 이야기를 나눠서 대화를 통해 유익을 얻으려는 소망을 품어야겠지요."

허풍선도 무릎을 치며 거들었다. "동감입니다. 이득으로 치자면 그런 대화가 단연 으뜸이죠. 세상일은 다 헛되며 하늘의 것을 구하는 게 유익하다는 따위의 깨달음을 얻을 수 있거든요. 구체적으로 말해서 반드시 거듭나야 한다든지, 인간의 행위로는 충분치 않다든지, 그리스도의 의를 덧입을 필요가 있다든지 하는 지식을 이야기를 나누는 사이에 자연스럽게 배울 수 있다는 겁니다.

그뿐이 아닙니다. 회개하고, 믿고, 기도하고, 고난을 당한다는 게 무얼 의미하는지도 대화를 통해서 깨닫게 됩니다. 복음에 엄청난 언약과 위안이 담겨 있음을 알고 거기서 위로를 받게 됩니다. 더 나아가서 그릇된 견해를 반박하고, 진리를 지키며, 무지한 이들을 가르치는 법을 익힐 수 있습니다."

"옳습니다. 그렇게 말씀하시는 걸 들으니 속이 다 후련합니다." 신실이 말했다.

허풍선은 거침없이 말을 이어갔다. "이런 일들을 자주 나누지 않으니까 믿음이 대단히 중요하며 영원한 생명을 얻기 위해서는 심령 가운데 은혜의 역사가 일어나는 게 필수적이라는 사실을 아는 이들이 그토록 드문 겁니다. 아무것도 모른 채 율법의 지배를 받으며 사는 이들이 얼마나 많은지 모릅니다. 율법으로는 아무도 하나님나라를 소유할 수 없는데도 말입니다."

"그렇기는 하지만 하나님나라를 아는 지식은 주님의 선물입니다. 부지런히 노력하거나 거기에 관해 이야기한다고 해서 얻을 수 있는 게 아닙니다." 신실이 덧붙였다.

"잘 알고 있습니다." 허풍선이 부드럽게 응수했다. "하나님이 주시지 않으면 아무것도 받을 수 없으니까요. 결국 모든 게 행위의 결과가 아니라 주님의 은혜가 아니겠습니까? 이러한 사실을 뒷받침하고 있는 성경말씀을 찾자면 적어도 백 개는 될 겁니다."

"음, 그러면 이제 무슨 얘기를 하면서 시간을 보내는 게 좋을까요?" 신실이 물었다.

"뭐든지 내키는 주제를 골라보세요." 허풍선은 흔쾌히 말했다. "하늘나라의 일이든 세상일이든, 도덕적이든 복음적이든, 거룩하든 불경스럽든, 과거든 미래든, 국내의 일이든 외국의 문제든, 중요하든 사소하든 유익하기만 하면 무엇이든 난 상관없습니다."

허풍선의 말에 깊이 매료되기 시작한 신실은 몇 걸음 따로 떨어져 걷고 있는 크리스천에게 다가가 속삭이듯 말했다. "참으로 훌륭한 길벗을 만난 듯합니다. 대단한 순례자가 될 것 같지 않습니까?"

얘기를 듣고 난 크리스천은 빙그레 미소 지으며 말했다. "형제님이 깜빡 넘어간 저 친구 정도라면 노련하게 혀를 놀려서 속 모르는 이들 스무 명쯤은 넉넉히 구슬릴 수 있을 겁니다."²

"저이를 아세요?" 신실은 눈을 똥그랗게 뜨고 물었다.

"아느냐고요? 두말하면 잔소리죠. 어쩌면 저 양반 자신보다 더 잘 알걸요?"

"어서 얘기해보세요. 저 양반은 어떤 인물입니까?" 신실이 재촉했다.

크리스천은 설명을 시작했다. "허풍선이라는 친굽니다. 우리랑 같은 지역 출신인데 저 양반을 처음 본다니 놀랍군요. 하긴, 우리가 살던 도시가 좀 커야 말이죠."

"어느 댁 자제지요? 구체적으로 어느 동네에 살았어요?" 신실은 연달아 질문을 쏟아냈다.

"허달변Say-well이란 자의 아들이고 주저리가Prating Row에 살고 있어요. 거기 가서 허풍선을 찾으면 삼척동자도 다 알아요. 말은 그럴싸하지만 됨됨이는 형편없는 인간이죠."³

"그렇군요. 아주 점잖은 양반인 줄 알았는데…." 신실은 입맛을 다셨다.

크리스천은 쐐기를 박았다. "실체를 모르는 이들로서는 그럴 수밖에 없겠죠. 멀리 떨어진 동네에선 더할 나위 없이 훌륭하게 처신하지만 집 근처에선 그런 망나니가 없어요. 형제님이 저 친구한테 깊이 감동을 받고 썩 괜찮은 인물로 생각하는 걸 보니까 멀리서 보면 아주 매력적인데 가까이 다가서면 조잡하기 짝이 없었던 어느 화가의 그림이 떠오르는군요."

"웃음기가 입가에 가득하시네요. 괜히 하시는 말씀 아닙니까?" 도저히 믿어지지 않는다는 듯 신실이 물었다.

크리스천은 펄쩍 뛰며 대답했다. "미소를 지은 건 사실이지만 누굴 헐뜯는 건 하나님이 기뻐하시는 일이 아닙니다. 근거 없이 욕하는 게 아닙니다. 저 친구의 진짜 됨됨이를 알 수 있는 얘길 하나 더 들려드리죠. 허풍선은 누구와도 동행이 되고 무슨 얘기든 다 할 수 있는 작자입니다. 지금 형제님에게 했던 말을 주점에서 술을 마시면서 똑같이 하고도 남을 인간이라는 말입니다. 들이켜면 들이켤수록 더 말이 많아지겠죠. 마음에도, 집에도, 대화 속에도 신앙이 깃들 여지는 없습니다. 모든 게 그저 말뿐입니다. 신앙도 쉴 새 없이 주절거릴 때나 입에 올릴 겁니다."

"맙소사! 그렇다면 내가 깜빡 속아 넘어갔던 셈이군요." 신실이 탄식했다.

"그렇습니다. 형제님은 조금도 의심하지 않고 철석같이 믿었을 겁니다. '그들은 말만 하고, 행하지는 않는다'마 23:3고 한 말씀을 기억하십시오. 하지만 '하나님의 나라는 말에 있지 아니하고 오직 능력에'고전 4:20 있습니다. 기도와 회개, 믿음과 거듭남에 대해 온갖 얘기를 늘어놓지만 저 친구가 아는 건 그럴듯하게 말하는 법뿐입니다. 오랫동안 그 집 식구들과 왕래하며 지냈고

말씀을 뛰어넘는 믿음

허풍선이 집 안팎에서 어떻게 행동하는지 꾸준히 지켜봐왔기에 이렇게 자신 있게 이야기하는 겁니다.

저 친구의 집에 가봐도 진정한 신앙이라곤 전혀 없어요. 마치 계란 흰자 같아서 무덤덤하기 짝이 없지요. 기도도 없고 죄를 회개한 흔적도 없어요. 차라리 들판에 놓아기르는 황소가 하나님을 더 잘 섬길 거예요. 참다운 신앙을 가리는 얼룩이고, 오점이고, 수치인 셈이죠. 속내를 아는 이들 가운데는 저 작자를 칭찬하는 이가 단 한 사람도 없어요. 롬 2:24-25

실상을 본 사람들은 '밖에서는 천사지만 집에서는 악마'라고 입을 모으죠. 불쌍한 식구들은 허풍선이 얼마나 난폭한지 누구보다 잘 알고 있습니다. 얼마나 무례한지 조금만 비위에 거슬려도 고함을 지르며 날뛴답니다. 집 안에서 부리는 일꾼들에게도 공연히 제 몫을 못한다느니, 말 한마디 제대로 할 줄 모른다느니 드잡이를 하기 일쑤라더군요. 다만 얼마라도 돈거래를 해본 이들은 사기꾼과 동업을 하는 편이 낫다고 혀를 찹니다. 살살 꼬드겨서 재물을 빼내가는 재주라면 허풍선이 협잡꾼보다 더 악독하고 흉악범보다 훨씬 뛰어나답니다.

더 끔찍한 점은 이 작자가 자식들을 자기랑 똑같이 키우고 있다는 거예요. 아들딸 가운데 누구라도 따뜻한 마음을 품으려는 기색이 보이면 멍청이, 돌대가리라고 부르고 고래고래 욕설을 퍼부으면서 다른 아이들 앞에서 망신을 주곤 하죠. 내가 보기엔 남들에게 딴죽을 걸고 넘어트리는 데 사악한 삶 전체를 바친 게 아닌가 싶어요."

"말씀을 들으니 생각이 달라집니다." 신실이 말했다. "형제님이 저 친구를 알고 있어서가 아닙니다. 형제님이 나쁜 마음을 품고 중상모략을 하거나 험담을 늘어놓을 리가 없으니 내게 주신 경고가 사실이라고 믿을 수밖에요."

크리스천이 다시 입을 열었다. "허풍선을 처음 만났더라면 나라도 호감을 가졌을 거예요. 참다운 신앙을 헐뜯는 무리가 저 친구에 관해 구린내 나는 얘기를 했다면 괜히 헐뜯는 소리쯤으로 치부했겠죠. 사악한 인간들이 신앙을 가진 이들을 핍박하는 일이야 워낙 흔하니까요. 하지만 내 두 눈으로 똑똑히 본 데다가 훌륭한 그리스도인들한테서까지 저자와 얽힌 수치스러운 소문을 들은 터라 이처럼 한 점 망설임 없이 못된 인간이라고 말할 수 있는 겁니다."

"말과 행실이 이렇게 다를 수 있는 거군요." 신실은 서글프게 중얼거렸다. "앞으로는 말과 행동의 차이를 더 주의 깊게 살펴야겠어요."

"다르다마다요." 크리스천은 단호하게 말했다. "영혼과 몸이 제각각인 거나 마찬가지죠. 영혼이 없는 몸은 생명이 없는 살덩이나 매한가지잖아요. 행동이 따르지 않는 말도 똑같아요. 신앙의 핵심은 실천에 있어요. '하나님 아버지 앞에서 정결하고 더러움이 없는 경건은 곧 고아와 과부를 그 환난 중에 돌보고 또 자기를 지켜 세속에 물들지 아니하는 그것' 약 1:27, 22-26이라는 말씀을 몸소 실행에 옮기는 거죠. 허풍선은 이 진리를 깨닫지 못했어요. 잘 듣고 입으로 능란하게 설명할 줄 알면 훌륭한 크리스천이 된다고 믿은 거예요. 자기 영혼을 기만한 셈이라고 할까요?

잘 들어야 하나님 말씀의 씨앗이 마음밭에 떨어지는 건 맞아요. 하지만 말만 가지고 그 말씀에 반응하는 걸로는 그 씨앗이 삶에서 풍성한 열매를 맺긴 힘들답니다. 마지막 날이 오면 누구나 열매에 따라 심판을 받게 된다는 걸 명심해야 합니다. 마 13장: 25장 너나없이 '네가 믿느냐?'가 아니라 '행했느냐, 아니면 그저 말만 했느냐?'라는 질문을 받게 된다는 뜻이죠. 어떤 대답을 하느냐에 따라 심판이 내려지겠죠. 마지막 때를 흔히 추수와 비교하잖습니까? 알다시피 추수철의 관심사는 열매뿐입니다. 결실이 있으면 가짜도 진짜로 봐줄 수 있다는 뜻은 아닙니다. 오히려 그 반대예요. 마지막 심판 날에는 허풍선의 고백이 얼마나 시덥지 않은지 낱낱이 드러날 거란 말입니다."

"형제님 말씀을 들으니 정결한 짐승에 관해 모세가 했던 이야기가 떠오릅니다." 레 11장: 신 14장 신실이 말했다. "발굽이 갈라지거나 되새김질만 하면 되는 게 아니라 두 조건에 모두 맞아야 정결하다고 했잖아요. 토끼는 되새김질을 하지만 발굽이 갈라져 있지 않으니 부정하죠. 허풍선도 비슷해요. 지식을 좇아서 말씀을 되새김질하지만 발굽이 갈라져 있지 않아요. 다시 말해서, 죄인의 길에서 갈라서지 않았다는 얘기죠. 토끼가 그런 것처럼 저 양반도 개나 곰과 같은 발을 가졌으니 당연히 부정할 수밖에요."

"개인적인 판단입니다만, 복음서의 본문을 제대로 보셨다는 생각이 듭니다." 크리스천이 단언했다. "덧붙이자면, 바울은 말만 잘하는 이들을 일컬어 '울리는 징이나 요란한 꽹과리'와 다름없다고 했어요. '생명 없는 것이 소리를' 낼 뿐이라고 지적한 적도 있어요. 고전 13:1-3; 14:7 방언이나 천사의 말처럼 들리기는 하지만 그 안에 생명이 없어요. 참다운 믿음도, 복음의 은혜도 없는 거죠. 결국 이런 이들은 생명의 자녀들과 더불어 하나님나라에 살지 못하게 됩니다."

"그렇군요. 처음 말을 섞을 땐 몰랐는데 지금은 아주 넌덜머리가 납니다. 어떻게 해야 저 녀석을 떨쳐버릴 수 있을까요?" 신실은 몸서리를 쳤다.

"내가 일러드리는 대로 해보세요. 하나님이 저 친구의 마음을 어루만져서 바꿔주시지 않는 한, 저편에서도 형제님과 함께 가고 싶어 하지 않게 될 거예요." 크리스천이 제안했다.

"어떻게 할지 말씀해주세요." 신실이 부탁했다.

"가서 신앙의 능력에 관해 진지한 토론을 시작하세요. 백이면 백, 허풍선은 맞장구를 치고 나설 겁니다. 그럼 마음에서, 가정에서, 행동에서 그 능력이 진정으로 역사하고 있는지 단도직입적으로 물어보세요."

신실은 반대쪽으로 건너가서 다시 말을 걸었다. "좀 어떠세요?"

"아주 좋아요. 고맙습니다." 허풍선이 대답했다. "이제 정말 멋진 얘기들을 나눠볼까요?"

신실이 제안했다. "괜찮으시면 대화를 계속하죠. 아까 말을 맺으면서 나더러 마음껏 화제를 정해보라고 하셨죠? 평소에 궁금해하던 문제가 있었어요. '누군가 구원해주시는 하나님의 은혜를 마음에 품고 있다면 그게 어떻게 밖으로 드러날 수 있겠습니까?'

"무슨 말씀인지 알겠습니다." 허풍선이 나섰다. "능력에 관해 이야기해보고 싶다는 말씀이죠? 아주 좋은 질문입니다. 거기에 답을 드릴 수 있어서 참 기쁘군요. 간단히 핵심만 얘기하겠습니다. 첫째로 하나님의 은혜가 마음속에서 역사하기 시작하면 반드시 죄와 격렬히 충돌하게 마련입니다. 둘째로…."

신실은 말을 막고 나섰다. "잠깐만요. 선생의 말씀을 한 번 더 짚어봅시다. 내 생각에는 '심령이 죄를 극도로 혐오하는 현상이 나타난다'고 표현하는 게 타당할 것 같군요."[4]

"죄와 충돌하든 끔찍이 싫어하든 별 차이가 없어 보입니다만." 허풍선이 토를 달았다.

"달라도 이만저만 다른 게 아닙니다. 하나님의 심정으로 죄를 혐오하지 않는 한, 원칙적으로는 죄와 충돌하면서 진저리 치도록 혐오하는 수준에는 이르지 않을 수도 있습니다. 강대상에서는 침을 튀겨가며 죄를 성토하지만 마음과 집, 생활방식에서는 좀처럼 떨쳐내지 않는 이들이 얼마나 많은지 모릅니다.

보디발의 아내만 해도 그렇습니다. 스스로 거룩한 인물이기라도 한 것처럼 요셉에게 목청껏 소리를 질러댔습니다. 하지만 실제로는 고함을 쳤던 것과는 달리 요셉을 유혹하려고 안간힘을 쓰지 않았습니까? 창 39:15 딸아이에게 천하에 버르장머리 없는 못된 계집애라고 부르며 잡도리하던 엄마가 금방 태도를 바꿔서 아이를 껴안고 뽀뽀를 해대는 짝입니다."

"대단찮은 일로 트집을 잡으시려는 겁니까?" 허풍선은 미심쩍은 얼굴로 물었다.

신실이 대꾸했다. "천만에요. 그저 잘못을 바로잡으려는 것뿐입니다. 은혜가 심령에 역사하시는 걸 알 수 있는 두 번째 방법이 뭐라고 하셨죠?"

"복음의 신비를 꿰뚫는 풍성한 지식입니다." 허풍선이 말했다.

신실은 즉시 이의를 제기했다. "다들 지식을 첫 번째 표지로 여기죠. 하지만 처음으로 보든 끝으로 보든 잘못된 생각이긴 매한가지입니다. 은혜의 역사에 영혼을 내맡기지 않고도 복음의 신비에 관한 지식은 엄청나게 긁어모을 수 있습니다. 고전 13장 풍부한 지식을 쌓아도 아무 보람이 없다는 거죠. 한마디로 말해서, 하나님의 자녀가 되지 못한다는 겁니다.

그리스도가 '내가 너희에게 한 일을 알겠느냐?'고 묻자 제자들은 그렇다고 대답했습니다. 주님은 곧바로 '너희가 이것을 알고 행하면 복이 있으리라'고 말씀하셨습니다. 요 13:17 지식이 아니라 실천에 축복이 있다고 선포하신 겁니다. 행동으로 연결되지 않은 앎은 무의미합니다. '주인의 뜻을 알고도, 그 뜻대로 행하지 않은 종'이나 다를 게 없기 때문입니다. 천사만큼이나 많이 알지라도 그리스도인이 되지는 못합니다. 따라서 선생의 주장은 진실이 아닙니다.

실제로 앎은 말쟁이나 허풍쟁이들을 즐겁게 하지만 행함은 하나님을 기쁘시게 합니다. 지식이 없어도 마음이 선해질 수 있다는 뜻은 아닙니다. 지식이 없으면 심령이 공허해지니까요. 하지만 지식에는 두 종류가 있습니다. 첫째는 기껏해야 사물의 이치를 어림짐작해보는 정도의 지식이고, 다른 하나는 믿음과 사랑이 넘치는 은혜와 더불어 찾아와서 마음으로부터 우러나 하나님의 뜻을 행하는 사람이 되게 만드는 지식입니다.

첫 번째 지식은 말쟁이들에게 안성맞춤입니다. 하지만 진정한 그리스도인이라면 지식이 성실한 실천으로 이어져서 하나님을 기쁘시게 할 때까지 결코 만족할 수 없을 겁니다. '나를 깨우쳐 주십시오. 내가 주님의 법을 살펴보면서, 온 마음을 기울여서 지키겠습니다' 시 119:34라는 고백을 잃지 않는다는 말이죠."

허풍선은 불쾌한 감정을 숨기지 않았다. "교양 없게시리 또

생트집을 잡으시는군요."

"그건 그렇다 치고, 하나님이 베푸시는 구원의 은혜가 마음에 역사하시는 걸 알 수 있는 또 다른 길이 있다고 보십니까?" 신실은 다그치듯 물었다.

"관둡시다. 말해봐야 또 트집이나 잡을 거면서…."

"못하시겠다면 내가 한 말씀 드려도 되겠습니까?"

"그러시든가. 뭐든지 얘기해보시구려." 허풍선이 심드렁하게 말했다.

신실이 설명을 시작했다. "심령에서 일어나는 은혜의 역사는 그 은총을 품고 있는 이뿐만 아니라 주위에서도 다 알 수 있을 만큼 밝히 드러납니다.

하나님의 은혜가 제대로 역사하면, 때 묻은 본성과 불신을 자각하게 되면서 스스로 죄인이라는 뼈아픈 의식이 생깁니다. 예수 그리스도를 믿고 하나님의 손에서 자비를 찾지 못하면 지옥에 갈 수밖에 없다는 사실을 깨우치는 거죠. 요 16:8; 롬 7:24; 요 16:9; 막 16:16

마음속에 이처럼 새로운 깨달음이 자리 잡으면 곧 죄에 대한 아픔과 부끄러움이 밀려오지만 그게 끝은 아닙니다. 곧이어 세상을 구하러 오신 구세주를 분명하게 의식하고 그분께 매달려 생명을 얻어야 한다는 절대적인 필요성을 감지하기에 이릅니다. 그렇게 해서 주님을 단단히 붙잡는 순간, 새로 깨어난 심령은 말씀에 약속된 그대로 구세주를 향해 점점 더 깊은 허기와 갈증을 느끼게 됩니다. 시 38:18; 렘 31:19; 갈 2:16; 행 4:12; 마 5:6; 계 21:6 이제 구세주를 믿는 믿음이 강하고 약함에 따라 세상에서 누리는 기쁨과 평안, 거룩함을 사모하는 마음, 주님을 더 알고자 하는 열망, 오로지 그분만을 섬기려는 마음의 깊이가 달라집니다.

죄인들도 어렴풋이나마 은혜의 역사를 알아본다고 말씀드렸습니다만, 그렇다고 해서 금방 '아, 이게 바로 은총의 힘이구나!' 라고 판단하기는 거의 불가능합니다. 성품은 세상에 속해서 철저히 더러워졌고 이성 역시 한결같이 불완전할 수밖에 없으므로 내면에서 일어나는 역사를 잘못 판단할 가능성이 아주 높습니다. 그러므로 이러한 은혜를 받아 가진 이들에게도 건전한 판단력이 반드시 필요합니다. 그래야 이것이 은혜의 역사라고 확실하게 결론지을 수 있기 때문입니다.

은혜의 역사는 대개 이런 방식으로 다른 이들에게 드러납니다.

첫째로, 그리스도를 믿는다는 고백입니다. 롬 10:10; 빌 1:27; 마 5:19

둘째로, 그 고백에 합당한 삶입니다. 구체적으로 말하자면, 경건한 마음, 경건한 가정(결혼해서 살림을 꾸렸다면), 세상과 확연히 구분되는 말과 행실 따위를 통해 표현되는 거룩한 삶입니다. 죄, 그리고 그 죄를 저지르고 있는 자신을 혐오하는 사람은 집안에서 잘못을 범하지 않도록 자신을 다스리며 세상에 나가서도 거룩한 성품을 드러냅니다. 위선자나 말쟁이들처럼 입으로만 그러는 게 아니라 말씀의 능력에 힘입어 믿음과 사랑 안에서 경건한 삶을 실천해 보이는 겁니다. 요 14:15; 시 1:2-3; 욥 42:5-6; 겔 20:43

은혜의 사역과 그 역사가 진실한 그리스도인의 삶에 어떻게 나타나는지 간략하게 이야기했습니다. 달리 하실 말씀이 없다면 두 번째 질문을 드리겠습니다."

허풍선은 한풀 꺾인 목소리로 말했다. "내 몫은 토를 다는 게 아니라 잠자코 듣는 쪽인 것 같습니다. 자, 두 번째 질문을 해보시죠."

신실은 말을 이었다. "여태 말씀드린 일들을 실제로 경험해본 적이 있습니까? 선생이 알고 있는 진리가 삶과 행동으로 나타나고 있나요? 아니면 마음에 품은 신앙을 몸으로 입증해 보이지 못하고 그저 말에 그치는 수준인가요?

대답하시려거든 부디 하나님께서도 '아멘!'이라고 말씀하실 만한 이야기를 하도록 신경을 써주십시오. 양심에 거리끼는 말은 아예 꺼내지도 마세요. 성경에도 '참으로 인정받는 사람은 스스로 자기를 내세우는 사람이 아니라 주님께서 내세워주는 사람' 고후 10:18이라고 기록되어 있으니까요. '행실로 드러나는 모습과 이웃들의 평가는 전혀 딴판이지만, 어쨌든 난 이러저러하게 믿습니다'라고 얘기하는 건 구역질 나는 짓입니다."

허풍선은 시뻘겋게 달아오르는 낯빛을 재빨리 감추며 대꾸했다. "이제는 경험과 양심, 하나님까지 들먹이는군요. 그분께 기대어 여태 했던 얘기를 합리화해볼 셈인가요? 이건 내가 기대했던 식의 대화가 아니에요. 그따위 질문에는 대답하고 싶지 않습니다. 그쪽이 교리교사 노릇을 집어치우지 않는 한, 거기에 답할 의무가 없다고 생각해요. 자기가 무슨 선생이라도 되는 줄 아는 모양인데 댁을 내 재판관으로 삼고 싶은 마음은 눈곱만큼도 없어요. 하지만 왜 나한테 그따위 질문들을 퍼붓는지는 궁금하네요."

신실은 한 점 망설임 없이 대답했다. "선생을 보면 말을 하고 싶어서 몸살이 난 것처럼 보이는데, 과연 그 말을 뒷받침할 무언가가 있는지, 아니면 그저 말이 전부인지 알고 싶어서요. 아무것도 감추지 않고 다 말씀드리자면, 댁에 대한 이야기를 듣기도 했고요. 말뿐인 신앙을 가졌으며 입으로 고백하는 내용과 행동은 백팔십도 다르다고들 하더군요. 그리스도인 흉내를 내고 있지만 실제로는 하나님을 모독하는 꼴이라는 말도 있었어요. 댁의 경건치 못한 행실 때문에 참다운 신앙인들까지 욕을 먹는다는 거죠. 선생의 그릇된 행실 탓에 이미 실족한 이들이 적지 않고 댁을 본받아 망하기 직전까지 몰린 이들도 수두룩하다던걸요? 술집, 탐욕, 부정, 하나님을 욕되게 하는 말, 거짓말, 나쁜 친구들을 비롯해서 갖가지 고약한 것들과 뒤범벅이 되어 지낸다는 얘기도 들었습니다. 미꾸라지 한 마리가 온 물을 다 흐린다는 얘기가 헛말이 아닙니다. 그게 사실이라면 선생은 진심으로 신앙을 고백하는 그리스도인들에게 부끄러운 줄 알아야 할 게요!"

"남들이 지껄이는 그따위 말에 쉬 넘어가서 남을 함부로 판단하는 걸 보니, 애당초 나쁜 뜻을 품고 있었거나 속이 배배꼬인 양반인 모양이구려. 깜냥이 안 되는 상대와 말 섞을 필요가 없을 터, 이만 헤어집시다! 잘 가시오!" 허풍선은 불쾌한 듯 내뱉었다.

다시 신실과 나란히 걷게 된 크리스천은 믿음의 형제에게 말했다. "이렇게 될 거라고 말씀드렸죠? 형제님의 말과 허풍선의 정욕은 절대로 어울릴 수가 없어요. 일찍이 말씀드린 그대로, 저 친구는 제 삶을 고치기보다 동행을 포기하는 쪽을 택했습니다. 그러니 그냥 가게 버려두세요. 그래봐야 저만 손해죠. 억지로 떼어내는 수고를 덜어줬으니 도리어 고마워해야 할 일입니다. 계속 함께 걸었더라면 형제님과 나누는 교제를 망쳐놓았을 거예요. 그래서 사도 바울도 '이 같은 자들에게서 돌아서라' 딤후 3:5고 했을 거예요."

신실도 같은 생각이었다. "하지만 허풍선과 잠시나마 대화를 나눠서 참 기뻐요. 저 양반도 내 말을 한번쯤 곱씹어보겠지요. 그토록 분명하게 일러주었으니 설령 멸망의 길로 들어간다 하더라도 책임감을 느끼지 않아도 괜찮을 거예요."

크리스천이 거들었다. "대놓고 이야기한 건 참 잘한 일이에요. 요즘은 누군가를 그처럼 성실하게 대하는 경우가 거의 없어요. 명명백백하게 도전하지 않으니까 신앙을 불쾌하게 여기는 이들이 많아지는 거예요. 입으로는 진리를 부르짖지만 행동은 방탕하고 허탄하기 짝이 없는 수다쟁이 멍청이들이 넘쳐나니까요. 허풍선 같은 친구들이 경건한 이들 틈에 끼어 한데 어울리게 되면 세상은 혼란스러워질 수밖에 없어요. 교회도 신망을 잃게 되고 진실한 순례자들은 깊은 슬픔에 빠지겠지요. 저런 부류를 만났을 때 다들 형제님처럼 대처할 수 있으면 얼마나 좋겠어요. 그럼 태도를 바꾸거나 성도들과 교제하는 걸 더 이상 견디지 못하고 꽁무니를 뺄 테니까요."

신실은 흥겹게 노래했다.

애당초, 허풍선은 얼마나 깃털을 곤두세웠던가!
얼마나 당당하게 이야기했는가!
얼마나 건방지게 굴었는가, 닥치는 대로 깔보면서!
그러나 신실이 마음의 변화를 이야기하자,
보름 넘긴 달이 이울듯, 한없이 작아졌네.
마음의 변화를 모르는 이들은 너나없이 그리 되리라.

크리스천과 신실은 그동안 보았던 온갖 일들을 이야기하며 꾸준히 걸었다. 황무지를 가로지르는 길이었지만 더할 나위 없이 유쾌했다. 혼자 걸었더라면 절대로 누릴 수 없었을 즐거움이었다.[5]

7

복음을 위해 시험받다
On trial for the gospel

광야를 거의 다 지났을 무렵, 신실은 무심코 고개를 돌렸다가 누군가 열심히 쫓아오는 걸 보았다. 크리스천과 신실을 알아보고 따라오는 게 아닌가 싶었다. 신실이 영적인 형제에게 말했다. "저기 우리 쪽으로 달려오는 사람이 누군지 아세요?"

크리스천은 뒤를 돌아보며 말했다. "오, 전도자로군요. 나랑 아주 가까운 친구예요."

"그렇군요. 나와 절친한 벗이기도 하죠." 신실은 반색을 했다. "좁은 문으로 가는 길을 가리켜준 사람이 바로 저분이거든요." 전도자는 두 순례자에게 다가와서 인사를 건넸다.[1]

"사랑하는 벗들이여, 평안히 지내셨습니까? 여기까지 오는 동안 도와주셨던 모든 분들도 평안하시길 빕니다."

"어서 오세요, 전도자님!" 크리스천은 큰 소리로 인사했다. "다시 뵙게 되니, 지난날 친절을 베푸시고 영원한 상급을 얻을 수 있도록 성실하게 애써주셨던 기억이 새록새록 떠오릅니다."²

"반갑고 또 반갑습니다!" 신실도 환하게 웃으며 말했다. "우리처럼 가련한 순례자들에게는 전도자님 같은 길벗과 동행하는 게 얼마나 신나고 매력적인 일인지 아마 모르실 겁니다."

전도자는 둘의 안부를 물었다. "지난번에 헤어진 뒤로 무슨 일들을 겪으셨나요. 어떤 상황과 맞닥트리고 또 어떻게 대처했는지 궁금합니다."

크리스천과 신실은 마지막으로 만난 뒤로 무슨 일들이 있었으며 그때까지 어떤 어려움들을 헤쳐 나왔는지 모두 이야기해주었다.

"참으로 행복하군요." 전도자가 말했다. "여러분들이 시험을 당해서가 아닙니다. 그걸 이겨내고 승리자가 되었으며 수많은 약점을 가졌고 허다한 어려움을 겪었음에도 불구하고 믿음을 잃지 않은 까닭입니다.³ 이건 두 분뿐만 아니라 내게도 정말 기쁜 일입니다. 나는 씨를 뿌렸고 여러분은 열매를 거뒀습니다. 뿌린 이와 거둔 이가 함께 기뻐하는 날이 올 겁니다. 두 분이 끝까지 견디고 '지쳐서 넘어지지 아니하면, 때가 이를 때에 거두게 될 것입니다.' 요 4:36; 갈 6:9 영원히 변치 않는 면류관이 눈앞에 있습니다. 그러므로 여러분도 그 면류관을 받을 수 있도록 힘껏 달리십시오. 고전 9:24-27

면류관을 차지하러 떠나서 제법 멀리까지 갔다가 뒤따라온 경쟁자들에게 승리를 뺏기는 일도 적지 않습니다. 그러므로 가진 것을 굳게 붙잡아서 아무도 면류관을 빼앗지 못하게 하십시오. 계 3:11 여러분은 아직 마귀의 사정권 안에 있습니다. 죄와 싸우면서 죽기까지 저항하지 않았다는 말입니다. 항상 하나님나라를 바라보십시오. 아직 드러나지 않는 것들을 한결같은 마음으로 굳게 믿으십시오. 무엇이 됐든지 영원한 생명에 맞서는 것들이 여러분의 중심에 스며들지 않게 하십시오. 무엇보다도 마음을 살펴서 틈틈이 유혹의 손길을 내미는 정욕을 물리치십시오. '만물보다 더 거짓되고 아주 썩은 것은 사람의 마음' 렘 17:9 이기 때문입니다. 얼굴을 부싯돌처럼 굳게 하십시오. 하늘과 땅의 권세가 모두 여러분들 쪽에 있습니다."

크리스천은 권면해주어서 고맙다고 인사했다. 전도자가 선지자임을 깨달은 두 순례자는 더 많은 조언을 해달라고 부탁했다. 앞으로 여행을 계속해나가면서 부닥치게 될 시험들에 맞서고 또 극복하는 데 도움이 될 만한 가르침을 받고 싶었던 것이다.

전도자는 둘의 요청을 기꺼이 받아들여서 이야기를 시작했다.

"아들들이여, 하나님나라에 들어가기 전에 수많은 고난을 당

허망시장에 다다른 전도자, 크리스천 그리고 신실

해야 하며 어느 도시에 들어가든 결박과 시련이 기다린다는 복음서의 말씀을 들어봤을 겁니다. 그러므로 오래도록 아무런 고통 없이 순례의 길을 갈 수 있기를 기대하지 마십시오. 이미 여러 가지 어려움을 견뎌낸 터라 잘 아시겠지만 얼마 지나지 않아 더 많은 고난과 마주할게 확실합니다.

이제 광야를 거의 벗어났으니 조만간 길 끄트머리에 다음에 들어갈 마을이 나타날 겁니다.[4] 거기에 들어가면 원수들이 죽일 작정을 하고 덤벼들 테고 결국 뜻을 이룰지도 모릅니다. 두 분, 적어도 어느 한쪽은 믿음을 피로 입증해 보여야 합니다. 그러나 죽도록 충성하면 하늘나라의 임금님께서 생명의 면류관을 주실 겁니다. 억울하고 고통스러울지라도 거기서 죽는 편이 남는 쪽보다 훨씬 낫습니다. 살아남은 이처럼 남은 길을 가면서 끔찍한 일들을 겪지 않고 곧장 새 예루살렘에 들어가기 때문입니다.

그러므로 도시에 들어간 뒤에 심각한 상황이 벌어지거든 여태 말씀드린 일들을 기억하십시오. 사나이답게 당당하게 처신하십시오. 힘겹게 씨름하며 올바른 일을 하는 내내 조금도 흔들리지 말고 하나님께 영혼을 드리십시오. 여러분을 지으신 신실하신 창조주를 잊지 마십시오."

꿈에서 보니 두 순례자는 광야의 끝자락, 도시가 손에 닿을 듯 가까운 곳에 이르렀다. '허망Vanity'이란 동네였는데 1년 내내 '허망시장Vanity Fair'이란 큰 장이 열리는 곳이었다. 허망이란 이름이 붙은 건 장이 서는 마을 전체가 그저 쓸데없고 헛된 물건에만 관심을 쏟는 탓이었다. 장터에서 사고파는 물건도 죄다 아무짝에도 못쓸 무가치한 상품들이었다. "모든 것이 헛되도다" 전 1장: 2:11; 17장; 11:8; 사 40:17라는 옛말 그대로였다. 허망시장은 요즘 새로 생긴 게 아니라 옛날 고릿적에 세워져 꾸준히 이어져 내려오고 있었다. 역사와 기원을 설명하자면 이렇다.

대략 5천 년 전쯤, 크리스천과 신실처럼 새 예루살렘 성으로 가는 순례자들이 있었다. 이들이 허망시를 지나간다는 걸 알게 된 바알세붑과 아볼루온, 군대마귀는 졸개들과 더불어 음모를 꾸미고 1년 365일 쉬지 않고 온갖 쓸데없는 상품을 사고파는 장을 열었다. 집, 땅, 직업, 위치, 명예, 계급, 직함, 마을, 왕국, 정욕, 쾌락은 물론이고 매춘부, 외설적인 놀이, 아내, 남편, 아이들, 주인, 종, 생명, 피, 몸, 영혼, 은, 금, 진주, 귀중한 보석류 따위의 눈길을 끄는 상품들을 빠짐없이 내놓았다. 이뿐 아니라 장터에 가면 사시장철 저글링, 야바위, 게임, 놀이, 꼭두각시놀음, 원숭이놀음, 도박, 사기 따위를 볼 수 있었다. 또 도둑, 살인범, 바람둥이, 없는 말을 지어내서 사형언도를 받게 하는 거짓증인들이 사방에 널려 있었다.

규모가 작은 시장에도 구획을 나누어 적절한 상품을 취급하는 것처럼, 허망시장 역시 판매되는 물품을 기준으로 구역과 상가, 거리(나라와 왕국들)를 잘 구분해놓고 있었다. 영국거리, 프랑스거리, 이탈리아거리, 스페인거리, 독일거리에서 갖가지 헛것들을 팔고 있었다. 어느 시장에나 주력상품이 있는 법인데 허망시장도 그랬다. 여기서는 로마에서 만든 상품들을 내세우고 각광을 받았으며 영국을 비롯한 몇몇 나라들만 거기서 만든 제품들을 탐탁잖게 여겼다.

앞에서 말한 것처럼, 새 예루살렘으로 가려면 반드시 시끌벅적하게 장이 열리고 있는 이 도시를 지나가야 했다. 거기를 피해서 새 예루살렘으로 가려는 순례자들은 '이 세상 밖으로 나가야' 고전 5:10 했다. 왕의 왕께서도 세상에 계실 때 그분의 나라로 가기 위해서 이 동네를 가로지를 수밖에 없었다. 개인적으로는 주님을 붙들고 무가치한 잡동사니를 사라고 권했던 인물은 시장을 손아귀에 틀어쥐고 있는 바알세붑이었을 거라고 생각한다. 심지어 이 작자는 그분에게 시장을 두루 보여주고 나서 자기에게 경의를 표하기만 하면 주인 자리에 앉혀주겠다는 얘기까지 했다. 마4:8; 눅4:5-7 은총을 입으신 주님을 이 거리 저 거리로 끌고 다니며 순식간에 세상 모든 왕국들을 보여주기도 했다. 그분은 지극히 고결하시므로 어떻게든 유혹해서 그 영광을 더럽히고 헛된 상품들을 팔아먹을 속셈이었다. 하지만 왕의 왕께서는 쓸모없는 잡동사니들에는 아무 관심을 보이지 않으셨으며 단 한 푼도 낭비하지 않고 그 마을을 떠나셨다.

허망시장은 크고 오랜 세월 이어져 내려온 역사 깊은 시장이었다. 이미 이야기한 것처럼, 크리스천과 신실은 이 장터를 지나가야 했다. 둘은 천천히 걸음을 옮겼다. 그러나 장거리에 발을 들여놓기가 무섭게 커다란 소동이 일어났다. 시장에 나왔던 이들의 관심이 일제히 두 순례자에게 쏠렸다.[5]

여기에는 몇 가지 이유가 있었다.

첫째로, 둘은 장터에서 물건을 사고파는 이들과 차림새가 전혀 달랐다. 시장에 나왔던 이들은 놀란 토끼 눈을 하고 크리스천과 신실을 쳐다보았다. 더러는 멍청이들이라고 손가락질했다. 정신병자라거나 외지인들이라며 소곤대는 이들도 있었다.[6] 고전 2:6-8

둘째로, 둘의 차림새도 낯설었지만 그곳 주민들에게는 말투가 훨씬 더 거슬렸다. 크리스천과 신실은 시장에서 통용되는 세상 말이 아니라 언약의 왕국에서 사용하는 언어를 사용했으므로 두 나그네의 이야기를 알아듣는 이가 거의 없었다. 그래서 시장사람들은 너나없이 둘을 야만인으로 여겼다.

셋째로, 두 순례자가 시장에 깔린 상품에 눈곱만큼도 관심을 보이지 않는다는 점이었다. 바로 이 부분이 장사꾼들을 가장 짜증스럽고 헷갈리게 만들었다. 제대로 쳐다보지도 않는 건 물론이고 이런저런 물건들을 내보이며 사가라고 소리쳐 부르자 아예 손가락으로 귀를 틀어막고 "내 눈이 헛된 것을 보지 않게 해주소서!"라고 부르짖었다. 시 119:37; 빌 3:19-20 그러곤 얻고 싶은 건 저

위에 있다는 듯 하늘을 우러러보았다.

순례자들의 낯선 행동거지를 지켜보던 상인 하나가 비웃음이 잔뜩 담긴 목소리로 물었다. "도대체 뭘 사려고 그러시나?"

크리스천과 신실은 단호한 말투로 대답했다. "진리를 사고 싶습니다." 잠 23:23

그러자 분위기가 험악해졌다. 장사치들은 한층 노골적으로 순례자들을 조롱하기 시작했다. 놀리고, 비아냥거리고, 비난했으며 두들겨 패주자고 부추기는 이들도 있었다. 마침내 순례자들 때문에 큰 소동이 벌어져서 걷잡을 수 없을 만큼 질서가 무너졌다. 상황이 워낙 혼란스러웠으므로 소식이 금방 시장 책임자의 귀에까지 들어갔다. 저잣거리의 우두머리는 곧바로 현장에 출동하는 한편, 가장 신뢰하는 부하들을 보내서 두 순례자를 잡아다 심문하게 했다.

부하들은 크리스천과 신실을 체포하고 취조했다. 심문관들은 두 순례자에게 어디서 왔으며, 어디로 가는 길이고, 어째서 그렇게 기괴한 차림을 하고 있느냐고 물었다.

크리스천과 신실은 조금도 주눅 들지 않고 자신들은 순례자며 세상을 떠도는 나그네들인데 본향인 하늘의 예루살렘으로 가는 중이라고 대답했다. 히 11:13-16 아울러 이렇게 험한 꼴을 당하고

허망시장에 들어간 크리스천과 신실

구금돼서 순례여정을 계속하지 못할 만큼 주민들이나 장사꾼들에게 잘못을 저지른 적이 없다고 단언했다. 그리고 공격을 받는 유일한 이유가 있다면, 물건을 팔려고 잡아끄는 상인들에게 사고 싶은 건 진리뿐이라고 대답한 게 전부라고 했다.

우두머리의 지시를 받은 심문관들은 크리스천과 신실을 취조하고 나서 둘 다 정신이 이상한 방랑자나 불량배로서 일부러 시장에 들어가 난동을 부렸다는 판결을 내렸다.

그러곤 두 순례자를 끌어다가 매질하고 땅바닥에 쓰러트려 흙투성이로 만든 다음, 우리 안에 가둬서 오가는 이들의 구경거리로 만들었다. 장터에 들렀던 이들은 너나없이 그 앞에서 잠시 걸음을 멈추고는 조롱하거나, 욕을 퍼붓거나, 내키는 대로 분풀이를 해댔다. 시장의 우두머리는 두 순례자가 당하는 고통을 지켜보며 연신 잔인한 웃음을 터트렸다.

하지만 크리스천과 신실은 차분하게 견뎌냈다. 고래고래 상스러운 욕설이나 막말을 내뱉어도 따뜻하고 부드러운 말로 대꾸했다. 누가 와서 저주를 쏟아내면 도리어 복을 빌어주었다. 악한 말에는 선한 말로, 상처를 주는 얘기에는 친절한 언사로 응대했다.

비교적 사려가 깊고 속이 뒤틀리지 않은 이들은 두 순례자를 끊임없이 핍박하는 난폭한 무리들을 비판하고 꾸짖었다. 하지만 군중들은 도리어 극렬한 증오심을 보이면서 누구든 역성을 드는 자는 철창에 갇힌 죄인들과 결탁한 배신자라고 목소리를 높였다. 순례자들을 감싸는 이들에 대해서는 똑같은 형벌을 내려야 한다고 외치는 이들도 적지 않았다.

이성적인 주민들은 자기들이 보기엔 순례자들이 그저 조용하고 정신이 말짱해서 누구한테든 해를 끼칠 만한 사람들이 아니라고 주장했다. 시장에서 물건을 거래하는 장사꾼들 중에도 두 나그네 대신 철창에 갇혀야 마땅한 이들이 수두룩하다고 했다.

가시 돋친 말들이 양쪽 진영을 오가더니 급기야 몸싸움까지 벌어져 여럿이 다치고 깨졌다. 이런 사태가 벌어지는 동안 두 순례자는 품위 있고 지혜롭게 처신했다.

하지만 혼란이 가라앉자 심문관들은 크리스천과 신실을 다시 끌어내서 폭력사태를 선동했다는 혐의를 씌웠다. 관리들은 둘을 형틀에 묶어놓고 인정사정 두지 않고 매질한 뒤에, 족쇄를 채우고 쇠사슬로 꽁꽁 묶어 온 시장에 조리돌렸다. 순례자를 동정하거나 변호한다든지 적극적으로 찬동하는 이들에게 겁을 주려는 속셈이었다.

이런 상황이 진행되는 내내 크리스천과 신실은 지혜롭게 행동했으며 말로 다 할 수 없는 수모와 비난을 인내하며 온유하게 받아들였다. 더러는 그런 모습을 보고 끝까지 순례자의 편을 들었다. 일이 그렇게 돌아가자 반대파들은 더 화가 나서 철창에 가두고 벌을 주는 것만으로는 충분치 않다는 결정을 내렸다. 시장사람들을 모욕하고 기만했다는 죄목을 붙여서 사형시키기로 한 것이다. 크리스천과 신실은 다시 족쇄를 찬 채 철창에 갇혀 집행 날짜가 결정되기를 기다리는 신세가 되었다.

박해를 받으면서 두 순례자는 줄곧 믿음직스러운 친구 전도자가 이만저만한 고난을 당하고 어찌어찌 될 거라고 일러주었던 이야기들을 곱씹었다. 생각할수록 기운이 나고 온갖 학대를 견디며 상황이 마무리되기를 참고 기다릴 힘이 생겼다. 둘 다든, 어느 한쪽이든 목숨을 잃기까지 고난을 당하는 게 가장 유익하다는 사실을 되새기며 서로 위로했다. 저마다 자신에게 그런 운명이 닥쳤으면 좋겠다고 속으로 생각했다. 그러면서도 세상만사를 다스리시는 하나님의 지혜로운 섭리에 맡기고 눈앞의 상황에 만족하며 그분의 기쁘신 뜻대로 사용해주시길 기다리기로 했다.

정해진 날이 되자 순례자들은 다시 끌려나와 재판을 받았다. 심리를 한다고는 하지만 목적은 단 하나, 둘에게 죄를 뒤집어씌우는 것뿐이었다. 크리스천과 신실은 정식으로 고발장을 낸 적들 앞에 섰다. 재판장은 귀족인 '혐선 대감 Lord Hate-Good'이었다. 고발장은 형식만 조금 다를 뿐 내용은 똑같았다. "피고들은 거래를 방해하는 적대세력으로서, 시내에서 난동을 피우고 주민들 사이에 분열을 꾀하였으며, 이곳 임금님이 정한 규정을 짓밟고 몹시 위험스러운 사상을 퍼트려 패거리를 형성하였음."

먼저 심문을 받게 된 신실은 지극히 높으신 분의 뜻을 거스르는 자들과 맞섰을 따름이라고 자신을 변호했다. "소란을 일으켰다고 하지만 평화를 사랑하는 나와는 아무 상관이 없는 일입니다. 한편에 섰던 이들 역시 진실하고 결백한 모습을 보고 더 나은 쪽을 선택했을 따름입니다. 이곳을 다스리는 왕, 바알세붑과 그 졸개들은 주님의 적이므로 나로서는 당연히 저항할 수밖에 없습니다."

재판장은 허망시를 다스리는 임금의 편에 서서 피고인들을 고발한 이들 가운데 누구든 나와서 증거를 제시해도 좋다고 선언했다.

'시기심Envy'과 '미신Superstition', '아첨Flattery'이 증인으로 나섰다. 재판장은 순례자들을 알고 있는지 확인한 뒤에 왕의 입장에서 피고인들의 유죄를 입증해보라고 했다.

그러자 시기심이 벌떡 일어나서 말했다. "존경하는 재판장님, 저는 상당히 오랫동안 저 사람을 알고 지냈습니다. 존엄한 이 법정에 맹세컨대 저자는…."

"잠깐!" 재판장이 끼어들었다. "먼저 증인선서부터 시키시오!"

시기심
Envy

시기심의 증언이 다시 이어졌다. "재판장님, 비록 그럴듯한 이름을 가지고 있기는 하지만, 피고는 흉악무도한 인간입니다. 임금님이나 백성들은 물론이고 이 세상의 법과 관습을 일절 무시한 채, 자칭 '믿음과 경건의 원리'라는 반역적인 사상을 주위에 퍼트리고 있습니

복음을 위해 시험받다

다. 특히 기독교와 허망시의 관습은 백팔십도 달라서 도저히 조화를 이룰 수 없다고 단언하는 걸 제 두 귀로 똑똑히 들었습니다. 이곳 시민들과 우리가 하는 고상한 일들을 싸잡아 비난한 겁니다."

재판장은 증인에게 물었다. "이상입니까?"

시기심은 목소리를 높였다. "재판장님, 이야기하자면 한도 끝도 없겠지만, 재판이 지루하게 늘어질까 싶어서 이만하겠습니다. 그러나 다른 신사 분들의 증언을 듣다가 저 피고인들을 심판하는 데 혹시 미진한 부분이 있다 싶으면 그때 다시 더 많은 증거들을 제시하겠습니다."

재판장은 시기심을 대기시켜놓은 채, 미신을 불러서 피고들을 바라보라고 했다.

그러곤 크리스천과 신실에 맞서 허망시의 임금을 위해 증언할 게 있는지 물었다. 미신은 증인선서를 마치고 말했다.

"존경하는 재판장님, 개인적으로는 피고인들을 잘 모를 뿐만 아니라 알고 싶지도 않습니다. 하지만 일전에 대화를 나눠본 경험에 비추어 둘 다 대단히 위험스러운 인물이라고 분명히 말씀드릴 수 있습니다. 우리들이 가진 신앙은 아무짝에도 쓸데가 없으며 절대로 하나님을 기쁘시게 할 수 없다고 말하는 걸 들었기 때문입니다. 그렇다면 이곳 시민들이 예배를 드린답시고 헛심을 빼고 있으며 죄를 용서받지 못하고 결국 저주를 받고 말 거란

허망시 법정에서 재판을 받고 있는 신실

뜻이 아니겠습니까? 제가 증언대에 서게 된 까닭이 바로 여기에 있습니다."

재판장은 마지막 증인에게도 선서를 마치고 피고들의 범죄행위를 증언해달라고 요청했다. 아첨이 입을 열었다.

"존경하는 재판장님, 그리고 신사 분들께 한 말씀 드리겠습니다. 저는 예전부터 이 친구를 잘 압니다. 입에 담을 수 없는 말을 하는 것도 들었고요. 피고는 더할 나위 없이 거친 표현들을 써가며 우리의 지엄한 임금이신 바알세붑을 매도하고 비난했습니다. 또한 '옛사람 대감The Lord Old Man', '음란 대감The Lord Carnal Delight', '사치 대감The Lord Luxurious', '허영 대감The Lord Desire of Vain-Glory', '호색 대감Lord Lechery', '탐욕 대감Sir Greed'을 비롯한 임금님의 영예로운 친구들과 귀족 여러분들을 경멸하는 이야기를 늘어놓았습니다. 아울러 뜻을 모아서 그처럼 고귀한 분들을 하나도 빠짐없이 도시에서 몰아내야 한다고 주장했습니다. 이뿐만이 아닙니다. 재판관으로 지명되어 여기 앉아 계신 분들을 감히 경건치 못한 불한당이라고 지칭해가며 욕해댔습니다. 그 밖에도 허망시의 여러 명망가들을 헐뜯어서 그 명예에 먹칠을 했습니다."

아첨이 말을 마치자 재판장은 피고석에 앉은 순례자들에게 소리쳤다. "배신과 반역을 저지른 이단자야, 네 죄를 고발하는 정직한 신사 분들의 증언을 들었느냐?"

"몇 마디 반론을 얘기해도 괜찮겠습니까?" 신실이 물었다.

재판장은 천부당만부당하다는 듯 대꾸했다. "저, 저 말하는 것 좀 보게! 넌 더 살려둘 가치가 없는 죄인이다. 당장 처형해야 마땅하지만 우리가 얼마나 너그러운지 뭇 사람들에게 보여주는 차원에서 특별히 발언을 허락한다."

신실이 변론을 시작했다. "우선, 시기심 씨의 말씀에 답변하겠습니다. 나는 '어떤 규칙이나 법률, 관습, 사람이든 하나님 말씀에 어긋나면 기독교의 진리에 백팔십도 위배된다'고 말했을 따름입니다. 여기에 오류가 있다면 알려주십시오. 여러분 앞에서 기꺼이 취소할 용의가 있습니다.

다음은 미신 씨가 지적하고 고발한 내용에 대해 변론하겠습니다. 내가 했던 말을 정확히 옮기자면 이렇습니다. 하나님을 예배하려면 거룩한 믿음이 필요한데, 그런 믿음은 주님의 뜻을 드러내는 거룩한 계시가 있을 때에만 가질 수 있습니다. 그러므로 하나님을 예배한다면서 무엇이든 거룩한 계시와 어울리지 않는 일을 밀어붙일 수는 없는 법입니다. 그건 단지 영원한 생명을 얻을 수 없는 인간적인 믿음에 지나지 않습니다.

마지막으로 아첨 씨가 고소한 문제에 관해서도 차분하게 한 말씀 드리겠습니다. 허망시를 다스리는 임금과 신하들, 짐승 같은 무리들, 그리고 아첨 씨가 일일이 열거한 이들은 이 나라 이 도시가 아니라 지옥에 더 어울릴 겁니다. 주께서 내게 자비를 베풀어주시길 빕니다!"

　재판장은 한쪽에 자리를 잡고 소송과정에서 오가는 말과 행동을 주의 깊게 관찰하고 있는 배심원들에게 말했다. "여러분은 지금까지 시내에서 큰 소동을 일으켰던 피고를 지켜보셨습니다. 그리고 점잖은 신사 분들의 증언도 경청하셨습니다. 거기에 대한 저자의 답변과 고백도 들으셨습니다. 이제 피고를 교수형에 처할지, 아니면 석방할지 결정해주십시오. 하지만 판결을 내리기 전에 허망시의 법률에 관해 잠시 설명해드릴 필요가 있을 것 같습니다. 우리 임금님의 종이었던 바로 대왕 시절에 제정된 법령이 있습니다. 이곳의 종교와 어울리지 않는 신앙이 성장하고 번창해서 지나치게 강력해지는 걸 막기 위해 말썽을 일으킬 가능성이 있는 자들의 아들은 무조건 강물에 빠트려 죽이도록 규정하고 있습니다.출1장

　우리 임금님의 또 다른 신하였던 느부갓네살 대왕 통치기간에 제정된 법에는 금 우상 앞에 엎드려 예배하지 않으면 누구든 맹렬하게 타오르는 풀무에 집어 던지라고 적혀 있습니다.단3장

　다리오 왕 치세에 나온 법규에 따르면, 임금을 제외한 다른 신의 이름을 부르는 자는 지위를 가리지 않고 사자 굴에 처넣게 되어 있습니다.단6장 지금 여러분 앞에 서 있는 이 반역자는 생각뿐만 아니라 말과 행동으로도 이런 법규들을 모조리 어겼습니다. 이건 도저히 용납할 수 없는 범죄입니다.

차근차근 짚어보십시오. 바로가 만든 법은 아직 실행에 옮기지는 않았지만 장차 저지를 수도 있는 잘못을 막으려는 뜻이었습니다. 하지만 여러분 앞에 있는 피고의 죄는 명명백백합니다. 이미 말씀드린 두 번째와 세 번째 법령을 기준으로 살펴봐도 마찬가지입니다. 피고인이 이곳의 신앙에 이의를 제기하고 있다는 점을 여러분도 잘 아시리라 믿습니다. 제 입으로 자백한 반역죄만 가지고도 사형에 처하고도 남습니다."

재판장의 설명을 들은 배심원들은 옆방으로 가서 논의를 벌였다. '맹목Mr. Blind-man', '무용Mr. No-good', '악의Mr. Malice', '호색Mr. Love-lust', '허송Mr. Live-loose', '성급Mr. Hothead', '자만Mr. High-mind', '증오Mr. Enmity', '거짓말쟁이Mr. Liar', '잔인Mr. Cruelty', '흑암Mr. Hate-light', '완고Mr. Implacable' 등이 여기에 참여했다.

배심원들
the Jury

한 사람씩 돌아가면서 의견을 밝힌 뒤에 그 뜻을 모아 만장일치로 신실에 대한 '유죄' 평결을 내렸다.

그러곤 다 같이 재판장 앞으로 갔다. 가장 먼저 배심원 대표인 맹목이 나섰다. "피고는 이단임에 틀림없습니다."

이어서 무용이 말했다. "이런 작자들은 세상에서 깨끗이 없애버려야 합니다."

악의가 맞장구를 쳤다. "옳습니다. 아주 꼴도 보기 싫습니다."

복음을 위해 시험받다

다음은 호색이었다. "보기만 해도 구역질이 나서 견딜 수가 없군요."

"나도 싫어요." 허송이 이어받았다. "보기만 하면 꾸짖어대곤 했어요."

"벌레만도 못한 놈!" 교만이 내뱉었다.

"교수형에 처합시다! 목을 매달아버리자고요!" 성급이 외쳤다.

"속이 부글부글 끓어오르는군요." 증오가 말했다.

"놈은 사기꾼이에요." 거짓말쟁이가 손가락질했다.

"교수형도 아깝지!" 잔인이 중얼거렸다.

"시간 끌 것 없이 빨리 해치웁시다." 흑암이 선동했다.

마지막으로 완고가 말을 보탰다. "세상을 다 준대도 저런 자와는 한 하늘 아래 살 수가 없습니다. 얼른 유죄판결을 내리고 집행합시다!"

배심원들은 우르르 몰려나가 결정사항을 실행에 옮겼다. 신실은 사형언도를 받고 끌려 나가 다시없이 참혹한 죽음을 맞았다. 군중들은 순례자를 채찍질하고, 죽도록 때리고, 온몸에 칼부림을 해댔다. 그러고도 모자라서 다시 돌로 치고 검으로 찔렀다. 그러곤 끌어다 불구덩이에 집어넣고 한 줌 재가 될 때까지 태웠다. 신실은 이렇게 삶을 마감했다.

마차를 타고 새 예루살렘 성으로 떠난 신실

꿈에서 보니, 그처럼 야만적인 무리들 뒤편에 두 마리 말이 끄는 수레가 신실을 기다리고 있었다. 적들의 손에 육신의 생명이 끊어지는 순간, 마차는 순례자를 태우고 우렁찬 나팔소리와 함께 새 예루살렘 성문을 향하여 곧바로 날아갔다.

한편, 크리스천은 집행이 미뤄져서 전에 머물던 감옥에 다시 갇혔다. 그리고 만물을 다스리시며 원수들의 분노마저도 좌지우지하시는 분의 권능에 힘입어 악한 무리들의 마수에서 벗어났다. 크리스천은 노래를 부르며 순례를 계속했다.

아름답구나, 신실이여.
주님을 충직하게 선포했으니
믿음 없는 이들이 헛된 쾌락을 좇다가
지옥에서 괴로워 부르짖을 때
그분의 축복을 누리리니.
노래하라, 신실이여, 노래하라.
저들이 그대를 죽였을지라도 도리어 살았으니
그대 이름은 영원히 사라지지 않으리라.

신실이 죽고, 허망시장에서 도망친 크리스천은 혼자가 아니었다. '소망Hopeful'(본래는 다른 이름이 있었지만 크리스천과 신실이 장터에서 온갖 고난을 겪으면서 보여준 언행에 감동해서 그렇게 바꿔 부르기 시작

했다)이란 남자와 함께였다.⁷

　소망은 순례를 마칠 때까지 동행이 되기로 약속하고 형제의 언약을 맺은 뒤에 여행에 합류했다.

　이렇게 해서 한 사람이 죽음으로 진리를 선포하자 곧 다른 사람이 그 재에서 일어나 순례의 길을 가는 내내 크리스천의 동반자가 되었다. 소망은 적절한 때가 되면 허망시에서도 수많은 이들이 뒤따라 새 예루살렘 성을 향해 가게 될 것이라고 크리스천에게 속삭였다.

소망
Hopeful

8

두마음을 떨쳐버리고 바른길로

Confronting worldly attachments

꿈에서 보니, 장터거리를 빠져나오자마자 저만치 앞에서 누군가 걸어가는 게 보였다. '두마음By-ends'이란 사람이었다. 순례자들은 앞서 가던 이에게 말을 걸었다. "선생은 어디서 오셨습니까? 얼마나 더 갈 예정이죠?" 그러자 '미사여구Fair-speech'에서 오는 길이고 새 예루살렘 성까지 가는 길이라는 대답이 돌아왔다. 하지만 웬일인지 이름만큼은 알려주고 싶지 않은 눈치였다.[1]

"오, 미사여구에서 오셨군요!"[2] 크리스천은 반색을 했다. "거기에는 그렇게 멋진 것들이 많다면서요?" 잠 26:25

"그러면 얼마나 좋겠소!" 대답이 심드렁했다.

"통성명이나 합시다. 선생의 성함이?" 크리스천이 물었다.

두마음은 여전히 불퉁스러웠다. "댁과는 초면이오. 댁도 날 처음 봤을 테고. 이 길로 계속 갈 예정이면 기꺼이 함께 가겠소. 그러나 그게 아니라면 난 혼자 가도 그만이오."

크리스천은 화제를 돌렸다. "미사여구 얘기는 많이 들었습니다. 아주 넉넉한 마을이라고 하더군요."

두마음은 고개를 끄덕이며 말했다. "그렇고말고. 정말 부유하지. 거기에 친척들이 여럿 있는데 다들 떵떵거리며 살고 있소."

"외람되지만, 어떤 친척 분들이 거기 사시는지 말씀해주실 수 있을까요?" 크리스천은 조심스럽게 물었다.

두마음은 기다렸다는 듯 대답했다. "마을 전체가 나와 한 핏줄이라고 해도 지나치지 않을 정도요. 특히 '변절 대감 Lord Turn-about', '기회주의 대감 Lord Time-server', '미사여구 대감 Lord Fair-speech(동네 이름 자체가 이분의 성함을 따랐소)'과 특히 가깝지. 그밖에도 '기름기 씨 Mr. Smooth-man', '양다리 선생 Mr. Facing-both-ways', '무관심 어른 Mr. Anything'을 비롯해서 여러 친지들이 있소. 그곳 교회를 맡고 있는 '두말 Two-tongues' 목사님은 외삼촌이고. 보시다시피 나는 이렇게 양식을 갖춘 신사가 되었지만 솔직히 말해서 내 증조부는 뱃사공이었소. 한쪽을 바라보면서 반대편으로 노 저어 가는 걸로 유명했지. 나 역시 지금 가진 재산의 대부분을 증조할아버지와 똑같은 일을 해서 모았소."

"그런데 결혼은 하셨습니까?" 크리스천이 물었다.

"했다 뿐이겠소. 아내는 현숙한 어머니 밑에서 자란 조신한 여인이라오. 들어보셨나, '가식 여사 Lady Feigning'라고? 바로 그분의 따님이오. 소문난 양반집 규수로 최고의 가정교육을 받아서 귀족부터 농사꾼까지 상대를 가리지 않고 다정하고 정중하게 응대할 줄 안다오.

엄격하게 신앙을 지킨다는 이들과 우리가 다소 다른 건 사실이오. 하지만 기껏해야 두어 가지 사소한 차이가 있을 뿐이오. 첫째로, 우리는 굳이 바람과 물살을 거스르려 하지 않아요. 둘째로, 주님이 꽃신을 신고 계시는 동안은 늘 열심을 내서 신앙생활을 하지. 햇살이 환하게 비치고 다들 소리 높여 주님을 찬양할 때는 그분과 나란히 걷는 걸 무척 즐기는 편이거든."[3]

크리스천은 슬쩍 소망 쪽으로 한 걸음 다가서서 귀에 대고 속삭였다. "이 양반이 바로 '미사여구 마을의 두마음'인 것 같군. 그게 사실이라면 이 지역에서 첫손에 꼽히는 사기꾼이랑 나란히 걷게 된 셈일세."[4]

소망은 고개를 갸웃했다. "그럼 대놓고 물어보세요. 어쩐지 소문만큼 수치스러운 짓을 할 인물처럼 보이지는 않는군요."

크리스천은 다시 반대쪽으로 몸을 돌리며 물었다. "선생은 마치 세상일을 두루 꿰고 있다는 듯 말씀하시는데, 제가 잘못 본 게 아니라면 미사여구 마을의 두마음 씨가 아닌가 싶습니다만."

두마음은 다소 불쾌하다는 듯 대꾸했다. "그건 본명이 아니오. 날 잘 모르는 족속들이 붙인 모욕적인 별명일 뿐이지. 앞서 가신 훌륭한 어른들이 세상의 비난을 묵묵히 감수했던 것처럼, 나도 참고 견딜 뿐이오."

"그래도 뭔가 빌미를 주었으니 남들이 그렇게 부르는 게 아닐까요?"

"천만에! 난 단 한 번도 그런 적이 없소!" 두마음은 언성을 높였다. "그런 악평을 자초할 만한 일을 한 게 있다면, 기회의 바람이 어디서 불어오는지 재빨리 파악하는 재주를 써서 세월의 흐름에 잘 올라타고 거기서 이익을 얻는 행운을 누렸다는 점뿐이오. 남들 눈에는 그것도 죄인지 모르겠지만 난 축복이라고 믿소. 하지만 앞으로는 그렇게 악의에 찬 소문을 퍼트리고 다니는 자들을 가만두지 않겠소."

크리스천은 머뭇거리지 않고 곧장 응수했다. "예상했던 일이지만, 소문으로 들었던 바로 그 사람이 선생이로군요. 댁은 그 별명을 우리에게 넘겨주고 싶을지 모르지만, 사실대로 말하자면 유감스럽게도 그쪽이야말로 거기에 딱 어울리는 인물일 겁니다."

두마음도 지지 않고 맞섰다. "그렇게 생각한다니 할 수 없는 일이지. 그래도 함께 갈 뜻이 있다면 내가 썩 괜찮은 동행이 돼 드리리다."

크리스천은 고개를 가로저었다. "우리와 함께 가자면 세상의 흐름을 거슬러야 하는데, 그건 선생의 원칙에 어긋나는 일일 듯합니다. 주님이 꽃신을 신고 계실 때뿐만 아니라 다 해진 짚신을 신고 있어도 그 곁을 지켜야 하기 때문입니다. 뭇 사람들의 환호를 받으며 넓고 반듯한 길을 걸으실 때뿐만 아니라 쇠사슬에 묶여 끌려가도 그 뒤를 따라야 한다는 말입니다."

"댁의 신앙을 강요하지 마시구려. 내 입장을 지키면서 그냥 동행하게 해주면 안 되겠소?" 두마음은 자못 간곡하게 말했다.

하지만 크리스천은 단호했다. "방금 말씀드린 대로 우리와 똑같은 삶을 살지 않는다면, 단 한 걸음도 같이 갈 수 없습니다."

그러자 두마음은 낯빛을 싹 바꾸었다. "전혀 해로울 게 없고 도리어 유익한 원칙을 굳이 바꿔야 할 까닭이 뭐란 말이오? 동행할 수 없다면 관두라지. 댁들이 따라오기 전처럼 혼자 가면 그만이니까. 머잖아 누군가 쫓아와서 함께 가게 해달라고 안달을 할 거외다."

크리스천과 소망은 두마음을 버려두고 제법 큰 간격이 생길 때까지 앞질러 걸었다.

한참을 걷다가 돌아보니 나그네 셋이 두마음을 뒤쫓고 있었다. 마침내 나란히 걷게 되자 두마음은 깊이 고개를 숙여 인사를 건넸고 나그네들도 정중하게 화답했다. '세상집착Mr. Hold-the-world', '돈사랑Mr. Money-love', '노랭이Mr. Save-all'라는 이들이었는데[5], 두마음과는 이미 아는 사이였다. 다들 '탐욕자치주The county of Coveting' 북쪽 상업도시에 자리 잡은 '다다익선Love-gain'이란 학교에 다니면서 '축재 선생Mr. Gripe-man' 밑에서 공부한 동문들이었기 때문이다.

축재 선생은 폭력, 사기, 아첨, 신앙의 허울 뒤집어쓰기 따위를 동원해서 재산을 긁어모으는 기술을 학생들에게 가르쳤다. 네 사람은 스승의 가르침에 통달한 나머지 마침내 각자 학교를 열기에 이르렀다.

반갑게 인사를 나누고 나서 돈사랑은 두마음에게 말했다. "저 앞에 가는 이들은 누구지?" (아직까지는 크리스천과 소망의 모습이 시야에서 완전히 사라진 상태가 아니었다).

두마음이 대답했다. "멀리 떨어진 지방에서 온 친구들인데 둘이 짝짜꿍이 돼서 나름대로 무슨 순례여행인가를 한다더군."

돈사랑이 다시 물었다. "자네와 함께 여기서 기다렸으면 좋을 걸 왜 먼저 가버린 걸까? 그랬으면 다 같이 어울려서 여행할 수 있었을 텐데. 저쪽이나 우리나 순례 중이긴 마찬가지잖아."

"그러게 말일세." 두마음이 대꾸했다. "하지만 저 양반들은 쇠고집에다 앞뒤가 꽉 막혔더라고. 남의 말에는 아예 귀를 기울이지도 않는다니까. 마음가짐이 편협하고 거만하기 이를 데가 없어. 자기들의 의견에 백 퍼센트 동의하지 않으면 누구와도 함께 가려 하지 않더군."

노랭이가 끼어들었다. "몹쓸 사람들 같으니라고. 지나치게 의로워진 이들이 있다는 얘길 읽은 적이 있어. 닥치는 대로 남들을 판단하고 정죄하면서 자기만 쏙 빼놓는 부류들이지. 한번 말해 보게. 도대체 어떤 점에서 의견이 다르던가?"

두마음은 신이 나서 설명했다. "참, 기가 막혀서…. 저치들은 날씨가 아무리 궂어도 바람과 파도가 가라앉기를 기다리지 않고 순례를 계속해야 마땅하다는 거야. 하나님을 위해서라면 한순간에 모든 걸 잃어버리는 위험도 감수할 수 있다더라고. 반면에 나는 생명과 재산을 안전하게 지키기 위해서는 순간순간 잘 처신해야 한다고 했지. 남들이 다 아니라고 하는데도 저 둘은 고집을 꺾지 않더군. 하지만 먼저 내 신간이 편해야 신앙이든 뭐든 가질 수 있는 게 아니겠어? 저쪽에서는 누더기를 입고 놀림을 당해도 믿음을 지키겠다고 주장하는 반면, 나는 꽃신을 신고 뭇사람들의 환영을 받으며 환한 햇살 아래 걸을 수 있어야 신앙생활을 하겠다고 했어."

세상집착도 맞장구를 쳤다. "두마음, 자네가 백번 맞는 얘길 한 걸세. 개인적으로는 얼마든지 간직할 수 있는 걸 잃어버리는 자들이야말로 멍청이라고 생각하네. 뱀처럼 지혜로워지자고. 날이면 날마다 기회가 오는 게 아니야. 벌을 좀 보라고. 겨울에는 죽은 듯 가만히 있다가 꿀을 딸 만한 철이 돌아오면 신나게 날아다니지 않느냔 말이야.

하나님은 비를 보내시기도 하고 밝은 햇볕을 주시기도 하지.

어리석은 양반들이 빗속을 뚫고 가든 말든, 우린 날이 갤 때까지 느긋하게 기다리세나. 하나님이 부어주시는 축복을 안전하게 만끽하는 신앙을 나는 가장 좋아하네.

하나님이 이 세상을 살아가는 우리에게 온갖 선한 선물을 주셨으니 그 재물을 소중히 간직하길 바라시리라고 보는 게 합리적이지 않겠나? 아브라함과 솔로몬은 신앙생활을 하면서도 큰 부자가 됐지. 물론 의인은 보화를 티끌로 여긴다는 말이 욥기에 나오기는 하지. 하지만 자네의 말로 미루어보면 저 앞에 가는 이들을 염두에 두고 한 얘기 같지는 않으니 신경 쓸 필요 없네."

"거기에 대해서는 이견이 없어 보이는군. 더 이상 이러니저러니 얘기할 필요가 없겠어." 노랭이가 정리했다.

"맞는 말일세." 돈사랑이 말했다. "말해봐야 입만 아프지. 하나님 말씀을 믿지 않고 이성적이지도 못한 이들은(성경과 이성은 모두 우리 편일세) 자신에게 안전과 안정을 추구할 자유가 있다는 사실조차 모르는 법이지."

두마음이 덧붙였다. "여보게들, 지금 순례여행 중이라는 사실을 잊지 마세. 심심풀이로 수수께끼를 하나 낼 테니 잘 듣고 풀어보게. 어떤 남자가(목사든 장사꾼이든, 아무튼) 몇 가지 신앙 활동만 열심히 하면 큰 축복을 받고 출세할 수 있는 기회를 잡았다고 해보세. 그래서 평소에는 신앙에 별다른 흥미를 느끼지 못했지만, 깊은 관심을 가진 시늉을 해서 엄청난 재물이나 그 밖에 뭐가 됐든 큰 이득을 보았다 치세. 그렇다면 말해보게. 신앙에 관심을 가진 올곧은 인물인 척한 이 남자를 정당하다고 평가할 수 있을까?"

돈사랑이 가볍게 손을 들며 말했다.

"무슨 뜻으로 이런 질문을 하는지 알겠네. 괜찮다면 내가 먼저 대답해봄세. 일단 그 남자를 목사로 가정하고 이야기해보자고. 훌륭한 인품을 가졌지만 워낙 박봉이어서 월급이 오르고 영향력도 커지길 간절히 바란다고 하세. 그런데 더 열심히 연구하고, 더 자주 더욱 열정적으로 설교하며, 교인들의 기호와 성향에 맞게 원칙을 약간 수정하기만 하면 뜻을 이룰 수 있을 때 어떻게 해야겠는가? 나는 그러지 말아야 할 이유가 전혀 없다고 보네. 오히려 필요하다면 더 과감해져야 한다고 믿네. 거리낄 게 하나도 없다는 말이지. 이유를 꼽자면 열 손가락이 모자라네.

첫째로, 하나님의 섭리로 더 많은 수입을 올릴 기회를 얻었으니 그걸 잡고 싶어 하는 건 눈곱만큼도 문제될 게 없네(누구도 여기에 토를 달 수 없을 걸세). 양심에 거리낌을 느낄 필요 없이 기회를 잡으면 그만이지.

둘째로, 더 많은 수입을 올리려는 욕구 덕분에 더 열심히 공부하고 더 열정적으로 설교해서 더 나은 목회자가 되었네. 삶의 모든 측면에서 한층 발전한 거지. 그 역시 하나님의 뜻이 아닐까?

셋째로, 교인들의 눈에 들기 위해 관점과 원칙들을 수정했다는 점에 주목할 필요가 있네. 이건 세 가지 미덕을 가졌다는 뜻일세. 자기를 부인하는 성품을 지녔고, 따듯하게 마음을 끄는 재주가 있으며, 그래서 목회자 노릇을 하기에 안성맞춤이라는 사실을 알려준다는 말이지.

넷째로, 이런 점들을 종합해볼 때, 대의를 위해 사소한 것들을 희생한 걸 가지고 '탐욕스럽다'고 판단해선 안 될걸세. 그런 결정을 내림으로써 능력을 개발하고 열심을 키웠으니 도리어 주님의 뜻을 좇았다고 칭찬해주어야 마땅해. 목사가 잡은 기회는 선한 일을 할 수 있도록 도와주는 선물이었던 셈이고.

목사가 아니라 장사꾼으로 가정해도 마찬가지야. 거래를 해야 하는데 자금이 태부족인 장사꾼이 있다고 하세. 조금 더 신앙에 관심을 기울이면 돈을 더 잘 벌고, 부잣집 따님을 아내로 맞을 수도 있으며, 단골손님이 부쩍 늘어난다고 생각해보게. 나로서는 그걸 그릇된 행동으로 여길 근거를 전혀 찾을 수 없네.

우선, 속내야 어떠하든, 신앙생활을 하는 건 바람직한 일일세.

다음으로, 잘사는 집 여식을 아내로 맞거나 지체 높은 고객들과 거래하는 것 역시 허물이 될 수 없지.

끝으로, 신앙생활을 해서 이런 복을 받은 장사꾼은 스스로 좋은 사람이 됨으로써 좋은 사람들에게서 좋은 것들을 얻어냈을 뿐이네. 멋진 아내와 훌륭한 고객, 그리고 큰 이익을 얻었는데 그게 모두 신앙을 가졌기 때문이야. 이 얼마나 좋은 일인가! 그러므로 이런 축복을 손에 넣기 위해 신앙생활을 시작한다는 건 훌륭하고도 유익한 계획일세."

두마음의 질문에 돈사랑이 대답하는 걸 듣고 다들 박수를 치며 환호성을 올렸다. 너무도 완전하고 우월한 답변이라 누구도 이의를 제기하지 못할 거라고 장담했다. 그러곤 크리스천과 소망에게 문제를 내고 답을 들어보자고 뜻을 모았다. 두마음이 받았던 면박을 되갚아주려는 속셈이었다. 두 순례자는 저만치 앞서 가고 있었지만 아직 소리쳐 부르면 들릴 만한 거리였다.

크리스천과 소망은 뒤따르던 패거리들이 외치는 소리를 듣고 걸음을 멈추고 다가오길 기다렸다. 순례자들에게 다가가면서 혹시라도 남아 있을지 모르는 편견을 피하기 위해 이번에는 두마음이 아니라 세상집착이 질문을 하기로 했다.

일행은 두 순례자와 만나 간단히 인사를 나눈 뒤에 세상집착이 크리스천과 소망에게 질문을 던지고 할 말이 있으면 해보라고 했다.

그러자 크리스천이 말했다.

"신앙이 있다면 코흘리개 어린아이라도 그 따위 질문에는 얼마든지 대답할 수 있을 겁니다. 요한복음 6장에서 가르치듯 떡 몇 덩이를 바라보고 그리스도를 좇는 게 그릇된 처사라면, 주님과 신앙을 세상에서 유익을 얻고 그걸 즐기는 이기적인 도구로 전락시키는 건 얼마나 끔찍한 일이겠습니까? 이교도나 위선자,

허망시장을 빠져나가는 크리스천과 소망

마귀와 마녀들이나 댁들의 뜻에 동조할 겁니다.

이방인 하몰과 세겜은 야곱의 딸들과 가축을 탐냈습니다. 그러자면 먼저 할례를 받을 수밖에 없다는 걸 깨달은 두 사람은 일가친척과 동료들을 설득했습니다. '조건이 하나 있습니다. 그들이 할례를 받는 것처럼, 우리 쪽 남자들이 모두 할례를 받아야 한다는 것입니다. 그렇게 하면, 그들의 양 떼와 재산과 집짐승이 모두 우리의 것이 되지 않겠습니까?' 이방인들이 원한 건 야곱의 딸들과 가축이었습니다. 그리고 그걸 얻는 방편으로 야곱의 신앙을 따르는 척했습니다. 그래서 어떻게 되었는지 성경을 잘 읽어보십시오. 창34:20-23

위선적인 바리새인들도 그런 신앙을 가졌습니다. 오래도록 기도했지만 그건 겉치레에 불과했습니다. 속으로는 남편을 잃고 홀로된 여인들의 집과 재산을 빼앗을 궁리에 여념이 없었습니다. 그런 자들은 더 가혹한 하나님의 심판을 받게 될 것입니다. 눅20:46-47

마귀의 앞잡이 유다 역시 이런 부류의 신앙생활을 했습니다. 그리스도보다 은화 몇 닢에 더 끌렸습니다. 결국 버림을 받고, 쫓겨났으며, 멸망의 자식이 되고 말았습니다.

마술사 시몬의 신앙도 마찬가지입니다. 더 많은 돈을 벌고 싶은 욕심에 성령을 받고 싶어 했습니다. 사도행전을 읽어보면 사도 베드로가 그런 신앙에 어떻게 반응했는지 잘 알 수 있을 겁니

다. 행 8:19-20

문득 세상을 위해 신앙을 찾는 이는 또한 세상을 위해 쉬 신앙을 내버릴 수도 있을 거라는 생각이 드는군요. 유다가 세상적인 욕심을 채우려고 신앙을 가졌다가 똑같은 이유로 믿음을 저버리고 주님을 팔아넘겼던 것처럼 말입니다.

이 문제에 여러분과 비슷한 대답을 내놓는다든지 아예 그쪽에서 정답이라고 믿는 걸 그대로 받아들이는 건 이단적이고, 위선적이며, 악마적인 짓입니다. 여러분은 제각기 행한 그대로 합당한 심판을 받게 될 것입니다."

두마음 패거리들은 꿀 먹은 벙어리처럼 크리스천에게 한 마디도 대꾸하지 못하고 서로 멀뚱멀뚱 쳐다보기만 했다. 소망도 백번 천 번 맞는 말이라는 듯 고개를 끄덕였다. 무거운 침묵이 흘렀다.

크리스천과 소망은 다시 걸음을 재촉했지만 두마음 패거리들은 크리스천의 꾸짖음에 넋을 빼앗긴 듯, 자리를 떠날 줄 몰랐다.

크리스천은 소망에게 말했다. "저들은 인간 앞에도 떳떳이 서지 못할 텐데, 하물며 하나님의 심판 앞에서야 더 말해 무엇하겠나? 질그릇 같은 나의 대꾸에도 할 말을 잃는데 맹렬히 타오르는 불꽃같은 하나님의 꾸지람 앞에서 무슨 말을 하겠는가?"

크리스천과 소망을 은광으로 초대하는 데마

9

하나님의 강에서 기운을 차리고
Refreshment at God's river

 크리스천과 소망은 두마음 일행을 뒤로하고 다시 걷고 또 걸어서 '안락Ease'이라는 탁 트인 들판에 이르렀다. 둘은 더할 나위 없이 만족하며 여행을 즐겼다. 하지만 초원은 너무 작아서 금방 지나버렸다. 벌판의 한쪽 끝에는 '돈Lucre'이라는 야트막한 언덕이 있었는데 거기엔 은광銀鑛이 있어서 적잖은 순례자들이 구경하러 들르곤 했다. 갱의 입구는 흙이 무른 탓에 구덩이에 굴러떨어져 다치고 죽는 이들이 적지 않았다.

 꿈에서 보니, '데마Demas'라는 점잖게 생긴 남자가 지나가는 나그네들에게 광산을 한번 둘러보고 가라고 권유하러 나와 있었다.

크리스천과 소망이 지나가는 걸 본 데마는 큰 소리로 불러 세웠다. "잠깐만요! 이쪽으로 좀 와보세요. 보여드릴 게 있습니다."

"가던 길을 버리고 봐야 할 만큼 대단한 게 도대체 뭐죠?"

데마가 대답했다. "저쪽에 가면 은광을 파헤치며 보물을 찾는 이들이 있습니다. 가서 조금만 힘을 써도 큰돈을 만질 수 있을 겁니다."[1]

소망은 솔깃한 눈치였다. "한번 가봅시다!"

"난 안 가겠네." 크리스천은 말했다. "이곳에 관한 소문을 들은 적이 있지. 다들 금은보화를 캐려고 땅을 파다가 속절없이 죽어간다더군. 순례자들을 미혹해서 지체하게 하려는 함정이 틀림없다네." 그러곤 데마에게 소리쳐 물었다. "위험하지 않은가요? 수많은 순례자들이 여기서 발목을 잡혔다고 하던데, 그렇지 않은가요?" 호 4:18

"아주 부주의한 이들이라면 모를까, 그렇게 위험하지는 않아요." 데마가 대답했다. 말은 그랬지만, 얼굴이 붉어지는 것까지 감출 수는 없었다.

크리스천은 소망에게 말했다. "한 발짝도 벗어나지 말고 가던 길을 계속 가세나."

소망이 말했다. "장담하지만, 두마음이 여기에 와서 저 소리를 들으면 보나마나 구경하러 갈 겁니다."

"당연히 그러겠지. 인생관이 그러니 이끄는 대로 따라갈 수밖에. 십중팔구는 거기서 죽고 말걸세." 크리스천은 고개를 절레절레 흔들었다.

데마는 다시 큰 소리로 외쳤다. "이쪽으로 와서 구경하지 않을래요?"

크리스천은 똑 부러지게 대답했다. "잘 들으시오! 당신은 주님의 길을 훼방하는 원수요. 거룩한 길에서 도망갔다가 우리 임금님의 재판관들 가운데 한 분으로부터 유죄판결을 받았던 전과까지 있소.담후 4:10 어쩌자고 우리까지 똑같은 저주를 받게 하려는 거요? 이 길을 버리고 당신을 따라가면 왕이신 주님이 반드시 그 소식을 들으실 테고, 그랬다가는 그분 앞에 담대하게 서야 하는 날이 닥쳤을 때 몹시 부끄러운 신세가 될 게 아니겠소!"

데마는 자신도 두 사람처럼 순례길에 나선 형제고 조금만 여유를 주면 기꺼이 한길을 가겠노라고 부르짖었다.

데마
Demas

"댁 이름이 뭐요? 부른 이름 그대로요?"

"그렇습니다. 내 이름은 데마입니다. 아브라함의 자손이죠."

그러자 크리스천은 따지듯 또박또박 말했다. "댁을 잘 압니다. 증조부는 게하시고 아버지는 유다지요? 당신은 그 길을 고스란히 따르고 있고요.왕하 5:20; 마 26:14-15; 27:1-5 댁이 하는 짓은 죄다 마귀의 장난입니다. 아버지가 주님을 배신하고 결국 목을

하나님의 강에서 기운을 차리고

맸다지요? 그대가 받을 처분도 그보다 나을 게 없어요. 분명히 기억해두세요. 언젠가 하늘나라 임금님 앞에 가게 되면 반드시 당신이 저지른 일들을 낱낱이 말씀드릴 겁니다." 말이 끝나기가 무섭게 크리스천과 소망은 다시 길을 떠났다.

바로 그때, 두마음 일행이 모습을 드러냈다. 그리고 데마의 말 한마디에 금방 넘어가버렸다. 이제는 그 패거리들이 어떻게 됐는지 아무도 모른다. 구덩이에 바짝 다가가 들여다보다 바닥으로 굴러떨어졌는지, 갱 안으로 내려가서 땅을 파헤치고 있는지, 굴속에 가득한 독가스에 숨이 막혀 바닥에 쓰러졌는지 알 길이 없다. 분명한 게 있다면 순례를 다 마칠 때까지 다시는 그 일행을 볼 수 없었다는 사실뿐이다.

크리스천은 이렇게 노래했다.

두마음과 은광의 데마는 한뜻 한 생각
저편에서 부르니 이쪽도 냉큼 달려가네.
한몫 챙긴들 얼마나 즐거우랴.
세상에 묶여 더 가지 못하는걸.

들판 반대쪽 큰길가까지 걸어간 크리스천과 소망은 오래된 기념물이 서 있는 곳에 이르렀다. 워낙 이상하게 생긴 조형물이어서 저절로 눈길이 갔다. 얼추 여인의 형상인 것 같았다.

하지만 아무리 뜯어봐도 헷갈리기만 할 뿐, 정체를 알 수가 없었다. 그때 소망이 기둥 꼭대기에 적힌 낯선 글귀를 찾아냈다. 공부가 깊지 않았던 터라 무슨 뜻인지 알아볼 길이 없었다. 그래서 교육을 더 많이 받은 크리스천에게 수수께끼를 풀 수 있겠느냐고 물었다. 크리스천은 한참을 애쓴 끝에 문자를 해독하고 새겨진 글귀의 뜻을 파악했다.

크리스천은 그 내용을 큰 소리로 길벗에게 읽어주었다. "롯의 아내를 기억하라!" 그제야 두 순례자는 소금기둥 위에 있는 형상이 탐욕을 이기지 못하고 소돔을 돌아보다 굳어버린 롯의 아내임을 깨달았다.[2] 창 19:26 이처럼 놀라운 광경을 목격한 크리스천과 소망은 심각한 대화를 나누었다.

크리스천이 먼저 입을 열었다. "소망 형제, 이건 아주 시의적절한 장면일세. 데마가 은광에 들어가서 한몫 잡으라고 손짓하던 돈 언덕과 아주 가까운 곳에 이 유적이 서 있다는 점을 곰곰이 생각해보게. 꼬임에 넘어가서 그자가 시키는 대로 했더라면, 아마 우리도 저 꼴이 됐을걸세. 큰길을 지나는 순례자들이 그 모습을 보고 고개를 갸우뚱거렸겠지."

소망이 말했다. "그렇습니다. 나마저도 거기에 넘어갈 뻔했다니 부끄럽습니다. 롯의 아내가 지은 죄와 내가 저지른 잘못은 거기서 거기, 별 차이가 없다는 걸 알겠습니다. 그 여인은 그저 뒤를 돌아다보았을 뿐이지만 난 직접 가보려고 했습니다. 하나님의 은혜가 참으로 큽니다. 한편으로는 잠시나마 그런 생각을 마음에 품었다는 게 창피하고요."

크리스천이 말을 이었다. "여기서 본 일을 깊이 새기고 앞으로도 자주 곱씹어야 할 걸세. 롯의 아내는 소돔에서 도망쳐 죽음을 모면했지만 얼마 못 가서 또 다른 심판을 받고 소금기둥으로 변하는 비참한 종말을 맞았다는 걸 기억하자구."

소망도 인정했다. "그렇습니다. 롯의 아내는 형제님과 내게 주는 경고요 징표입니다. 똑같은 죄를 짓지 말라는 뜻이죠. 이렇게 심판하신 걸 보고도 깨닫는 게 없는 이들의 종말을 한눈에 보여주는 증거입니다. 하나님께 죄를 지었던 고라, 다단, 아비람 같은 인물들이 떠오르는군요. 같은 길을 걷던 무리 250명과 더불어 멸망을 당해서 뭇 백성들을 일깨우는 본보기가 되었잖아요. 민 26:9-10 하지만 도무지 이해할 수 없는 일이 있습니다. 소돔의 재앙을 피해 달아나다 그저 뒤를 돌아보기만 하고도 소금기둥이 된 여인의 자취를 코앞에 두고 어떻게 데마의 패거리들은 보물을 캔답시고 호들갑을 떨 수가 있는 거죠? 롯의 아내에게 갑자기 심판이 닥쳐서 저 지경이 된 걸 빤히 보면서 저토록 무심한 게 놀랍기만 합니다. 고개만 들어도 소금기둥이 눈에 들어올 텐데 말입니다."

"당혹스러운 건 사실이지만, 그만큼 저들의 마음이 굳어졌다는 의미일 걸세." 크리스천이 설명했다. "재판관 앞에서 버젓이 소매치기를 한다든지 교수대 아래서 남의 지갑을 터는 좀도둑과 비슷한 부류인 셈이지. 소돔 주민들을 큰 죄인이라고 부르는 것도 주님 면전에서 대놓고 죄를 지은 까닭일세. 감추고 싶어 하는 최소한의 수치심도 없이 그분의 거룩한 눈앞에서 당당히 악한 행동을 한 거야. 하나님은 소돔 땅을 에덴동산처럼 만들어주셨네.창 13:10 그렇게 친절을 보여주셨음에도 불구하고 함부로 굴었던 걸세.창 13:13 그런 행태가 주님을 격노하게 만들었지. 그래서 하늘나라의 주인이신 하나님은 더할 나위 없이 뜨거운 불을 쏟아부어 죄를 벌하신 걸세. 여기에 절대로 잊지 말아야 할 교훈이 있다네. 주님이 결코 지나칠 수 없는 본보기와 경고를 주셨음에도 회개하고 돌아서기를 거부하는 이들은 말로 다 할 수 없이 엄중한 심판을 받게 된다는 것이지."

소망도 같은 생각이었다. "참으로 맞는 말씀입니다. 하나님이 우리를, 특히 나를 그런 본보기로 삼지 않으셨다는 게 얼마나 기쁜지 모르겠습니다. 주께 감사하고 경외하며 한편으로는 롯의 아내를 잊지 말아야겠습니다."

두 순례자는 여행을 계속해서 쾌적한 강에 이르렀다. 다윗 왕은 '하나님의 강', 사도 요한은 '생명수의 강'이라고 불렀던 바로 그 강이었다.시 65:9; 계 22장; 겔 47장 길이 강둑을 따라 나 있었으므로 크리스천과 소망은 상쾌한 마음으로 걸었다. 더러 강물을 떠 마시기도 했는데 그때마다 속이 시원하고 지친 영혼이 되살아나는 것 같았다. 강 양쪽 둑에는 푸르른 나무들이 온갖 열매들을 주렁주렁 달고 늘어섰는데, 그 잎사귀에는 몸을 치유하는 효능이 들어 있었다.

크리스천과 소망은 열매를 따 먹고 기운을 차렸다. 이파리를 씹자 끈질기게 괴롭히던 병이 씻은 듯이 나았다.

강물은 백합꽃이 흐드러지고 일 년 내내 푸르른 아름다운 초원을 가로질러 흐르고 있었다. 너무도 쾌적하고 안전해서 두 순례자는 풀밭에 누워 아무 걱정 없이 코를 골았다. 정신이 들면 손을 뻗어 과일을 따 먹고 생명수로 목을 적시고는 거푸 깊은 잠에 빠져들었다. 시 23:2; 사 14:30 며칠 밤 며칠 낮을 그렇게 지냈다. 크리스천과 소망은 신나게 노래했다.

보라, 이 수정 같은 강물이 어떻게 흐르는지
큰길을 따라 달리며 순례자를 위로하네.
들판은 푸르고, 풋풋한 향기를 풍기며
푸짐한 성찬까지 선사하네.
나무들이 베푸는 달콤한 과일과 잎사귀를 맛본 이라면
모든 걸 다 팔아 이 초장을 손에 넣으리니.

하지만 아직 목적지에 도착한 게 아니므로, 크리스천과 소망은 마지막으로 양껏 먹고 마신 뒤에 다시 길을 떠났다.

10

절망의 손아귀에 붙들린 포로들

Prisoners of despair

꿈에 보니, 얼마 가지 않아 강과 나란히 이어지던 길은 언제부터인가 갈라져서 점점 간격이 벌어지기 시작했다. 순례자들은 다소 서운했지만 그래도 바른길에서 벗어날 마음은 조금도 없었다. 강에서 멀어질수록 도로사정은 험악해지기만 했다. 걷는 거리가 길어지면서 발바닥이 욱신거렸다. 순례자들은 길 때문에 속이 상했다. 민 21:4 조금만이라도 편편한 길을 만났으면 좋겠다는 마음이 굴뚝같았다.

그런데 조금 더 걸어가자 저 앞쪽으로 '곁길초원By-Path Meadow'이라는 시원해 보이는 들판이 나타났다. 풀밭은 길 왼편에 널찍하게 자리 잡은 데다 입구 구실을 하는 발판까지 놓여 있었다. 크리스천이 소망에게 말했다. "초원이 길과 딱 붙어 있으면 저쪽으로 들어가서 걸어가세." 두 순례자는 발판 위에 올라서서 사방을 살폈다. 풀숲은 여태 걸어온 험한 길과 울타리를 사이에 두고 나뉘어 있을 뿐이었다. "잘됐군. 풀밭 길로 걸으면 한결 편할 거야. 여태 걸어온 자갈길과 나란히 이어지고 있으니 옆길로 들어가세."[1]

"하지만 저 길이 엉뚱한 데로 빠지면 어떻게 하죠?" 소망이 근심스러운 표정으로 물었다.

"설마 그렇기야 하겠나." 크리스천은 장담했다. "잘 보게. 이쪽 길이랑 평행선을 그리며 뻗어 있는 게 분명하지?" 한참을 망설이던 소망도 결국 크리스천의 뒤를 따라 발판을 딛고 곁길초원으로 내려갔다.

새 길로 들어서자 편하기가 이를 데 없었다. 그런데 저만큼 앞쪽을 내다보니, 누군가가 둘과 같은 방향으로 부지런히 걸어가고 있었다. '헛자신감Vain-Confidence'이란 남자였다. 크리스천과 소망은 그 뒤통수에 대고 이 길로 계속 가면 어디가 나오느냐고 소리쳐 물었다. 상대방도 맞고함을 쳤다. "새 예루살렘 성이요!"

크리스천은 소망을 돌아보며 말했다. "내가 그럴 거라고 했지?"

두 순례자는 줄곧 헛자신감의 뒤를 따라 걸었다. 얼마 안 가서

해가 저물고 어둠이 깔렸으며 순식간에 한 치 앞을 볼 수 없는 암흑천지가 됐다. 그런데 정작 헛자신감은 제 앞가림도 못하고 구덩이 속으로 굴러떨어지고 말았다. 사 9:16 허영기 많은 인간들을 사냥할 목적으로 그 지역을 다스리는 왕이 놓은 덫에 딱 걸린 것이다. 헛자신감은 함정에 빠지면서 치명적인 상처를 입었다.

크리스천과 소망은 앞서 가던 이가 추락하는 소리를 들었다. 두 순례자는 어둠 속을 향해 괜찮냐고 소리쳐보았지만 대답 대신 끙끙거리는 소리가 들려올 뿐이었다.

소망은 다급하게 물었다. "이제 어떻게 하죠?" 크리스천은 할 말이 없었다. 이쪽으로 오자고 우긴 게 한없이 후회스러웠다. 엎친 데 덮친 격으로, 하늘을 찢을 듯 사나운 천둥 번개와 함께 소나기가 억수같이 쏟아지며 빗물까지 점점 차오르기 시작했다. 소망은 한숨 섞인 탄식을 내뱉었다. "아, 바른길로 갔어야 했는데!"

"이렇게 큰 폭으로 길이 갈릴지 누가 알았겠나?"

소망이 말을 이었다. "애당초 걱정이 되기는 했습니다. 그래서 완곡하게 말씀드렸던 거고요. 좀 더 단호하게 말렸더라면 좋았겠지만 나보다 연장자이고 해서…."

"형제, 너무 노여워하지 말게." 크리스천이 달랬다. "이쪽 길로 빠져나오자고 우기는 바람에 이처럼 위태로운 지경에 빠트려서 참으로 면목이 없네. 부디 너그럽게 용서해주게. 나쁜 뜻으로 한 짓은 정말 아닐세."

소망이 따듯하게 대답했다. "마음을 편히 가지십시오. 용서고 말고가 뭐 있겠습니까? 고생 끝에 낙이 올 거라고 믿습니다."

크리스천은 진심으로 고마워했다. "이토록 너그러운 형제와 동행하게 돼서 얼마나 기쁜지 모르겠네. 자, 이렇게 멍하니 서 있을 게 아니라 아까 갈라져 나왔던 바른길로 돌아가세."

"하지만, 이번엔 제가 앞에 가겠습니다."

그러나 크리스천은 소망의 소매를 붙들었다. "아닐세. 괜찮다면 내가 앞장서게 해주게. 이렇게 된 게 다 내 탓이니 위험이 닥치더라도 내가 먼저 당하고 싶네."

"안 됩니다." 소망은 물러서지 않았다. "절대로 못 보내드립니다. 마음이 불편한 채로 앞서 가시다가 또 방향을 잃지 말라는 보장이 어디에 있습니까?"

바로 그때, 어디선가 격려하는 음성이 들려왔다. "네가 전에 지나갔던 길과 대로를 잘 생각하여 보아라. 돌아오너라." 렘 31:21 하지만 이미 물이 크게 불어나서 왔던 길을 되짚어간다는 게 이만저만 위험한 일이 아니었다.

바른길에서 벗어나기는 쉽지만, 잘못된 걸 알고 돌이키기는 너무도 어렵다는 생각이 들었다.

그러나 온갖 어려움에도 불구하고 두 순례자는 처음 곁길로 들어왔던 곳을 향해 되돌아가기 시작했다. 코앞을 볼 수 없을 만큼 사방이 캄캄해서 물에 빠져 죽을 고비를 수도 없이 넘겨야 했다. 마침내 두 순례자는 적절한 피난처를 찾아 동이 틀 때까지 비바람이 지나가기를 기다리기로 했다. 맞춤한 오두막이 눈에 띄자 얼른 달려 들어갔다. 그러곤 얼마나 지쳤던지 금방 곯아떨어져버렸다.

크리스천과 소망이 잠든 데서 얼마 떨어지지 않은 곳에 '의심의 성Doubting Castle'이란 성채가 있었다. 주인은 '절망거인Giant Despair'이란 자였는데 오두막 어간이 모두 그 괴물의 땅이었다.

절망거인
Giant Despair

아침 일찍 일어나 영지를 두루 순시하던 절망거인은 낯선 남자 둘이 자기 영토에 들어와 자고 있는 걸 보았다. 거인은 엄숙하고도 노기 어린 목소리로 당장 일어나라고 호통을 치고는 도대체 웬 놈들이며 남의 땅에서 무얼 하고 있느냐고 물었다. 크리스천과 소망은 순례여행을 하고 있는 중이며 길을 잃었노라고 대답했다. 그러자 절망거인은 말했다. "지난밤, 너희는 제멋대로 내 영지에 들어와 함부로 밟아대고 누워 자기까지 했으니 나와 함께 가야 한다!" 거인의 힘이 워낙 셌으므로 두 순례자는 꼼짝도 못하고 끌려갔다. 이유야 어찌됐든 엄연히 잘못을 저지른 탓에 이러니저러니 할 처지가 아니었다.

거인은 크리스천과 소망을 질질 끌고 성으로 데려가서는 어두침침하고, 지저분하며, 고약한 냄새가 진동하는 지하감옥에 처넣었다.시 88편 두 순례자는 빵 한 조각, 물 한 모금도 못 얻어먹

절망의 손아귀에 붙들린 포로들

고 쫄쫄 굶은 채로 빛 한 줄기 들어오지 않고 붙들고 물어볼 이 하나 없는 감방에서 수요일 아침부터 토요일 밤까지 꼬박 갇혀 있었다. 친구도 없고 아는 얼굴도 없었다. 끈 떨어진 갓처럼 절망적이고 처량한 신세였다. 자신이 그릇된 주장을 하여 이처럼 곤경을 겪는다는 자책감에 크리스천은 곱절이나 괴로웠다.

절망거인에게는 '의혹Distrust'이라는 아내가 있었다. 거인은 잠자리에서 부인에게 죄인 둘을 잡아다가 불법침입 죄로 감옥에 가뒀다면서 어떤 처분을 내리면 좋겠느냐고 물었다. 의혹은 죄수들의 신분과 고향, 행선지 따위를 캐물었다. 거인은 둘 다 새 예루살렘 성으로 가는 순례자들이라고 일러주었다. 그러자 의혹은 아침에 일어나거든 곧바로 크리스천과 소망을 끌어내서 인정사정 볼 것 없이 매질하라고 속닥거렸다.

동이 트자마자 거인은 자리에서 일어나 짤막하고 뭉툭한 박달나무 몽둥이를 구해가지고 크리스천과 소망이 갇혀 있는 지하 감옥으로 내려갔다. 그러곤 다짜고짜 두 순례자에게 욕설을 퍼붓더니 개 잡듯 두들겨 패기 시작했다. 순례자들은 한마디도 변명하지 않고 묵묵히 얻어맞기만 했다.

절망거인은 와락 달려들어서 무자비하게 몽둥이찜질을 해댔다. 매질이 얼마나 가혹했던지 한바탕 난리가 끝난 뒤에도 두 순

절망거인에게 사로잡힌 크리스천과 소망

레자는 몸을 가누지 못하고 차가운 돌바닥에 죽은 듯 쓰러져 있었다. 마음껏 분풀이를 하고 흡족해진 거인이 감방을 나가자 크리스천과 소망은 비참한 처지를 서로 위로하는 한편, 암담한 현실을 서글퍼하며 탄식과 한숨으로 하루를 보냈다.

다음 날 밤, 죄수들이 아직 살아 있는 걸 본 의혹은 죄수들을 몰아세워서 스스로 목숨을 끊게 하라고 남편을 충동질했다. 다시 날이 밝자 거인은 예전처럼 험상궂은 표정으로 죄수들을 찾아갔다. 그리고 전날 얻어맞아 터지고 깨진 상처를 끌어안고 신음하는 순례자들을 굽어보며 무슨 수를 써도 감옥에서 빠져나갈 수 없으며 도망칠 길이 있다면 칼로든, 밧줄로든, 독약으로든 스스로 삶을 정리하는 것뿐이라고 윽박질렀다. "기다리느니 엄청난 고통뿐인데도 굳이 살려고 아등바등할 까닭이 있을까?"

크리스천과 소망은 석방해달라고 간곡히 부탁했다. 겸손하게 간청하는 말을 듣고도 거인은 요지부동이었다. 도리어 직접 끝장을 내려는 듯 사나운 눈초리로 쏘아보며 달려들었다. 하지만 절망거인이 요절을 내려고 주먹을 치켜드는 순간, 한쪽 손이 맥없이 툭 떨어졌다. 가끔씩, 특히 화창한 날이면 거인은 발작을 일으켜 한동안 손을 자유롭게 움직이지 못하곤 했다. 난감해진 절망거인은 '잘 생각해서 올바른 선택을 하라'는 말을 남기고 나가버렸다.

두 순례자는 서로 의견을 주고받으며 거인의 조언을 받아들이는 게 최선인지, 다른 방도는 없을지 온갖 궁리를 다했다.

"형제!" 크리스천이 불렀다. "이제 어떻게 하면 좋을꼬? 이렇게 사는 건 그야말로 끔찍한 일일세. 나로서는 지금처럼 사는 것과 죽어서 이 참담한 형편을 모면하는 것 가운데 어느 쪽이 최선인지 도무지 모르겠네. 마음 같아서는 구차하게 사느니 목을 매는 편이 낫겠다 싶기도 하고. 이 감방보다 무덤이 더 매력적으로 보인다는 뜻이지. 욥 7:15 거인의 말을 따르는 것도 괜찮을 듯한데, 형제가 생각하기엔 어떻소?"

소망은 속마음을 털어놓았다. "지금 형편이 이루 말할 수 없이 참혹해서 차라리 죽는 게 낫겠다 싶은 것도 사실입니다. 하지만 우리가 가려는 나라의 임금님께서 '살인하지 말라'고 말씀하셨던 걸 기억해야 합니다. 남의 생명을 빼앗는 일도 금하셨다면 거인의 속삭임에 넘어가서 스스로 목숨을 끊는 건 더 말해 무엇하겠습니까? 다른 이를 해치는 살인자는 몸을 죽일 뿐이지만 자신을 해하는 이는 육신과 영혼을 동시에 죽이는 겁니다. 무덤에 들어가는 편이 더 쉽겠다고 하셨지요? 살인을 저지른 사람은 지옥으로 가게 된다는 사실을 잊으셨습니까? '살인하는 사람은 누구나 그 속에 영원한 생명이 머물러 있지 않기' 요일 3:15 때문입니다. 잘 생각해보십시오. 이 상황이 어떻게 매듭지어질지 결정하는 건 절망거인이 아닙니다. 개인적으로는 우리처럼 저 괴물에게 붙들렸다가 달아난 이들이 틀림없이 있을 거라고 믿습니다.

세상을 만드신 하나님이 절망거인의 생명을 거둬가실지 누가 알겠습니까? 놈이 감옥 문 잠그는 걸 깜빡 잊을 수도 있잖습니까? 아니면 또 한 번 발작이 일어나서 사지를 못 쓰게 될지도 모르고요. 혹시라도 다시 그런 일이 생긴다면, 마지막 한 방울 남은 용기까지 다 동원해서 있는 힘껏 탈출을 시도할 겁니다. 지난번에 놈이 발작을 일으켰을 때 도망갈 엄두를 내지 못했던 게 너무나도 아쉽습니다. 형제님, 조금만 더 참고 견뎌봅시다. 언젠가는 여기서 벗어날 기회가 올 겁니다. 그러니 스스로 목숨을 끊지는 맙시다."

크리스천은 소망의 말을 듣고 간신히 마음을 진정시킬 수 있었다. 두 순례자는 서글프고 애절한 상황 속에서 또 하루를 보냈다.

그날 저녁, 죄수들이 아침에 일러준 자살을 선택했는지 확인해볼 심산으로 다시 지하감옥을 찾은 절망거인은 탈진한 상태로나마 아직 살아 있는 두 순례자를 보고 깜짝 놀랐다. 빵 한 조각, 물 한 모금 못 얻어먹은 데다가 정신없이 두들겨 맞고 심하게 다친 탓에 크리스천과 소망은 옴짝달싹 못하고 간신히 숨만 헐떡였다. 비록 생명의 흔적이라고는 다 스러져가는 숨소리뿐일지라도 아직 살아 있는 사실에 거인은 비위가 상했다. 거인은 불같이 화를 내며 점잖게 타이르는 말을 듣지 않았으니 태어난 걸 후

크리스천과 소망을 괴롭히는 절망거인

회할 만큼 뜨거운 맛을 보여주겠다며 이를 갈았다.

그 말에 둘은 와들와들 떨었다. 크리스천은 거의 넋을 잃다시피 했다. 간신히 정신을 차린 순례자들은 거인의 제안을 두고 받아들일지 말지 다시 상의했다. 크리스천은 받아들이는 쪽에 기운 듯했고 소망은 그럴 의사가 없는 것 같았다.

"형제님, 여태까지 얼마나 용맹스럽게 싸웠는지 잊으셨습니까?" 소망이 말했다. "아볼루온도 형제님을 때려눕히지 못했습니다. 죽음의 그늘 골짜기에서 수많은 일들을 보고, 듣고, 느꼈지만 그 어디에도 굴복하지 않았습니다. 지금껏 갖가지 난관과 두려움, 혼란스러운 상황들을 헤쳐 나오지 않았습니까? 그런데 어쩌다가 이토록 완전히 겁에 질리셨습니까? 알다시피 전 형제님보다 몸이 훨씬 부실합니다. 그래도 이렇게 한 감방에서 꿋꿋이 버티고 있는 게 보이지 않으십니까? 거인이 운신을 못하도록 형제님을 때리고 빵 한 조각 물 한 모금 주지 않을 때, 나도 똑같은 일을 당했습니다. 빛 한 줄기 들어오지 않는 곳에서 신음하기는 나도 마찬가지입니다. 그러니 조금만 더 참읍시다. 허망시장의 군중들 앞에서 얼마나 당당하게 행동했는지 돌이켜보십시오. 쇠사슬도, 철창도, 심지어 피비린내 나는 죽음마저도 겁내지 않으셨습니다. 이번에도 힘닿는 데까지 참고 견뎌봅시다. 최소한 크리스천이라는 이름에 먹칠을 하지는 맙시다."[2]

그날 밤, 잠자리에서 의혹은 남편에게 두 죄수가 고분고분 목숨을 끊었느냐고 물었다. 절망거인은 대꾸했다. "끈질긴 녀석들이더라고. 자살을 피할 수만 있다면 어떤 고통이라도 다 감수할 작정인 모양이더군."

의혹은 거인에게 속삭였다. "내일 죄수들을 성 안뜰로 끌어내서 앞서 처형당한 자들의 해골과 뼈다귀를 보여주세요. 당신이 일주일 안에 갈기갈기 찢어 죽일 거라는 걸 놈들에게 확실히 알려주세요. 당신이 예전에 잡아온 자들에게 그랬던 것처럼 말예요."

날이 밝자 거인은 의혹의 말대로 크리스천과 소망을 성 안뜰로 데려다가 해골과 뼈를 보여주었다. "여기에 있는 건 모두 너희들과 같은 순례자들의 유골이다. 함부로 내 영지에 들어왔다가 죄다 이 지경이 됐지. 눈에 보이는 족족 잡아다가 내가 박살을 내버렸거든. 열흘 안에 너희도 이 꼴이 될 게다. 자, 알아들었으면 이제 감방으로 돌아가라!" 말을 끝내기가 무섭게 거인은 순례자들을 때리기 시작해서 감옥으로 끌고 가는 내내 매질을 멈추지 않았다. 두 사람은 여느 때처럼 참담한 심정으로 주말을 보냈다.

다시 밤이 왔다. 남편과 한자리에 누운 의혹은 다시 죄수들 이야기를 꺼냈다. 절망거인은 그렇게 두들겨 패고 겁을 주었는데도 크리스천과 소망이 스스로 목숨을 끊지 않는 까닭을 모르겠다고 했다. 의혹이 말했다. "누군가 구해줄 거란 희망을 가지고 버티는 게 아닌가 싶어요. 아니면 문을 딸 도구를 감춰두고 도망갈 틈을 노리고 있을지도 모르고요."

절망의 손아귀에 붙들린 포로들

"당신 말을 들으니 그럴 수도 있겠다는 생각이 드는구려. 동이 트는 대로 가서 샅샅이 뒤져봐야겠소." 거인이 말했다.

순례자들은 자정 무렵부터 기도를 시작해서 새벽이 가까워올 때까지 계속했다. 해 뜰 무렵이 다 돼갈 때쯤, 갑자기 크리스천이 기가 막힌다는 듯 외쳤다. "언제든지 마음대로 나갈 수 있었는데 이 냄새나는 감방에 처박혀 있었다니, 나 같은 바보 멍청이가 또 있을까! '언약Promise'이라는 열쇠를 가슴에 늘 품고 다니면서도 새카맣게 잊었어! 그것만 있으면 의심의 성에 있는 문이란 문은 죄다 열 수 있는데 말일세!"³

소망의 얼굴이 환해졌다. "정말 기쁜 소식이군요! 얼른 꺼내서 잘 맞나 확인해봅시다!"

크리스천은 품에서 열쇠를 꺼내 감방 문을 열었다. 키를 돌리자 빗장이 풀리더니 문짝의 돌쩌귀가 스르르 돌아가는 게 아닌가! 순례자들은 조심스럽게 밖으로 나섰다. 크리스천은 안뜰로 통하는 바깥문에 열쇠를 꽂았다. 역시 별 탈 없이 잘 열렸다. 이번에는 철문을 지날 차례였다. 둘은 재빨리 뛰어가서 구멍에 키를 넣었다. 자물쇠가 부드럽게 풀어졌다. 이중삼중 단단히 잠긴 문이었지만 열쇠는 어디에나 잘 맞았다. 순례자들은 얼른 도망치려고 힘껏 문을 밀어젖혔다. 순간, 문틈이 벌어지면서 시끄러운 소리를 내는 바람에 절망거인을 깨우고 말았다. 괴물은 서둘러 죄수들을 뒤쫓으려고 자리에서 벌떡 일어났지만 또다시 발작을 일으켰다. 삽시간에 사지가 굳어졌으므로 도망자를 추격할 도리가 없었다. 크리스천과 소망은 죽을힘을 다해 달려서 마침내 왕의 대로에 이르렀다. 거기라면 안심할 수 있었다. 절망거인의 영지를 완전히 벗어났기 때문이다.

발판을 딛고 큰길로 올라선 크리스천과 소망은 뒤에 오는 순례자들이 혹시라도 계단 아래로 내려갔다가 절망거인의 손에 붙들리지 않도록 경고표지를 남기는 게 좋겠다고 생각했다. 그래서 기둥을 세우고 거기다 이런 문구를 새겨 넣었다. "발판 아래쪽 길은 의심의 성으로 가는 샛길이므로 계속해서 따라갈 경우, 새 예루살렘 성의 임금님을 능멸하며 기를 쓰고 순례자들을 잡아 죽이는 절망거인에게 사로잡힐 가능성이 크므로 주의가 필요함." 덕분에 훗날 그 자리를 지나는 순례자들은 경고문을 읽고 위험을 피할 수 있었다. 작업을 마친 크리스천과 소망은 이렇게 노래했다.

가던 길을 벗어나고 나서야 알았네.
들어가지 말아야 할 곳을 딛는다는 게 무얼 의미하는지.
뒤를 따라오는 이들이여 조심하라.
우리처럼 무심코 실수를 저지르지 않도록.
함부로 들어갔다 원수의 포로가 되지 않도록.
그의 성은 회의, 놈의 이름은 절망.

11

위험을 피하라는 목자들의 가르침

Shepherds' warnings, dangers avoided

순례자들은 걷고 또 걸어서 주님이 소유하고 있는 '기쁨산맥 The Delectable Mountains'에 도착했다. 곧장 언덕을 올라가며 정원과 과수원, 포도밭과 샘물들을 두루 구경했다. 우물을 만나면 물을 길어 목을 축이고 몸을 씻었으며 포도원에서는 양껏 열매를 따 먹었다.[1] 산꼭대기에 오르자 목자들이 풀을 뜯는 양 떼를 지켜보며 큰길가에 서 있었다. 그쪽으로 다가간 크리스천과 소망은 지팡이에 기대선 채(순례자들은 피로를 달래기 위해 그런 자세로 서서 이야기를 나누곤 했다) 물었다. "기쁨산맥의 주인은 어떤 분입니까? 그리고 먹이고 있는 양 떼는 어느 분의 것이죠?"

크리스천과 소망을 위로해주는 목자들

한 목자가 대답했다. "근방의 산들은 모두 임마누엘 어른Immanuel의 땅입니다. 어디서든 그분의 나라가 한눈에 보입니다. 양들도 모두 그분 거예요. 양 떼를 위해 목숨까지 내놓으셨던 분이죠." 요 10:11

"그럼 이게 새 예루살렘 성으로 가는 길입니까?" 크리스천이 물었다.

"맞습니다. 방향을 제대로 잡으셨네요."

"여기서 얼마나 더 가야 할까요?" 크리스천은 더 많은 정보를 얻고 싶어 했다.

목자들 가운데 하나가 대답했다. "거기에 도착한 이들은 그런 얘길 하지 않습니다만, 더러 너무 멀다고 하는 사람들도 있습니다."

"가는 길은 안전한가요? 아니면 위험한가요?"

"안전하게 갈 수 있게 되어 있는 이들에게는 안전합니다. 하지만 죄인들은 비틀거리며 넘어질 겁니다." 호 14:9

"혹시 근처에 길을 가다가 피로하고 지친 순례자들이 쉬어갈 만한 곳이 있습니까?"

"이 산의 주인어른이 '손님 대접하기를 잊지 말라' 히 13:2고 하셨으니 계실 곳은 얼마든지 구할 수 있을 겁니다."

꿈에서 보니, 크리스천과 소망이 순례여행 중이라는 걸 알게 된 목자들은 어디서 왔으며 어쩌다 이 길에 들어섰으며, 어디서 힘을 얻어 어려움에 굴복하지 않고 여기까지 왔는지 물었다. "길을 떠나는 이들은 많지만 이렇게 멀리 나오는 이들은 거의 없거든요."

크리스천과 소망은 자초지종을 설명했다. 이야기를 들은 목자들은 크게 기뻐했다. 사랑스러운 눈으로 바라보며 기쁨산맥에 온 걸 따듯하게 환영해주었다.

목자들의 이름은 '지식Knowledge', '경험Experience', '경계Watchful', 그리고 '성실Sincere'[2]이었는데, 두 순례자의 손을 잡고 양치기 천막으로 데려가서 푸짐한 밥상을 차려주었다. 이뿐만 아니라 며칠 더 머물며 같이 교제하면서 기쁨산맥에서 나는 온갖 유익한 것들로 기운을 차린 뒤에 떠나라고 했다.[3] 크리스천과 소망은 내심 바라던 일이라며 그렇게 하겠다고 대답했다. 그날은 이미 밤이 깊었으므로 다들 잠자리에 들었다.

다음 날 아침, 목자들은 함께 산 위에 가보자며 순례자들을 불렀다. 크리스천과 소망은 기가 막히게 아름다운 경치를 둘러보면서 양치기들과 나란히 걸었다.

얼마쯤 갔을까, 한 목자가 동료들에게 "순례자 양반들에게 깜짝 놀랄 만한 것들을 좀 보여줄까?"라고 묻자 다들 좋다고 고개를 끄덕였다. 그러곤 '실족Error'이라는 봉우리로 이끌었는데 길

목자들
Shepherds

바깥쪽은 깎아지른 절벽이었다. 목자들은 아래를 내려다보라고 했다. 벼랑에서 떨어져 산산조각이 난 주검들이 눈에 들어왔다. 크리스천이 어찌 된 일이냐고 묻자 목자들은 대답했다.

"육체의 부활이 없다고 주장하면서 믿음을 저버린 후메내오와 빌레도의 말에 귀를 기울이다 실족했던 이들의 이야기를 들어보셨습니까?"딤후 2:17-18 순례자들이 고개를 끄덕이자 목자들이 말을 이었다. "방금 여러분이 본 낭떠러지 아래로 추락해서 박살이 난 시신들이 바로 그이들입니다. 보다시피 지금까지 땅에 묻지 않고 저렇게 두었습니다. 뒷사람들에게 이 산을 너무 높이 오르려 하거나 지나치게 낭떠러지 끄트머리에 다가서면 어떻게 되는지 경고하려는 뜻이죠."

이어서 목자들은 순례자들을 '주의Caution'라는 또 다른 봉우리로 데려가서는 멀리 내다보라고 했다. 가리키는 곳을 자세히 보니 적잖은 사람들이 무덤 사이를 오르내리고 있었다. 비석에 걸려 넘어지고 자빠지면서도 좀처럼 빠져나오지 못하는 걸로 미루어 십중팔구 소경이 아닐까 싶었다. 크리스천이 다시 물었다. "저건 또 어찌 된 일이죠?"

목자들은 자상하게 설명해주었다. "혹시 산 아래쪽을 지나다가 길 왼편 풀밭으로 들어가는 발판을 보셨습니까? 그 턱을 내려서면 곧바로 절망거인이 지배하는 의심의 성으로 통하는 길이 나옵니다." 그러곤 무덤 사이를 헤매는 이들을 가리키며 말했다. "저 양반들도 한때는 여러분들처럼 순례자였습니다. 하지만 갈수록 도로의 상태가 험해지자 참 길을 버리고 초원으로 들어가는 쪽을 선택했고, 풀밭으로 내려서자마자 절망거인의 손에 붙들려 의심의 성으로 끌려가게 됐지요. 거인은 포로들을 한동안 지하감방에 가뒀다가 결국 눈을 뽑은 다음 저기에 내다버렸습니다. 그래서 지금도 저렇게 무덤 틈바구니에서 이리저리 방황하고 있는 겁니다. '슬기로운 길에서 빗나가는 사람은 죽은 사람들과 함께 쉬게 될 것' 잠 21:16이라는 말씀대로 된 셈이죠."

순간, 크리스천과 소망은 서로 마주보았다. 눈물이 하염없이 흘러내렸지만 아무 말도 하지 않았다.

다음으로 순례자들을 데려간 곳은 계곡이었다. 산자락 아래로 조그만 문이 보였다. 목자들은 문을 열어젖히더니 들여다보라고 했다. 안쪽은 캄캄하고 연기가 가득했다. 불길이 맹렬하게 타오르는 소리와 아울러 끔찍한 고통을 당하는 이들의 울부짖음이 들렸으며 유황냄새가 코를 찔렀다.

크리스천은 물었다. "이건 무슨 의미입니까?"

목자들이 대답했다. "지옥으로 가는 샛길입니다. 에서처럼 장자의 명분을 팔아먹거나, 유다처럼 주인을 돈 몇 푼과 바꾸거나, 알렉산더처럼 복음을 욕되게 하거나, 아나니아와 그의 아내 삽비라처럼 속이고 감추는 위선자들이 들어가는 통로입니다."

그때 소망이 목자들에게 질문했다. "여러분들이 꼽으신 분들도 한때는 다들 우리처럼 순례자의 모습을 하고 있었을 것 같습니다. 그렇지 않습니까?"

"맞습니다. 제법 긴 세월을 순례자로 살았지요." 한 목자가 말했다.

"저렇게 처참한 지경에 빠지기 전까지, 얼마나 오래 순례여행을 계속했던 거죠?" 소망이 캐물었다.

"더러는 이 산맥까지 왔었고 심지어 더 멀리 갔던 이들도 있습니다. 물론 이곳보다 훨씬 앞쪽에서 끝낸 부류도 있고요."

목자의 대답을 들은 순례자들은 서로 바라보며 말했다. "강하신 주님께 힘을 달라고 부르짖어야겠습니다."

"옳습니다." 목자들도 같은 생각이었다. "힘을 얻는 데 그치지 말고 제대로 쓸 줄 알아야 합니다."

순례자들은 이쯤에서 다시 제 길을 가는 게 좋겠다고 생각했다. 일행은 산맥 끄트머리까지 함께 걸었다. 그런데 서로 헤어지기 직전에 한 목자가 동료들에게 말했다. "혹시 이분들이 망원경을 다룰 줄 안다면 새 예루살렘 성으로 들어가는 문을 보여 주면 어떨까요?" 순례자들은 뛸 듯이 기뻐했다. 양치기들은 크리스천과 소망을 '선명Clear'이라는 봉우리로 데리고 올라가서 먼 곳까지 또렷이 볼 수 있도록 망원경을 건네주었다. 하지만 목자들이 지금껏 보여준 일들을 떠올리니 손이 부들부들 떨려서 똑바로 들여다볼 수가 없었다. 그래도 어렴풋하게나마 성문과 그 영광을 엿볼 수 있었다. 순례자들은 산자락을 떠나면서 이렇게 노래했다.

목자들이 드러내 보여주었네.
다른 이들에게는 단단히 감춰진 비밀.
목자들에게 가보라.
오묘한 일, 감추어진 일, 그 신비로운 일을 보고 싶다면.

작별을 앞두고 지식 목자가 자세히 그려진 지도 한 장을 건네주었다. 경험 목자는 입에 발린 소리를 해대는 '아첨쟁이Flatterer'들을 조심하라고 충고했다. 세 번째 목자 경계는 '마법의 땅 Enchanted Ground'에서 잠들지 말라고 경고했다. 그리고 마지막 목자 성실은 하나님의 축복을 빌어주었다. 바로 그 순간, 나는 퍼뜩 잠에서 깨어났다.[4]

12

믿음을 겨냥한
맹렬한 공격

Faith under attack

    나는 다시 잠들었다. 꿈에서 보니, 두 순례자는 산을 내려가서 큰길을 따라 새 예루살렘을 향하고 있었다. 산 아래 못 미쳐 왼편으로 '자만Conceit'이라는 동네가 자리 잡고 있었다.[1]

    마을에서 시작된 한 줄기 샛길이 왕의 대로까지 이어져 있었는데, 굽이굽이 휘어지기는 했지만 푸른 풀로 덮여 제법 쾌적해 보였다. 크리스천과 소망은 바로 그 꼬부랑길 어귀에서 활기찬 청년 하나를 만났다. '무지Ignorance'라는 젊은이였는데 자만에서

새 예루살렘 성을 바라보고 있는 크리스천과 소망

나오는 길이라고 했다. 크리스천은 어디서 왔으며 어디로 가는 길이냐고 물었다.

"저기 왼편에 있는 동네에서 태어났고 지금 새 예루살렘 성으로 가고 있습니다."

"그러자면 어려움이 적지 않을 텐데, 새 예루살렘 성문 안으로는 어떻게 들어갈 셈인가?"

"착하게 살고 있는 다른 이들처럼 하면 되겠지요, 뭐." 젊은이가 말했다.

"하지만 문 앞에서 뭔가를 보여줘야 할 거야. 그래야 성문을 열어줄 게 아닌가?" 크리스천이 캐물었다.

"저는 주님의 뜻을 잘 압니다. 여태 선하게 살았고요." 무지는 자신 있게 대꾸했다. "빌린 돈은 어김없이 갚았어요. 기도와 금식을 빼먹지 않았습니다. 십일조를 꼬박꼬박 바치고 이웃돕기 성금도 냈어요. 그리고 이렇게 고향을 등지면서까지 새 예루살렘 성으로 가고 있고요."[2]

크리스천은 끈질기게 물고 늘어졌다. "그렇지만 자네는 좁다란 양의 문을 지나온 적이 없지 않은가? 저쪽 굽은 길을 거쳐서 큰길에 들었으니 말일세. 그래서 하는 말인데, 스스로 어떻게 생각하든, 마지막 날에 새 예루살렘 성에 들어갈 자격을 얻지 못하고 도리어 도둑이요 강도라는 소리를 듣게 될까 봐 걱정이군."

"선생님들은 저를 전혀 모르시잖아요. 저 역시 두 분이 초면이고요." 무지가 말했다. "그러니 어른들께선 댁의 동네에서 믿는 대로 믿으세요. 저는 제 신앙을 따르겠습니다. 그리고 양의 문이라고 하셨던가요? 그 좁다란 문 말입니다. 그게 우리 동네에서 얼마나 멀리 떨어져 있는지는 삼척동자도 다 압니다. 요 근방에 사는 사람들치고 거기까지 가는 길을 아는 이가 과연 있기는 할지 궁금합니다. 이렇게 말끔하고, 쾌적하며, 사시장철 푸르른 길이 우리 마을에서 시작돼서 이 길로 곧장 이어지는데 굳이 그런 고생을 할 필요가 있을지도 의문이고요."

크리스천의 눈에는 무지야말로 '스스로 지혜롭다 하는 사람'처럼 보였다. 그래서 소망을 돌아보고 속삭였다. "이런 사람보다는 오히려 미련한 사람에게 더 희망이 있다네.잠 26:12 어리석은 자는 길을 갈 때에도, 생각 없이 자기의 어리석음을 누구에게나 드러내는 법이지.전 10:3 자넨 어떻게 생각하나? 저 친구와 계속 함께 가야 할까? 아니면 스스로 한 말들을 곱씹어볼 수 있도록 헤어져서 따로 걷는 게 좋을까? 일단 먼저 갔다가 나중에 멈춰 서서 도와줄 만한 일이 있는지 물어보자는 말일세."

소망이 말했다.

그럼 무지에게 여태 나눈 이야기들을
깊이 생각할 기회를 줍시다.
가장 값진 걸 얻는 길에 눈먼 채 살지 않고

선한 권면을 반가이 받아들이도록

하나님은 알려주어도 깨닫지 못하는 자들을

구원하지 않겠다고 말씀하셨으니.

그리고 이렇게 덧붙였다. "단번에 모든 걸 다 얘기해주는 게 지혜롭다고 생각지 않습니다. 지금은 그냥 지나가고 나중에 기회가 되면 다시 가르쳐줍시다. 언젠가 같은 이야기를 듣게 되면 형제님 말씀을 더 잘 이해할 수 있을지도 모릅니다."³

그래서 크리스천과 소망은 훌쩍 앞서가고 무지는 뒤에 처졌다. 잠시 후, 캄캄한 길에 들어선 일행은 일곱 귀신에 사로잡혀 일곱 줄에 단단히 묶인 사내를 보았다. 마귀들은 그를 얼마 전 크리스천과 소망이 목자들과 함께 산 아랫자락에서 봤던 문으로 끌고가는 중이었다. 마 12:45; 잠 5:22

귀신들이 사내를 데리고 사라지는 걸 지켜보면서 두 순례자는 몸서리치며 떨었다. 혹시 아는 사람일까 싶어서 크리스천은 결박당한 이를 유심히 보았다. 아무래도 '배교Apostasy' 마을의 '변절Turn-Away' 가문 식솔들 가운데 하나인 듯했다.⁴ 하지만 끌려가는 사내가 주인 손에 붙들린 도둑처럼 고개를 푹 숙이고 있어서 얼굴을 똑똑히 볼 수가 없었다. 눈앞을 스쳐갈 때 보니 등에 '신앙고백을 뒤집은 끔찍한 배교자'라고 적힌 종이가 붙어 있었다.⁵

크리스천은 소망에게 말했다.

"그러고 보니, 이 근처에 산다는 착한 남자 소문을 들은 기억이 나는군. 이름이 '작은믿음Little-Faith'이었다지, 아마?⁶ 성품이 선량한 양반이고 '진솔골The town Sincere'에 산다고 했어. 간추려 보자면 대충 이런 얘길세.

작은믿음은 바른길을 가다가 요 어간에서 '죽은 자의 골목Dead Man's Lane'이란 샛길을 만났네. 그리 쭉 가면 '넓은 문Broad-Way Gate'과 이어지는 큰길이 나오지. 죽은 자의 골목이라는 이름이 붙은 건 살인자란 살인자는 다 거기에 몰려 있는 까닭이야. 지금 우리처럼 순례여행을 하고 있던 작은믿음은 그 위험한 골목 어귀에 앉아 쉬다가 깜빡 잠이 들고 말았다네. 바로 그때 험상궂은 불한당 셋이 나타났지. '심약Faint-Heart'과 '불신Mistrust', '죄책감Guilt' 삼형제가 넓은 문 대로에서 골목으로 들어서다가 순례자를 보고 쫓아온 거야. 놈들은 맹렬하게 달려와서는 막 자리에서 일어나 길 떠날 채비를 하고 있는 작은믿음을 덮쳤다네. 순례자는 놀라서 도망칠 엄두조차 낼 수 없었어. 머릿수에 밀리니 맞서 싸우지도 못하고. 악당들은 엉뚱한 수작 부리지 말고 지갑이랑 돈을 다 내놓으라고 을러댔네. 겁에 질려 얼굴이 백짓장처럼 하얘진 작은믿음은 꼼짝 못하고 그 자리에 멈춰 섰지만 그렇다고 금방 돈을 꺼내주지도 않았지. 속절없이 내주기가 아까웠던 거야. 결국 불신이 달려들어 주머니를 뒤지기 시작했고 마침내 은화 한 자루를 찾아냈어.

작은믿음은 냅다 소리를 질렀지. "도둑이야! 도둑이야!" 그러자 곁에 섰던 죄책감이 몽둥이로 머리를 내리쳤고 순례자는 피를 철철 흘리면서 땅바닥에 뻗어버렸다네.[7] 강도들은 다친 사람은 아랑곳하지 않고 훔친 돈을 헤아리기에 바빴어. 순간, 길 쪽에서 누군가 다가오는 인기척이 들렸어. 악당들은 어쩌면 '확신 Good Confidence'이란 도시에 사는 '큰은혜Great-Grace'일지 모른다는 생각에 겁을 잔뜩 집어먹고 순례자를 버려둔 채 줄행랑을 치고 말았다네. 잠시 후에 정신을 차리고 간신히 몸을 일으킨 작은믿음은 상처를 대충 싸매고는 절뚝거리며 떠났다더군.[8] 이게 내가 들은 얘길세."

"도둑놈들이 순례자가 가진 걸 다 털어갔다고 하던가요?" 소망이 물었다.

"아닐세. 감춰둔 보석은 못 보고 지나갔다고 하더라고. 하지만 이미 말한 것처럼 놈들이 여비를 거의 다 털어가서 말로 다 할 수 없는 고초를 겪은 모양일세. 보석은 빼앗기지 않았지만 당장 목적지까지 가는 데 필요한 비용이 거의 남아 있지 않았으니 얼마나 힘들었겠나?벧전 4:18 모르긴 해도 구걸한 음식으로 끼니를 이어가며 걸었을걸세. 보석은 끝내 팔지 않았으니 순례를 마치자면 달리 도리가 없었겠지. 듣자 하니 굶기를 밥 먹듯 해서 영양실조에 걸린 상태로 여행하더라는 소문이 들리더군."[9]

"작은믿음이 받아서 지니고 있던 증명서를 털어가지 않았다는 게 놀랍지 않습니까? 새 예루살렘 성문을 통과하는 데 꼭 필요한 신분증 말입니다." 소망은 고개를 갸우뚱거렸다.

크리스천이 말했다. "신기하다 뿐인가! 작은믿음이 얕은 수를 써서 잘 감춘 것도 아닌데 강도들이 그걸 버젓이 보면서도 빼앗지 못했으니 말일세. 완전히 무방비상태에서 당했으니 뭘 감추고 말고 할 여력도 재주도 없었을 텐데 희한한 일이지. 놈들이 증명서를 놓친 건 작은믿음의 공로라기보다 하나님이 은혜로 지켜주셨기 때문이 아닐까 싶네." 딤후 1:14; 벧후 2:9

소망이 덧붙였다. "보석 중의 보석이라고 할 만한 증명서를 강탈당하지 않았으니, 그나마 위안이 될 겁니다."

크리스천은 조금 아쉬워했다. "그 보물을 활용했더라면 더 큰 위로를 얻었을 텐데, 떠도는 얘기로는 여행하는 내내 거의 사용하지 않았다네. 강도들에게 시달렸던 기억이 너무 아파서 증명서를 가졌다는 사실조차 잊고 지냈던 것 같아. 문득 생각이 나면 소중한 물건을 여전히 간직하고 있다는 사실에 안도하면서도 금세 잃어버린 것들이 떠올라서 이성을 잃고 절망에 빠지곤 했다더군."

"저런, 불쌍한 양반 같으니!" 소망은 한숨을 내쉬었다. "보석이 위로가 되기는커녕 도리어 슬픔을 가져다준 셈이네요."

크리스천은 고개를 끄덕이며 말했다. "그렇다네. 이만저만 큰 슬픔이 아니지. 여행을 하다가 낯선 곳에서 강도를 당하고 상처를 입었다면, 우린 어땠을까? 아프고 쓰린 마음에 시달리다 숨지지 않으면 다행일 걸세. 가까이서 지켜본 이들이 그러는데, 남은 길을 가는 동안 누구를 만나든 도적에게 죽도록 얻어맞고 버려진 사연을 구구절절 늘어놓으면서 뼈아픈 탄식을 하곤 했다더군."

"하지만 그처럼 절박한 상황에서도 숨겨둔 보석들을 팔거나 저당 잡히지 않은 게 참으로 놀랍고 신기해요. 그랬더라면 여행이 한결 편안해졌을 텐데요."

"형제님, 진심으로 하는 소리요?" 크리스천이 반문했다. "갓 알을 깨고 나온 햇병아리처럼 뜬금없이 무슨 애기신가? 보물을 맡기고 뭘 얻을 수 있겠나? 또 팔면 누구한테 판단 말인가? 순례자가 강도를 만난 곳에선 아무도 그게 보석인 줄 몰랐다네. 또 작은믿음이 구하는 평안은 그 동네에서 찾아볼 수 없는 종류였거든. 게다가 새 예루살렘 성문에서 그 보물을 제시하지 못하면 하늘나라를 상속받지 못한다네(그건 작은믿음도 잘 알고 있었어). 한 마디로 보석을 잃어버렸다간 수만 번 강도를 당하는 것보다 더 끔찍한 사태가 벌어졌을 걸세."

"뭘 그리 펄쩍 뛰십니까?" 소망도 지지 않고 대꾸했다. "에서는 팥죽 한 그릇에 무엇보다도 소중한 장자권을 팔지 않았습니까? 에서도 제 보물을 팔아치웠는데 작은믿음이라고 그러지 말라는 법이 있겠습니까?" 히 12:16

크리스천은 목소리를 높였다.

"에서가 장자의 권리를 팔아먹은 건 사실이지. 수많은 이들이 그러고 있고. 다들 그런 식으로 가장 큰 축복을 내팽개치고 있는 셈일세. 하지만 에서와 작은믿음 사이에 차이가 있다는 걸 알아야 하네. 둘의 보물도 많이 달랐어. 에서의 장자권이 그림자였다면 순례자의 보석은 실물이었거든. 에서에게는 채울 배가 하나님이었지만 작은믿음에게는 그렇지 않았지. 에서의 관심사는 육신의 욕구를 만족시키는 데 있었지만 작은믿음은 달랐어. 에서는 정욕을 채우기에 급급했을 따름이지. '이것 봐라, 나는 지금 죽을 지경이다. 지금 나에게 맏아들의 권리가 뭐 그리 대단한 거냐?' 창 25:32 라는 말까지 서슴없이 내뱉었어. 하지만 장자권을 팔아넘긴 에서와는 달리 순례자는 한 줌도 안 되는 믿음에 기대어 보물을 소중히 여기고 쉬 내놓지 않았다네. 성경을 다 뒤져보게. 어디에든 눈곱만큼이나마 에서에게 신앙이 있었다는 얘기가 있는지. 그러므로 육신의 욕망과 욕구에 지배를 받는 이들이 주저 없이 장자의 명분을 내던지고 지옥의 마귀에게 영혼을 건네주는 건 조금도 놀랄 일이 아닐세. 마치 나귀가 엉뚱한 방향으로 가겠다고 고집을 피우는 꼴이지. 렘 2:24 일단 마음이 정욕에 사로잡히면 어떤 희생이든 다 감수하려 들게 마련이라네.

하지만 작은믿음은 성격이 다르지. 한마음으로 거룩한 것을 선택했고 하늘나라의 신령한 것에만 관심이 있었으니까. 그런 성품을 가진 이가 세상의 헛된 것들을 구하려고 영혼의 보물을 팔아넘길 리가 있겠는가? 설령 임자가 나선다 하더라도 말일세. 아무리 배가 고픈들 지푸라기를 돈 주고 사지는 않을 거란 뜻이지. 산비둘기에게 까마귀처럼 썩은 고기를 먹고 살라고 설득한다는 게 말이나 될 법한 일이겠는가? 신앙이 없는 자들은 육신의 정욕을 채우기 위해 재물은 물론이고 몸과 마음까지 팔고, 잡히고, 맡기지만 비록 작더라도 신앙을 가진, 그러니까 구원해주시는 하나님에 대한 믿음을 소유한 이들은 절대로 그러지 못한다네. 그게 바로 형제님이 잘못 생각하고 있는 점이오."

그제야 소망도 수긍하는 눈치였다. "뭘 잘못했는지는 알겠습니다. 하지만 너무 심하게 말씀하셔서 저도 그만 욱하고 말았습니다."

크리스천은 얼른 말을 이었다. "이런! 이마에 알껍데기 조각을 붙인 채 생소한 길을 이리 뛰고 저리 뛰는 햇병아리에 빗댔을 뿐인데, 뭘 그리 예민하게 구시나? 어찌 됐든, 여태 얘기했던 문제들이나 깊이 생각하세. 형제님과 내 사이야 금방 풀어질 테니."[10]

소망은 얼른 다른 주제로 돌아갔다. "문득, 작은믿음을 공격했던 삼형제는 겁쟁이들이었다는 생각이 듭니다. 누군가 골목으로 들어서는 소리가 들리니까 냉큼 달아나버렸잖아요. 왜 그랬을까요? 작은믿음도 그래요. 어째서 그처럼 겁을 잔뜩 집어먹은 거죠? 일단 맞서보고 더 이상 빠져나갈 길이 없다 싶을 때 포기해도 괜찮았을 텐데요."

크리스천은 부드러운 말투로 설명했다.

"삼형제 떼강도가 겁쟁이들이었다고들 하지만, 놈들의 공격에 맞서서 용감하게 버텨내는 이들은 많지 않다네. 용기를 좀 내지 그랬느냐고 하는데, 작은믿음에게는 그럴 여력이 없었을 거야. 놈들에게 끽 소리라도 내보고 나서 포기했어야 한다는 그대의 말이 무슨 뜻인지는 알고도 남네. 남의 일일 때는 얼마든지 그렇게 얘기할 수 있지. 하지만 왈짜패거리가 형제를 노리고 달려든다면 과연 이 생각 저 생각 할 틈이 있을지 의문일세. 아울러, 놈들이 여행자를 노리는 전문털이범이고 무저갱의 임금을 섬긴다고 생각해보게. 삼형제가 제 우두머리에게 도움을 청하면 즉시 달려와서 힘을 보태줄걸세. 심지어 그 왕이란 자는 우는 사자의 목소리를 가졌다고 하더군. 시 7:2; 벧전 5:8

나도 작은믿음과 비슷한 처지에 빠진 적이 있었는데 얼마나 무서웠는지 모르네. 처음 저 세 녀석의 공격을 받았을 때는 그리스도인답게 담대하게 저항했지. 그랬더니 우두머리를 불러서 한꺼번에 덤비는 거야. 목숨이 말 그대로 '바람 앞의 등불'처럼 위태로웠다네. 다행히 하나님이 도와주셔서 튼튼한 갑옷을 입고 몸을 지킬 수 있었지만 사나이답게 버티고 싸운다는 게 좀 힘들지 않더라고. 직접 싸워보지 않고는 그 전투가 얼마나 위험하고 아슬아슬한지 짐작도 못할 걸세."

소망은 여전히 개운치 않은 듯했다. "그렇군요. 하지만 겁쟁이란 인상은 여전히 지울 수가 없어요. 큰은혜가 다가오고 있다는 생각이 들자 뺑소니를 치고 말았으니까요."

"사실일세. 놈들은 물론이고 임금이란 자도 큰은혜가 나타나기만 하면 냅다 달아나기 바쁘지." 크리스천도 인정했다. "하지만 그이가 하나님의 전사라는 걸 염두에 두면 그리 놀랄 일은 아닐세. 그대는 작은믿음과 하나님의 전사를 구별할 필요가 있는 것 같군. 거룩한 백성이라고 해서 너나없이 그분의 전사가 될 수 있는 건 아니네. 그렇게 큰 공을 세울 능력이 있는 것도 아니고. 세상의 모든 어린 친구들이 다윗이 그랬던 것처럼 골리앗을 쓰러트릴 수 있다고 생각하나? 참새한테서 황소 같은 힘을 기대할 수 있겠나? 힘센 이가 있으면 약한 사람도 있는 법일세. 믿음이 큰 쪽이 있으면 작은 편도 있게 마련이고. 작은믿음은 연약한 부류에 속하는 순례자인 셈이지. 그러니 강도들의 사악한 계획에 짓눌릴 수밖에."

"도둑놈들이 큰은혜와 딱 마주쳤더라면 얼마나 좋았겠어요." 소망은 몹시 아쉬워했다.

"그랬더라면 만만치 않은 싸움이 됐을 걸세." 크리스천이 말했다. "큰은혜가 다채로운 무기들을 능수능란하게 다룬다 해도, 칼끝으로 목표를 정확히 겨누어야 제대로 힘을 쓸 수 있지. 심약이나 불신, 또는 죄책감이 살며시 다가와 쓰러트리기라도 하면 어찌 되겠나? 큰은혜의 얼굴을 직접 대하면 상처와 벤 자국들이

곳곳에 보일걸세. 내 말이 무슨 뜻인지 한눈에 알 수 있겠지. 언젠가는 치열한 싸움을 벌이던 도중에 '살 소망까지 끊어졌다'고 중얼거리더군. 다윗을 끙끙거리고, 신음하고, 아우성치게 만들었던 것도 바로 이 억센 도적들과 그 패거리들이었네. 한 시대를 주름잡았던 영웅, 헤만과 히스기야도 똑같은 무리의 공격을 받고 심하게 고전했어. 사도들의 맏형 격인 베드로 역시 시험에 빠지자 한낱 계집종마저 무서워했었지. 놈들의 왕은 항상 뒤를 봐주면서 지원요청이 오기만 기다리고 있다는 걸 잊지 말게. 졸개들의 목소리를 놓치는 법이 없지. 조금 밀린다 싶으면 득달같이 달려가서 힘닿는 데까지 뒤를 밀어준다네.

형제나 나처럼 허약한 인간은 원수들과 맞닥뜨리길 기대한다든지, 남들처럼 힘겨운 씨름을 벌이지 않고 훨씬 더 잘해낼 수 있을 거라는 헛꿈은 아예 꾸지도 말아야 할걸세. 누군가 시험을 당해 비틀거린다는 소리가 들려도 사내답게 맞서느니 어쩌니 해서는 안 되네. 그런 부류들일수록 막상 어려움이 닥치면 한층 더 허우적거리기 일쑤거든.

앞에서 얘기했던 베드로만 해도 그래. 스스로 대장부라는 자부심이 대단했던 이 제자는 급기야 남들이 다 겁에 질려 도망쳐도 끝까지 주님 곁을 지키겠노라고 장담했지. 하지만 악한 무리들이 코앞에 들이닥치자 누가 제일 먼저 줄행랑을 쳤나? 왕의 대로에서 강도들이 벌인 만행을 들을 때 반드시 해야 할 두 가지 일이 있네.

첫째로, 무장을 갖추고 방패를 단단히 챙긴 뒤에 길을 나서야 하네. 방패도 없이 돌아다니는 걸 보면 마귀는 우리를 아주 우습게 볼걸세. 성경의 가르침을 꼭 기억하게. '이 모든 것에 더하여 믿음의 방패를 손에 드십시오. 그것으로써 여러분은 악한 자가 쏘는 모든 불화살을 막아 꺼버릴 수 있을 것입니다.' 엡 6:16

둘째로, 뭐니뭐니해도 주님이 친히 함께 계시면서 지켜주시길 부탁드리는 게 으뜸일세. 죽음의 그늘 골짜기를 지나면서도 다윗이 그토록 기뻐했던 까닭이 여기에 있네. 모세가 하나님 없이 전진하느니 차라리 그 자리에서 죽는 게 낫다고 했던 것도 그 때문이고. 출 33:15 형제여, 주님이 더불어 계시면 수만 명이 한꺼번에 덤빈다 해도 한 점 두려울 게 없다네. 시 3:5-8; 27:1-3 하지만 그분이 동행해주시지 않으면 제아무리 자부심 가득한 순례자라 할지라도 '시체 더미 밑에 깔려 질식할' 사 10:4 따름이지.

개인적으로 여러 차례 싸움을 벌였지만 힘으로든 용기로든 딱히 내세울 만한 게 없다네. 주님의 은혜와 선하심 덕분에 이렇게 살아남았을 뿐이야. 다시는 시험을 당하고 위기에 빠지는 일이 없으면 정말 기쁘겠네. 하지만 '사자의 발톱이나 곰의 발톱에서 살려주신 주님께서, 저 블레셋 사람의 손에서도' 건져내시길 바라네."

말을 마친 크리스천은 이렇게 노래했다.

가련한 작은믿음!

도적들에게 시달렸는가? 가진 걸 다 빼앗겼는가?

부디 잊지 말기를, 믿고 더 깊이 믿는 이들은

만 명이라도 넉넉히 이기려니와

그렇지 않은 자들은 셋도 감당치 못하리.

크리스천과 소망은 다시 여행을 계속했으며 무지는 계속 그 뒤를 따랐다. 그렇게 얼마나 갔을까, 길이 두 갈래로 나뉘는 곳이 나타났다. 어느 쪽이랄 것 없이 둘 다 바르고 곧아보였다. 어느 쪽으로 가야 할지 참으로 난감했다.

13

알랑거리는 원수들을 물리치고
믿음을 새롭게

Flattering enemies and renewed trust

두 갈래 길 가운데 어느 쪽으로 갈지 결정하려는 참에, 낯빛이 어두운 남자가 하얀 망토를 두르고 다가와서 왜 여기서 서성이냐고 물었다. 순례자들은 새 예루살렘 성으로 가려고 하는데 어느 길을 선택해야 할지 몰라서 고민이라고 대답했다. 낯선 사내는 흔쾌하게 말했다. "걱정 말고 따라오세요. 나도 그리 가는 길이니까요."[1]

그래서 크리스천과 소망은 그 남자를 따라나섰다. 사내가 둘을 이끌어간 길은 조금씩 굽어서 나중에는 새 예루살렘 성과는 아주 동떨어진 방향으로 틀어지고 말았다. 그처럼 엉뚱한 쪽으

로 가게 됐음에도 불구하고 순례자들은 전혀 의식하지 못하고 무작정 따라가기만 했다.[2]

사내는 두 사람이 눈치채지 못하는 사이에 미리 그물을 쳐둔 자리까지 유인했다. 갑자기 그물에 갇힌 크리스천과 소망은 어쩔 줄을 모르고 허둥거렸다. 사나이의 시커먼 등에서 하얀 망토가 주르륵 흘러내렸다. 순간, 순례자들은 덫에 걸렸음을 직감했다. 아무리 버둥거려도 그물에서 벗어날 길이 없음을 알게 된 두 사람은 그 자리에 주저앉아 엉엉 울었다.[3]

이윽고 크리스천이 소망에게 말했다. "이제야 뭘 잘못했는지 알겠네. 목자들이 아첨쟁이들을 조심하라고 그토록 타이르지 않았나? '이웃에게 아첨하는 사람은 그의 발 앞에 그물을 치는 사람' 잠 29:5이라는 지혜자의 말이 무슨 소린지 이제 알겠어."

소망은 무릎을 치며 말했다. "멸망시키는 자의 길을 피할 수 있도록 목자들이 지도까지 쥐어주었건만 새카맣게 잊어버리고 펼쳐보지도 않았어요. '남들이야 어떠했든지, 나만은 주님께서 하신 말씀을 따랐기에, 약탈하는 무리의 길로 가지 않았습니다' 시 17:4라고 했던 걸 보면, 다윗은 이 부분에서 우리보다 훨씬 슬기로웠던 모양입니다."

꼼짝없이 그물에 갇힌 순례자들은 하릴없이 주저앉아 어처구니없는 실수를 저지른 자신을 책망했다. 바로 그때, 빛나는 옷을 입은 천사가 다가오는 게 보였다. 손에는 가는 줄을 꼬아 만든 채찍을 들고 있었다.

천사는 크리스천과 소망 앞에 서더니 어디서 왔으며 무얼 하고 있느냐고 물었다. 둘은 시온으로 가는 순례자들이며, 낯빛이 어둡고 흰 망토를 걸친 사기꾼이 자신도 그리 간다기에 따라나섰다가 이 꼴이 됐노라고 입을 모았다.

채찍을 든 천사는 말했다. "놈은 아첨쟁이입니다. 빛의 천사로 가장한 거짓 사도죠." 단 11:32; 고후 11:13-14 그러곤 그물을 찢어 벌리고 둘을 풀어주며 일렀다. "나를 따라오십시오. 바른길까지 안내해드리겠습니다." 천사는 아첨쟁이를 따라나서기 시작한 지점까지 순례자들을 데려다주었다.

마침내 큰길에 들어서자 환한 옷을 입은 이가 물었다. "어젯밤은 어디서 보내셨습니까?" 크리스천과 소망은 기쁨산맥에 있는 목자들의 쉼터에 묵었노라고 했다. 그러자 천사는 목자들한테서 정확한 길이 표시된 지도를 받았느냐고 되물었다. 둘은 고개를 끄덕였다. 밝게 빛나는 옷을 입은 이가 말했다. "갈림길에 이르렀을 때 지도를 꺼내서 방향을 가늠해봤습니까?" 순례자들이 깜빡 잊었노라고 순순히 자백하자 천사는 목자들에게서 아첨쟁이를 조심하란 소릴 들었느냐고 질문했다.

"그렇습니다." 크리스천과 소망은 합창하듯 대답했다. "하지만 그럴듯한 얘길 늘어놓는 이 사내가 아첨쟁이일 줄은 정말 몰랐습니다." 롬 16:18

꿈에서 보니, 천사는 둘에게 무릎을 꿇고 앉으라고 했다. 그러고는 매섭게 채찍질을 했다. 오직 바른길로만 가도록 가르쳐 주려는 뜻이었다. 신 25:2, 대하 6:26-27 밝게 빛나는 옷을 입은 이는 매질을 하며 말했다. "무릇 내가 사랑하는 자를 책망하여 징계하노니 그러므로 네가 열심을 내라. 회개하라." 계 3:19 아울러 목자들이 준 지도를 잘 살펴서 거기 표시된 대로만 따라가라고 거듭 당부하고 나서 본래 가던 길로 돌려보냈다. 순례자들은 베풀어 준 친절에 감사한 뒤에 오로지 바른길을 따라가며 이렇게 노래했다.

이리 오라. 길을 걷는 이들이여,
보라, 순례자들이 엉뚱한 길로 가다가 어떤 값을 치렀는지!
유익한 충고를 가벼이 여기고 잊은 탓에
온몸을 옥죄는 그물에 꼼짝없이 갇혔으니!
비록 구출된 건 사실이나 매까지 맞고 깨달았으니
이것으로 그대의 경계를 삼으라.

그렇게 한참을 걸었을 무렵, 멀리서 한 남자가 다가오는 게 보였다. 동행은 보이지 않고 달랑 혼자뿐이었다. 크리스천이 소망에게 말했다. "시온을 등지고 우리 쪽으로 오는 남자가 보이시는가?"

알랑거리는 원수들을 물리치고 믿음을 새롭게

"예, 보입니다." 소망이 대답했다. "또 다른 아첨쟁이일 수도 있으니 조심하는 게 좋겠습니다."

양쪽 여행자들은 점점 가까워져서 마침내 얼굴을 마주 대했다. 상대편 나그네는 자신의 이름은 '무신론자Atheist'라면서 어디로 가는 길이냐고 물었다.

"시온 산으로 갑니다." 크리스천이 말했다.

대답을 들은 무신론자는 우스워죽겠다는 듯 깔깔거렸다.[4]

"왜 그렇게 웃으시는 겁니까?" 크리스천은 따지듯 질문했다.

"이렇게 지루한 여정을 꾹 참고 견디는 꼴이 하도 무지해보여서 웃음이 절로 나는구려. 온갖 고생을 감수해가며 여행을 계속해봐야 돌아오는 건 고통뿐이라오."

"그러니까 우리가 새 예루살렘 성에 들어가지 못할 거란 말씀인가요?"

"어딜 들어간다고요?" 무신론자가 반문했다. "새 예루살렘 성이라는 데는 이 세상 어디에도 없소!"[5]

"하지만 다가올 세상에는 분명히 있어요." 크리스천은 자신있게 말했다.

"나 역시 고향집에 살던 시절에 새 예루살렘 성에 관한 소문을 듣고 직접 찾아 나섰던 몸이오. 무려 20여 년을 이른바 거룩한 성이라는 데를 찾아 헤맸다니까요. 하지만 탐색을 시작한 날부터 지금까지 단 한 발자국도 진전이 없더라고요."렘 22:13; 전 10:15

"우린 둘 다 그곳에 관한 이야기를 들었고 이렇게 가고 가면 결국 찾을 수 있다고 믿습니다."

무신론자는 완강했다. "그런 데가 있다고 믿었기에 나도 그토록 긴 세월 동안 찾아다녔던 겁니다. 댁들보다 훨씬 오래 길을 헤맸던 선배로서 장담하는데, 새 예루살렘 성이라는 데는 어디에도 없습니다. 아무리 뒤져봐도 소용없다는 얘기올시다. 난 지금 존재하지도 않는 동네를 찾는답시고 부정하고 살았던 즐거움들을 누리러 고향으로 돌아가는 길입니다."[6]

크리스천은 소망을 돌아보며 물었다. "저 양반이 하는 얘기가 정말일까?"

소망은 주의를 주었다. "조심하세요. 아첨쟁이 가운데 하나일지 모릅니다. 지난번에 저런 부류가 하는 소리에 귀를 기울였다가 치러야 했던 고초를 잊지 마십시오. 맙소사, 시온 산이란 데가 존재하지 않는다고요? 기쁨산맥 정상에서 새 예루살렘 성문을 바라보지 않았습니까? 믿음으로 바른길을 걸으며 즐거운 시간을 보내고 있지 않은가요?_{고후 5:7} 무시하고 계속 길을 갑시다. 이렇게 머뭇거리고 있으면 채찍을 든 천사가 어디선가 불쑥 나타날지도 모릅니다. 형제님이 나를 가르쳐주셔야 하는데 도리어 내가 이런 말씀을 드리게 됐습니다. 성경에 '내 아들아 지식의 말씀에서 떠나게 하는 교훈을 듣지 말지니라'_{잠 19:27}는 말씀이 있습니다. 그의 말에 현혹되지 마세요. '믿음을 가져 생명을 얻을 사람' 히 10:39 이 됩시다."

크리스천은 황급히 해명했다. "진리를 의심해서 그렇게 물어본 게 아니라, 형제를 은근히 떠보려 했을 뿐이네. 중심에서 나오는 정직한 신앙고백을 듣고 싶었던 거지. 저 친구가 세상의 우상에 눈이 멀었다는 것쯤은 나도 알고 있네.요일 2:11 자, 진리를 믿고 '거짓은 모두 진리에서 나오지 않는다는 것을' 요일 2:21 서로 확인했으니, 어서 가세나."

"이제 하나님의 영광을 바라보게 되었으니 얼마나 기쁜지 모르겠습니다."롬 5:2 소망이 말했다.

순례자들은 등을 돌리고 걸음을 재촉했다. 무신론자 역시 두 사람을 한껏 비웃으며 제 길로 가버렸다.[7]

크리스천과 소망은 걷고 또 걸어서 어느 동네에 들어갔다. 이곳에는 이상한 공기가 가득해서 제대로 적응하지 못하는 나그네는 저절로 깊은 잠에 빠지곤 했다. 마을 어귀에 들어서자마자 몸놀림이 굼떠지고 졸음이 몰려오는 걸 느낀 소망은 크리스천에게 말했다. "왜 이렇게 나른해지는지 모르겠어요. 도저히 눈을 뜰 수가 없네요. 아무 데나 누워서 잠깐 자고 갑시다."

"절대로 안 될 말일세." 크리스천은 펄쩍 뛰었다. "여기서 잠들면 다시는 못 일어날 걸세."

"그게 무슨 말씀이시죠?" 소망은 깜짝 놀라며 물었다. "여행에 지친 나그네에게 잠이 얼마나 달콤한지 아시잖아요? 잠깐만 눈을 붙여도 새 힘이 불끈 솟을 겁니다."

"목자들 가운데 한 분이 마법의 땅을 조심하라고 했던 게 기억나는가?" 크리스천은 다그치듯 물었다. "그건 잠에 빠지지 않도록 주의하라는 뜻이었네. 그러므로 우리는 다른 사람들처럼 잠자지 말고, 깨어 있으며, 정신을 바짝 차려야 한다네."[8] 살전 5:6

그제야 소망은 무릎을 쳤다. "그렇군요! 혼자 왔더라면 졸다가 죽을 뻔했습니다. '혼자보다는 둘이 더 낫다' 전 4:9는 지혜자의 말이 백번 옳았어요. 형제님과 동행하게 된 건 하나님의 은혜예요. 형제님은 수고함으로 좋은 상을 얻을 거예요." 전 4:9

"잠을 깨는 데는 유익한 이야기를 나누는 게 으뜸이지."[9] 크리스천이 말했다.

"그렇고말고요." 소망이 맞장구를 쳤다.

"그럼 무슨 얘기부터 시작할까?"

"하나님이 함께해주셨던 일들부터 이야기해보는 게 어떨까요?[10] 괜찮으시면 형제님이 먼저 말씀해주세요."

그러자 크리스천은 노래나 한 자락 불러보마고 했다.

성도들이 꼬박꼬박 졸거든, 이리 보내시길.
그리고 두 순례자가 입 모아 하는 소리를 듣게 하시길.
그들에게서 어떻게든 교훈을 얻어
나른하게 감기는 두 눈을 번쩍 뜨게 하시길.

잘만 이뤄진다면, 성도의 교제는
지옥 한복판에서도 깨어 있게 하는 법.

크리스천은 이야기를 시작했다. "한 가지 묻겠네. 형제는 어쩌다가 이 여행을 시작하게 됐소?"

"어떻게 해서 심령의 상태에 관심을 갖게 되었느냐는 말씀이시죠?" 소망이 되물었다.

"그렇다네. 바로 그걸세."

"형제님도 허망시장에서 파는 상품들을 보셨지요? 나는 아주 오랫동안, 거기서 살 수 있는 물건들을 즐기며 살고 있었습니다. 계속해서 그런 식으로 지냈더라면 아마 멸망을 당하고 지옥의 형벌을 받는 신세를 면하지 못했을 겁니다."

"도대체 어떤 것들이었기에 그러나?" 크리스천이 캐물었다.

"세상의 보배와 영화들이죠." 소망이 대답했다. "그뿐만 아니라 소란을 피우고, 흥청망청 놀고, 취하도록 술을 들이켜고, 욕설을 퍼붓고, 거짓말을 하고, 부정을 저지르고, 안식일을 어기는 걸 비롯해서 영혼을 망가뜨리는 짓이라면 무엇이든 가리지 않고 다 했습니다. 그러던 어느 날, 형제님과 신실이라는 분, 그러니까 허망시장에서 죽기까지 믿음을 지키고 선한 삶을 증명해 보이셨던 그 순례자의 말을 듣고 거룩한 일에 귀를 기울이며 깊이 생각하게 됐습니다. 죄의 삯은 죽음이요롬 6:21-23 하나님의 진노가 순종하지 않는 사람들에게 내리는 것엡 5:6을 알고 믿게 된 겁니다."

"그래서 금방 믿음의 능력을 힘입게 된 것이로군."

"그렇지 않습니다. 죄가 악하다는 사실, 그리고 죄에 저주가 따른다는 점을 당시에는 제대로 파악하지 못했어요. 말씀이 마음을 뒤흔들어놓기 시작했을 때도 그 진리를 애써 외면하려고 했어요."

"하나님이 은혜의 영을 보내셔서 형제님을 그분께 이끌고 계신다는 걸 깨닫지 못하게 가로막은 건 도대체 무엇이었을까?" 크리스천은 더 깊이 파고들었다.

"이유를 설명하자면 이렇습니다." 소망은 말했다. "무엇보다도 그게 하나님이 내 삶에서 일으키신 역사인 줄 몰랐어요. 허물을 깨닫게 하셔서 죄인의 삶을 돌이키는 역사를 시작하시리라고는 꿈에도 생각지 않았거든요. 아직도 육신은 죄의 매력에 사로잡혀 있었던지라 쉬 내팽개칠 수가 없기도 했고요. 회개하기를 망설였던 또 다른 이유는 옛 친구들과 어울려 뒹구는 게 너무 좋아서 헤어질 엄두가 나지 않았기 때문이에요. 마지막으로, 죄를 확실하게 의식할 때마다 너무도 괴롭고 겁이 나서 아예 떠올리고 싶지 않았어요."

"그러고 나면 마음과 영혼이 더러 평안해지기도 하던가?"

"예. 하지만 금방 되살아나서 예전처럼, 아니 더 심하게 심령을 괴롭혔어요."

"어떨 때 죄가 떠오르던가?" 크리스천이 물었다.

"꼽자면 열 손가락이 모자라요. 대충 이런 경우들이죠. 거리에서 선량한 이들을 만난다든지,

성경 읽는 소리가 들린다든지,

머리가 아프다든지,

이웃사람이 병들었다는 소문을 들었다든지,

상여소리가 귓가에 울린다든지,

죽음을 생각한다든지,

누군가 갑작스레 세상을 떠났다는 부고를 받는다든지 하는 경우죠.

하지만 그 어느 것보다 죄의식이 마음 깊이 파고들며 심령을 괴롭힐 때는 심판이 코앞에 닥쳤다는 사실이 가슴에 사무치는 순간이었어요."

"죄악에서 비롯된 죄책감을 쉬 떨쳐버리고 자유로워질 수 있던가?" 크리스천이 캐물었다.

"그럴 수 없었어요." 소망이 고백했다. "예전에 대수롭지 않게 짓던 죄 가운데 어느 하나를 다시 저지른다는 생각만 해도 양심이 찢어지는 것 같았습니다."

"그럴 때는 어떤 마음이 들던가?"

"생활방식을 바꿔야겠다 싶더군요. 그러지 않으면 저주를 피

할 수 없을 것 같았어요."

"노력은 해봤나?"

"물론이죠." 소망이 대꾸했다. "죄를 피하는 건 물론이고 죄를 일삼는 친구들도 버렸어요. 뿐만 아니라 기도하고, 성경을 읽고, 죄를 기억하며 눈물을 흘리고, 이웃에게 진리를 전하는 따위의 신앙적인 책임을 다하는 데도 열심을 냈고요. 그 밖에도 이루 헤아릴 수 없을 만큼 많아요."

"그랬더니 마음에 평안이 찾아오던가?" 크리스천의 질문은 끝이 없었다.

"잠깐은 그랬죠." 소망이 털어놓았다. "하지만 그처럼 애를 써도 고통은 고스란히 제자리로 돌아오더군요."

"완전히 달라졌는데 어떻게 그런 일이 생길 수가 있단 말인가?" 크리스천은 의아해했다.

소망이 설명했다. "몇 가지 요인이 있을 겁니다. 성경에서 '우리의 의는 다 더러운 옷 같으며' 사 64:6라든지, '율법의 행위로써는 의롭다 함을 얻을 육체가 없느니라' 갈 2:16라든지, '우리는 무익한 종이라' 눅 17:10와 같은 말씀들을 읽으며 곰곰이 생각하기 시작했습니다. 스스로 내세우는 의로움이 모두 누더기나 한가지라면, 행위로는 아무도 구원받을 수 없다면, 무슨 짓을 해도 여전히 쓸모없는 인간에 지나지 않는다면, 율법을 잘 지켜서 하늘나라에 들어가겠다는 건 그야말로 한심한 발상이란 생각이 들었습니다. 가게에 엄청난 외상 빚을 지고 있는 이가 얼른 갚을 생각은 하지 않고 눈에 보이는 족족 이런저런 상품들을 사들이기만 한다면 주인으로서는 고발을 하거나 감옥에 보내서라도 밀린 돈을 받아내려 할 것입니다."

"그런데 난데없이 무슨 빚 타령인가?" 크리스천은 납득이 가지 않는 눈치였다.

소망은 말을 이었다. "제 말을 들어보세요. 지금 하나님의 장부에는 어마어마한 죄의 빚이 외상으로 남아 있을 거예요. 새삼 행실을 바르게 한다 해도 해묵은 빚을 다 갚지는 못하죠. 그러나 예전에 저지른 죄 때문에 입게 된 저주에서 어떻게 벗어날 수 있겠어요."

그제야 크리스천도 고개를 끄덕였다. "멋진 비유구려. 계속해 보시게."

소망이 다시 입을 열었다. "답답하고 괴로운 점은 그뿐이 아닙니다. 잘 살아보려고 안간힘을 쓰고 있지만 잘 들여다보면 그 속에도 죄가 섞여 있는 게 문제입니다. 해묵은 죄(여기에는 제법 착한 짓을 하며 지내고 있다는 자부심과 교만도 포함됩니다)를 싹 무시한다 해도 결론은 분명했죠. 어제까지 얼마나 흠 없는 생활을 했느냐와 상관없이 오늘 여러 가지 규정 가운데 어느 하나를 어긴 허물만 가지고도 지옥에 가고도 남는다고 말입니다."

"그래서 어떻게 하기로 했소?" 크리스천이 물었다.

"하긴 뭘 하겠습니까?" 소망이 대답했다. "정말 어찌해야 좋을지 모르겠더군요. 그래서 신실 형제에게 속마음을 털어놨습니다. 우린 서로 알고 지내던 사이였거든요. 형제는 '죄를 알지도 못하는 분'의 의로움을 덧입지 않는 한, 자신은 말할 것도 없고 온 세상의 의로움을 죄다 끌어모아 내밀어도 구원을 받지 못한다고 했어요."

"신실 형제의 말이 옳다는 생각이 들던가?" 크리스천이 질문했다.

"열심히 노력해서 생활태도를 바꾼 데 만족하고 즐거워하던 시절에 그런 얘길 들었으면 바보 같은 소리라고 웃어넘겼을 거예요. 하지만 그때는 이미 내가 한없이 연약한 존재이고 지극히 선한 행동에도 죄가 들러붙어 있다는 사실을 깊이 자각하고 있었기 때문에 신실 형제의 의견에 수긍할 수밖에 없었어요."

"하지만 그런 얘길 들으니까 정말 어딘가에는 단 한 번도 죄를 짓지 않은 이가 있겠구나 싶던가?"

"솔직히 말씀드려서 처음에는 이상하게만 들리더라고요. 그런데 계속해서 신실 형제와 교제하면서 대화하다 보니까 분명히 그런 분이 계신다는 믿음이 생겼어요." 소망이 말했다.

"그분이 누구인지, 어떻게 하면 그분께 힘입어 의롭게 될 수 있는지 신실 형제에게 물어봤나?" 크리스천은 아주 궁금해했다.

"그렇습니다." 소망이 대답했다. "지극히 높으신 하나님의 오른편에 앉아 계신 주 예수님이 바로 그분이라고 하더군요. 세상에 계시는 동안 수많은 역사를 일으키셨으며 고난받으시고 십자가에 달려 돌아가셨다는 사실을 믿기만 하면 그분께 기대어 의로워질 수 있다고 했어요. 그래서 신실 형제에게 물어봤죠. 어떻게 그분의 의로움이 하나님 앞에서 다른 이들을 의롭게 할 수 있느냐고요. 예수님은 스스로 전능하신 하나님인데 자신을 위해서가 아니라 내게 그럴 만한 자격을 주시려고 수치스러운 죽음마저 마다하지 않고 받아들이셨다고 하더라고요. 예수님과 그분이 나를 위해 해주신 일들을 신뢰하면 주님의 거룩함이 고스란히 내 것이 된다는 거죠." 히 10장; 롬 4장; 골 1장; 벧전 1장

"그래서?"

"말도 안 되는 소리라고 했죠. 그런 분이 나 같은 인간을 구해주실 까닭이 없다고 생각했거든요."

"신실 형제는 뭐라고 하던가?"

"가서 직접 그분을 만나보라고 했어요. 주제 넘은 짓이 될 거라고 해도 막무가내였어요. 주님이 날 부르셨다는 거예요. 마 11:28 예수님에 관한 책을 주면서 마음 편히 찾아가도 괜찮다고 격려하더군요. 하늘과 땅은 다 없어질지언정 그 책에 기록된 말씀은 점 하나, 획 하나도 없어지지 않을 거라고 자신 있게 말했어요. 마 24:35

그래서 "주께 가면 무얼 해야 합니까?"라고 물어봤어요. 무릎

을 꿇고 엎드려 온 마음과 정성을 다해 하나님께서 친히 임해주시길 구하라기에 시 95:6; 단 6:10; 렘 29:12-13 다시 부탁했어요. 어떻게 간구해야 하는지 가르쳐달라고요. 그랬더니 일단 주께 가면 그분이 은혜의 보좌에 앉아 계신 게 보일 거래요. 찾아오는 이들을 용납하고 용서하기 위해 일 년 삼백육십오일 하루도 빼놓지 않고 거기서 기다리신다고요.

이번에는 막상 주님을 뵈면 무슨 말을 해야 할지 모르겠다고 했어요. 신실 형제는 이렇게 해보라더군요. '하나님, 이 죄인을 불쌍히 여겨 주셔서 예수 그리스도를 알고 또한 믿게 해주십시오. 주님의 의로움을 덧입지 않으면 죽을 수밖에 없다는 걸 잘 알고 있기 때문입니다. 하나님은 자비로우신 분이시고 예수 그리스도를 보내어 세상의 구세주가 되게 하셨으며 더 나아가 저처럼 불쌍한 죄인을 위해 외아들을 아낌없이 내어주셨음을 듣고 배웠습니다. 저는 정말 죄인입니다. 주님, 이렇게 찾아왔으니, 은혜를 베푸셔서 내 영혼을 구해주십시오. 독생자 예수 그리스도의 이름으로 기도합니다. 아멘.' 출 25:22; 레 16:2; 민 7:89; 히 4:16

"그래서, 시키는 대로 따라했나?" 크리스천이 미심쩍은 표정으로 물었다.

"그럼요." 소망은 자신 있게 말했다. "한 번만 아니라 수없이 되풀이했죠."

"결국 하늘 아버지께서 독생자를 보내주셨나?"

"처음에는 아니었어요. 두 번, 세 번, 네 번, 다섯 번, 여섯 번 기도해도 마찬가지였어요." 소망은 솔직하게 고백했다.

"그래서 어떻게 했는데?" 크리스천이 재촉했다.

"어찌해야 할지 막막하더라고요."

"집어치울 생각이 들지는 않던가?"

"수백 번도 더 들었죠." 소망이 대꾸했다.

"그런데 왜 포기하지 않았지?"

"신실 형제의 얘기가 사실이라고 믿었기 때문입니다. 그리스도의 의로우심에 힘입지 않으면 온 세상이 다 힘을 합쳐도 날 구원할 수 없을 것 같았어요. 그래서 속으로 생각했어요. 기도하기를 멈추면 죽을 수밖에 없다고요. 기왕 죽을 거라면 은혜의 보좌 앞에서 죽고 싶었어요. '비록 더디더라도 그때를 기다려라. 반드시 오고야 만다. 늦어지지 않을 것이다' 합 2:3 라고 생각한 거죠. 그래서 하늘 아버지께서 아들을 보여주실 때까지 꾸준히 기도했습니다."

"하나님이 독생자를 어떻게 보여주시던가?" 크리스천이 물었다.

소망이 설명했다.

"육신의 눈이 아니라 마음의 눈으로 그분을 보았어요. 엡 1:18-19 자초지종을 설명하자면 이렇습니다. 어느 날인가 아주 서글픈 기분이 들었습니다. 난생처음 겪어보는 슬픔이었어요. 더할 나위 없이 깊고도 악랄한 죄를 지었다는 생각에 가슴이 미어지는 것 같았어요. 지옥에 떨어져서 영원한 형벌을 받을 수밖에 없는 신세라는 생각이 들더군요. 그런데 갑자기 주 예수님이 하늘에서 굽어보시며 말씀하시는 게 보였어요. '주 예수 그리스도를 믿으라. 그리하면 네가 구원을 받을 것이다.' 행 16:31

냉큼 대답할 수밖에 없었습니다. '그러나 주님, 저는 크나큰 죄인입니다.'

예수님이 그러시더군요. '내 은혜가 네게 족하도다.' 고후 12:9

제가 여쭈었죠. '주님, 믿는다는 게 도대체 뭔가요?'

그러자 문득 '내게로 오는 사람은 결코 주리지 않을 것이요, 나를 믿는 사람은 다시는 목마르지 않을 것' 요 6:35이라는 말씀이 떠오르면서 믿는다는 것과 그분께 나온다는 게 같은 뜻이라는 깨달음이 들었어요. 한마디로, 예수님께 나오는 이, 그리스도께서 구원해주심을 바라고 온 마음을 다해 달려 나오는 이들이 바로 주님을 믿는 이라는 거죠. 눈물이 왈칵 쏟아지더군요. 울면서 여쭤봤습니다. '주여, 정말 저처럼 커다란 죄인도 용납하시고 구원해주십니까?'

그때, 주님의 음성이 들렸어요. '내게로 오는 사람은 내가 물리치지 않을 것이다.' 요 6:37

다시 여쭤봤어요. '하지만 제 믿음이 진정으로 주님께 토대를 두고 있음을 어떻게 알 수 있습니까?'

알랑거리는 원수들을 물리치고 믿음을 새롭게

그분이 말씀하셨어요. '그리스도 예수께서 죄인을 구원하시려고 세상에 오셨다.딤전 1:15 그러므로 그리스도는 율법의 끝마침이 되셔서, 모든 믿는 사람에게 의가 되어 주셨다.롬 10:4 예수는 우리의 범죄 때문에 죽임을 당하셨고, 우리를 의롭게 하시려고 살아나셨다.롬 4:25 예수 그리스도께서는 우리를 사랑하시며, 자기의 피로 우리의 죄에서 우리를 해방하여 주셨고계 1:5 하나님과 사람 사이의 중보자가 되셨다.딤전 2:5 그분은 늘 살아 계셔서 중재의 간구를 하신단다.히 7:25'

그렇게 말씀하시니까 예수님을 인격적으로 받아들여서 의로워져야 하며 거룩한 피로 죄를 깨끗이 씻어야 한다는 걸 금방 알겠더라고요. 주님이 아버지의 율법에 순종하여 죄의 삯을 치르신 게 모두 자신이 아니라 그리스도가 베푸신 구원을 받아들이고 감사하는 이들을 위해서라는 걸 믿어야겠더군요. 놀라운 기쁨이 마음을 가득 채웠습니다. 눈에선 연신 눈물이 쏟아졌습니다. 그분의 이름과 그 백성, 그리고 예수 그리스도의 길을 사랑하는 마음이 충만해진 겁니다."

"그리스도께서 참으로 형제의 영혼에 찾아오셨구려." 크리스천은 고개를 끄덕였다. "그래서 그대의 심령에 구체적으로 어떤 변화가 일어났는지도 얘기해주게나."

소망이 말했다. "제아무리 선하게 살고 고귀하게 행동한다 하더라도 세상에 속해 있는 한 여전히 저주받은 상태라는 걸 알았어요. 하나님 아버지는 지극히 공의로운 분이어서 죄를 벌할 수밖에 없는 분이시지만 동시에 독생자 예수를 통해서 주께 나오는 죄인들을 의롭게 해주신다는 사실도 깨달았고요. 그걸 생각하니까 예전에 추악하게 살았던 게 한없이 부끄럽더라고요. 어쩌면 그렇게 무지하게 지냈는지 기가 막혔어요. 예수 그리스도의 아름다움을 찬송하는 마음이 그 어느 때보다 충만해졌습니다. 거룩한 삶을 사랑하게 되고 주 예수님의 이름을 높이며 영광 돌리려는 열망이 커졌고요. 맞아요. 온몸의 피를 단 한 방울도 남기지 않고 다 그분 앞에 쏟아낼 수 있을 만큼 간절했어요."

14

무지,
그 완고한 이름
Stubborn Ignorance

소망은 우연히 고개를 돌렸다가 멀찌감치 뒤처졌던 무지가 여전히 쫓아오는 걸 보았다. 그래서 얼른 길벗에게 알려주었다.

"저기를 좀 보세요. 그 젊은 친구가 따라오고 있네요."

"음, 그렇군." 크리스천이 대꾸했다. "하지만 우리와 함께 갈 요량은 아닌 듯한걸?"

소망이 덧붙였다. "그러게요. 계속 함께 걸었더라도 특별히 해로울 게 없었을 텐데 저러네요."

크리스천도 같은 생각이었다. "그렇고말고. 저 젊은이에게는 그러는 편이 오히려 더 나았을 거야. 하지만 십중팔구 본인은 그렇게 생각지 않겠지."

"그렇겠죠." 소망이 말을 받았다. "그래도 일단은 기다려보시죠."

두 순례자는 걸음을 멈췄다.

크리스천은 무지에게 외쳤다. "서두르게, 젊은이! 어째서 그렇게 뒤처져 꾸물거리나?"

무지가 대답했다. "걷는 걸 즐기고 있어요. 개인적으로는 웬만큼 가까운 사이가 아니면 여럿이 함께 가는 것보다 혼자 여행하는 걸 훨씬 좋아한답니다."

크리스천은 소망을 돌아보며 소곤거렸다. "그것 보게, 어울려 가는 데는 관심이 없을 거라고 했지?" 그러곤 얼른 무지에게 얼굴을 돌리고 말했다. "이리 와서 함께 가세. 외로운 길을 가는 동안 이야기나 나누며 시간을 보내세. 그래 좀 어떤가? 하나님과 자네 사이에 달라진 건 없나?"

무지는 심드렁했다. "그럭저럭 괜찮은 편입니다. 선한 생각과 계획이 쉴 새 없이 떠올라서 마음 한가득 차 있다 보니, 걷는 데 큰 힘이 되네요." 잠 28:26

"선한 생각과 계획이라… 어디 한번 들어보세나." 크리스천이 재촉했다.

"하나님과 하늘나라를 생각했답니다."

"그거야 마귀들이나 저주받은 영혼들도 다 하는 일이잖나?"

크리스천이 꼬집었다.

"하지만 저는 생각할 뿐만 아니라 간절히 원하기까지 합니다." 젊은이가 말을 이었다.

"하늘나라에 갈 가능성이 전혀 없어 보이는 부류들 가운데도 그런 이가 수없이 많지. 그래서 '게으른 사람은 아무리 바라는 것이 있어도 얻지 못한다' 잠 13:4고들 하지 않나?"

"저는 경우가 다르죠. 하나님과 하늘나라를 생각하고 바라는 데서 한 걸음 더 나아가, 그걸 얻기 위해 가진 걸 모두 버리기까지 했거든요."

"믿어지지 않는군." 크리스천은 도리질을 치며 말했다. "소유를 다 버린다는 건 아주 힘든 일일세. 흔히 생각하는 것보다 훨씬 어렵지. 주님과 천국을 위해 가진 걸 다 버렸다고 장담하는 까닭을 알고 싶네."

"마음이 그렇게 말하고 있어요."

"자네는 '자기의 마음을 믿는 자는 미련한 자' 잠 28:26라는 지혜자의 얘기도 들어보지 못했나?"

"그건 악한 마음을 염두에 둔 말이지만 내 마음은 선하거든요."

"하지만 그걸 어떻게 증명하지?" 크리스천은 재빨리 되물었다.

"하늘나라를 바라보면 위로가 돼요." 무지도 굽히지 않았다.

"자기를 속이고 있는지도 모르지. 희망이 위로를 주는 건 사실이지만 아무 근거 없이 바라기만 하는 경우도 왕왕 있으니까." 크리스천이 지적했다.

"제 마음과 삶은 서로 어긋남이 없어요. 그만하면 희망의 토대가 확실한 게 아닐까요?" 무지가 반문했다.

"자네의 마음과 삶이 하나라고 누가 그러던가?"

"역시 마음이 그러더군요." 무지는 완강했다.

크리스천은 조곤조곤 타일렀다. "그럼 마음더러 내가 도둑이냐고 물어보게. 자네 마음이 그렇다고 대답한다고 해서 내가 정말 도둑이 되는 건 아닐세. 하나님 말씀이 증명해주시지 않는다면, 다른 증거는 다 소용이 없는 걸세."

"선한 생각을 품는 게 곧 선한 마음이 아닐까요? 그리고 하나님의 계명에 따라 사는 게 선한 삶이 아닐까요?"

"그렇다네. 선한 마음은 선한 생각을 품고 선한 인생은 하나님의 계명에 따라 살게 마련이지. 그러나 정말 그런 마음을 갖는 것과 생각만 하는 건 완전히 다른 얘기라네."

"그럼 선한 생각과 하나님의 계명을 따라 산다는 게 무얼 의미하는지 선생님의 의견을 말씀해주시겠어요?" 무지가 질문했다.

"선한 생각에는 여러 가지 형태가 있지. 자신에 대한 것일 수도 있고 하나님, 그리스도, 또는 그 밖에 다른 일들에 관한 것일 수도 있네." 크리스천이 설명했다.

"우리 자신에 관한 선한 생각이라면 무얼 말씀하시는지?"

"하나님 말씀에 맞는 생각이지."

"자신에 관한 어떤 종류의 생각들을 하나님의 말씀에 부합된다고 볼 수 있는 걸까요?"

"성경과 똑같은 관점으로 자신을 판단할 때 비로소 바른 생각이 되는 걸세. 조금 더 구체적으로 말하자면, 하나님 말씀은 자연상태의 인간에 대해 '의인은 없나니 하나도 없다' 롬 3:10, 12고 가르치네. 아울러 '마음으로 생각하는 모든 계획이 항상 악할 뿐' 창 6:5이며 '어릴 때부터 그 마음의 생각이 악하기 마련' 창 8:21이라고 지적한다네. 따라서 자신을 그렇게 파악한다면 그건 선한 생각일세. 하나님의 말씀과 정확하게 일치하거든."

그래도 무지는 고집을 피웠다. "내 마음이 악하다는 말은 도무지 믿어지지 않습니다."

"그렇다면 자네는 평생 자신에 대해 선한 생각을 해본 적이 없는 거야." 크리스천은 단호했다. "어쨌든 계속 들어보게. 하나님의 말씀이 마음을 판단하는 기준이듯, 인간의 길에 대해서도 마찬가질세. 마음과 그 길에 관한 생각이 하나님의 말씀이 제시하는 바에 부합되면, 거룩한 말씀과 차이가 없으므로 선하다고 인정할 수 있지."

"무슨 뜻인지 잘 모르겠어요." 무지가 말했다.

크리스천은 설명을 계속했다. "잘 들어보게. 하나님 말씀은 인간의 길이 구부러져 있으며, 선한 게 아니라 비뚤어져 있다고 가르친다네." 시 125편: 잠 2:15 본래부터 바른길을 거스르고 아예 알지도 못한다는 의미일세.롬 3장 자, 그런 사실을 머리로 깨달아 알고, 하나님의 말씀이 옳으며 자신의 길이 그름을 겸손히 믿는 이는 선한 생각을 가지고 있는 걸세. 하나님 말씀의 판단과 일치하기 때문이지."

"그럼 하나님에 관한 선한 생각이란 무얼 말하는 겁니까?"

"하나님 말씀에 부합될 때 자신에 대한 생각을 선하다고 평가하는 것과 마찬가지로, 주님에 관한 생각이 그분이 스스로에 관해 친히 하신 말씀과 일치할 때 선하다고 판단할 수 있는 걸세. 하나님의 속성은 워낙 광범위한 주제라 지금 다 말하기 어렵지만, 아무튼 거기에 부합되는 생각을 가져야 하네. 주님이 우리보다 우리를 더 잘 알고 계시며 자신조차 모르는 죄까지 속속들이 알고 계시다는 점을 깨달아야 그분을 바르게 볼 수 있네. 인간의 내밀한 생각을 아시며 가장 깊은 곳에 감춰둔 것들을 하나도 빼놓지 않고 지켜보신다는 걸 알아야 하나님을 제대로 의식할 수 있네. 인간이 제아무리 의로워도 그분께는 악취를 풍길 따름이며 한없이 선하게 산다 해도 자신 있게 그 앞에 설 수 없음을 절감할 때 주님에 관해 정확한 생각을 가질 수 있지."

"하나님이 저보다 절 더 잘 아신다고요? 비할 데 없이 선하게 살아도 하나님 앞에 당당히 나갈 수 없다고요? 무슨 당연한 말씀을 하세요. 제가 그런 것도 모르는 멍청이인 줄 아세요?" 무지가 억울하다는 듯 말했다.

"그럼 자네는 여기에 대해 어떤 의견을 가지고 있나?" 크리스천이 물었다.

"한마디로 그리스도를 믿고 의롭다 하심을 받아야 한다고 생각합니다." 무지가 대답했다.

"주님이 필요하다는 사실조차 실감하지 못하면서 그분을 믿어야 한다고 말하다니, 도대체 어찌 된 셈인가?" 크리스천이 따지고 들었다. "자네는 근원적인 결함과 실제적인 연약함을 전혀 깨닫지 못하고 있네. 자신과 삶을 생각하는 자세로 미루어보면, 그대는 그리스도의 인격적인 의로움에 힘입어 하나님 앞에서 의롭다 인정받을 필요를 전혀 느끼지 못하는 것 같네. 그러면서도 어떻게 그리스도를 믿는다고 말할 수 있나?"

"뭐라고 하시든 전 분명히 믿습니다."

"하지만 뭘 믿는다는 거지?"

무지는 거침없이 대답했다. "그리스도께서 죄인들을 위해 돌아가셨음을 믿습니다. 그리고 주님의 법에 순종하면 너그럽게 받아주셔서 저주에서 풀려나게 하시며 하나님 앞에서 의로운 백성으로 인정해주실 거라고 믿습니다. 하나님은 그리스도의 공로를 감안해서 신앙적인 의무를 다하려는 제 노력을 기꺼이 받아주시고 의롭다 해주시리라고 믿습니다."

"자네의 신앙고백에 관해 몇 마디 짚고 넘어가겠네." 크리스천은 답답했다. "첫째로, 자네는 실체가 없는 신앙을 가졌네.

성경말씀 어디에도 그런 기록은 없네. 뿐만 아니라 그리스도의 인격적인 의로움과 상관없이 의로워지려고 하는 거짓 믿음을 추구하고 있네. 자네가 말하는 신앙은 그리스도를 인격 그 자체가 아니라 행위를 의롭게 하시는 분으로 몰아가는 셈이네. 당연히 심판 날, 하나님의 진노를 면할 수 없을걸세.

인간을 의롭게 하는 참다운 믿음은 율법의 그늘 아래서는 구원받을 가망이 전혀 없음을 깨닫는 데서 시작되네. 주께 나와 그분의 의로움을 피난처로 삼는 심령들은 오직 그리스도의 의로움만이 하나님의 인정을 받을 수 있음을 잘 알고 있지. 독생자의 순종과 인간의 노력이 뒤섞인 무언가로는 하나님 앞에서 의로워질 수 없네. 자네의 순종은 쓸모없으며 죄로 가득 차 있거든. 하나님이 죄의 삯으로 받으시는 건 예수 그리스도의 순종이 전부일세. 진정한 신앙은 영혼을 재촉해서 그리스도의 의로우심 가운데로 도망쳐서 마땅히 받아야 할 저주에서 벗어나게 해준다네. 주님의 의를 덧입어야 하나님 앞에 흠 없는 모습으로 설 수 있으며 그분을 통해야만 죄의 빚을 탕감받고 하늘 아버지 품에 안길 수 있는 거지."

"맙소사!" 무지는 버럭 소리를 질렀다. "인간의 공로가 없어도 그리스도가 이루신 역사로 충분하다는 걸 믿으란 얘깁니까? 그리스도와 그분의 의로우심을 믿으면 바로 그 순간부터 완전히 자유로워집니다. 따라서 선생님과 같은 사고방식을 가졌다가는 정욕을 죄고 있던 고삐가 느슨해져서 하나님 명령에 불순종하고 마음의 욕심을 채우게 될 겁니다."

"자네 이름이 무지라고 했지? 이름값 한번 제대로 하는군!" 크리스천은 혀를 찼다. "그대의 대답을 들으면 내 판단이 옳았다는 걸 여실히 볼 수 있네. 어떤 의로움이 인간을 의롭게 하는지, 어떻게 믿어야 하나님의 맹렬한 진노에서 자신의 심령을 안전하게 지킬 수 있는지 도무지 감을 잡지 못하니 하는 말일세. 그뿐이 아냐. 그리스도의 의로움에 힘입어 구원을 받는다는 신앙이 어떤 결과를 가져오는지 새카맣게 모르고 있어. 그런 믿음은 마음을 사로잡아 하나님께 굴복시켜서 그분의 이름과 말씀, 그분의 길과 백성들을 사랑하게 만들지. 영혼을 구원하는 믿음은 자네가 무식하게 상상하는 것처럼 마음껏 악을 저지를 수 있는 면허증이 아니야. 선한 일을 행하고 싶어 하는 뜨거운 마음과 그럴 힘을 줄 따름이지."

그때 듣고만 있던 소망이 끼어들었다. "형제님, 저 친구에게 그리스도가 하늘에서 임하신 적이 있는지 한번 물어보세요."

"어라? 그럼 선생님들은 계시 따위를 믿는단 말인가요?" 무지는 기가 막히는 모양이었다. "개인적으로는 두 분을 비롯해서 비슷한 소리를 하고 다니는 이들은 하나같이 머리가 조금 이상해진 양반들이라고 생각해요."

소망은 아랑곳하지 않고 말했다. "맙소사! 그리스도는 하나님

안에 숨어 계셔서 육신의 힘으로는 도저히 파악할 수 없다네. 따라서 하늘 아버지가 아들을 보여주시지 않는 한, 세상 누구도 구원하시는 은혜를 제대로 알 수가 없는 걸세."

"두 분은 그렇게 믿으세요. 저는 제 식대로 믿겠습니다." 무지는 고집을 피웠다. "제 신앙 역시 선생님들의 믿음 못지않다고 생각합니다. 두 분처럼 괴상망측한 상념에 사로잡혀 있는 게 꼭 좋은 믿음은 아니니까요."

그러자 크리스천이 말했다. "간단히 한마디만 더하겠네. 이건 그렇게 가볍게 이야기할 문제가 아닐세. 이미 내 친구가 똑 부러지게 말했지만 나도 단언할 수 있어. 아버지가 알려주시지 않으면 아무도 예수 그리스도를 알 수 없네.마 11:27 믿음도 매한가질세. 그리스도를 단단히 붙잡게 해주는 바르고 선한 믿음은 하나님의 넘치도록 위대하신 권능에서 비롯되는 법이거든.고전 12:3: 엡 1:18-19 정신을 바짝 차리고 자네의 사악함을 똑바로 보고 주 예수님께 달려가게나. 그분은 하나님의 의로움 그 자체일세. 예수님은 곧 하나님이시니까. 오직 그리스도의 의로움을 믿어야 저주에서 구원을 받을 수 있다네."

"선생님들은 너무 빨리 걸으시네요." 무지는 짐짓 투덜거렸다. "저는 도저히 못 따라가겠어요. 먼저들 가시죠. 쉬엄쉬엄 뒤따라가겠습니다."

두 순례자가 말했다. "여보게, 끝까지 어리석은 생각을 고집하려는가? 수없이 좋은 말로 권면하고 충고했건만 끝내 무시하려는가? 여전히 거부한다면, 머잖아 악이 그 힘을 발휘할걸세. 선한 가르침에 귀를 기울여야 구원을 받을 수 있음을 잊지 말게. 조언을 무시하면 길을 잃어버릴 수밖에 없어."

말을 마친 크리스천은 소망을 재촉했다. "형제님, 어서 갑시다. 이제 우리끼리 걸어야 할 것 같소."

그리하여 둘은 다시 앞서 걷기 시작했다. 꿈에 보니, 무지는 다리를 절뚝이며 그 뒤를 따랐다. 크리스천은 다정한 길벗을 돌아보며 말했다. "저 친구가 불쌍해서 견딜 수가 없군. 결국은 어려운 처지에 빠지고 말 텐데…."

"얼마나 딱한 노릇인지!" 소망은 탄식했다. "우리가 살던 동네에는 저 친구와 똑같은 이들이 헤아릴 수 없을 만큼 많았어요. 식구들 가운데도, 심지어 순례자들 가운데도 수두룩했지요. 우리 고향이 그 정도라면 무지가 태어난 마을은 오죽했겠어요."

크리스천이 말을 받았다. "정말 '눈이 있어도 보지 못하게' 요 12:40 하셨다는 말씀 그대로군. 지금은 우리 둘뿐이니 그런 이들을 어떻게 생각하는지 서로 이야기해보세. 저들도 죄를 짓고 몹시 위태로운 형편에 처했다는 걸 스스로 통감하고 견디기 힘들 만큼 두려워해본 적이 있을까?"

"연배도 위고 경험도 많으시니, 형제님이 먼저 말씀해주시는 게 좋겠습니다." 소망은 답을 미뤘다.

기다렸다는 듯 크리스천이 말했다. "저런 친구들도 가끔씩 죄를 깊이 자각하는 순간이 있기는 할걸세. 하지만 태생적으로 무지해서 그런 자책이 유익하다는 걸 감지하지 못하는 거지. 그래서 뼈아픈 느낌들을 한사코 억누르고 평소 마음에 두고 있던 사고방식이 옳다고 자신을 설득한다고나 할까?"

소망도 맞장구를 쳤다. "형제님 말씀이 옳은 것 같아요. 저런 이들에게는 두려움이 무척 유익해서 마음을 가다듬고 순례를 계속하도록 이끌어주죠."

"바른 두려움이 유익한 선물이 될 수 있다는 데는 의심의 여지가 없지. 그래서 성경도 '여호와를 경외하는 것이 지식의 근본' 잠 1:7; 9:10; 시 111:10; 욥 28:28이라고 가르치는 게 아닐까 싶네."

"바른 두려움을 어떻게 설명할 수 있을까요?"

크리스천은 설명했다. "세 가지를 보면 진실하고 올바른 두려움인지 알 수 있을 걸세. 첫째로, 어디서 비롯된 두려움인가 하는 거야. 제대로 된 두려움은 죄를 자각하고 구원을 염원하게 하지. 둘째로, 유익한 두려움은 심령을 구석으로 몰아서 그리스도를 단단히 붙잡고 구원을 간구하게 만든다네. 셋째로, 그런 부류의 두려움을 품은 영혼은 하나님과 그분의 말씀, 그분의 길을 깊이, 그리고 꾸준히 예배하게 하는 법일세. 딱딱하게 굳었던 중심이 부드럽게 풀어져서 주님의 말씀에서 좌로나 우로 치우치는 걸 끔찍하게 여기게 된다네. 하나님을 욕되게 한다든지, 성령님을 슬프게 한다든지, 원수들에게 주님을 헐뜯을 빌미를 주는 따위에 대단히 민감한 마음을 품게 되지."

"백번 옳은 말씀입니다. 핵심을 정확히 짚어주셨어요. 이제 마법의 땅을 얼추 지나지 않았을까요?"

"왜, 얘기가 지루한가?"

"천만에요." 소망은 손사래를 쳤다. "그냥 여기가 어디쯤인지 알고 싶었을 뿐예요."

"앞으로 십 리쯤 더 가야 한다네. 다시 하던 얘기로 돌아가자면…." 크리스천은 말을 이었다. "무지한 이들은 스스로 범한 죄를 분명히 깨닫는 데서 오는 두려움이 자신들에게 아주 유익하다는 걸 전혀 모르고 있네. 그래서 어떻게든 그 공포감을 떨쳐버리려고 안달을 하는 걸세."

"어떻게들 발버둥친답디까?" 소망이 물었다.

크리스천이 대답했다. "우선, 하나님이 주시는 두려움까지도 마귀에게서 비롯된 공포감으로 여긴다네. 멸망으로 이끄는 감정이라고 생각하니 있는 힘껏 물리치려들 수밖에. 둘째로, 그런 두려움이 신앙을 망친다고 믿지. 실제로는 망치고 자시고 할 믿음조차 없으면서 말일세. 그래서 그런 정서가 뿌리 내리지 못하게 마음을 꽁꽁 걸어 잠그는 거야. 셋째로, 아무것도 두려워해서는 안 된다고 생각한다네. 속으로는 겁에 질려 있으면서도 겉으로는 짐짓 당당한 척하는 거지. 마지막으로, 두려움이 오랫동안 스스로 거룩하게 산 결과 얻게 됐다고 굳게 믿는 알량한 인성마저 앗아갈지 모른다고 걱정하는 걸세. 그래서 젖 먹던 힘까지 짜내서 저항하는 거라네."

"몇 가지는 알고 있었습니다. 더 선명하게 자신을 알기 전에는 내게도 그런 모습들이 있었거든요." 소망이 말했다.

"이제 무지란 친구 얘기는 그만하고 다른 주제를 가지고 유익한 대화를 나눠보세." 크리스천이 제안했다.

"좋습니다." 소망은 반색을 했다. "하지만 이번에도 형제님이 먼저 시작하시죠."

"한 십 년 전부터 형제의 고향 근처에 살고 있던 '잠시Temporary'라는 이를 알고 있나?" 크리스천이 물었다. "당시만 해도 신앙이 돈독하기로 명성이 높았던 인물일세."

"아다마다요. '정직마을The town of Honesty'에서 3킬로미터 남짓 떨어진 '타락동네The town of Graceless'라는 데 살았어요. '원위치Turnback'라는 양반과 이웃 사이였죠."

"맞네. 둘이 한 지붕 아래 살았지. 아무튼, 한동안 잠시는 자신의 죄가 심각한 수준이며 그대로 가다가는 엄청난 대가를 치르게 된다는 걸 깨닫고 깊이 고민했었네.

"형제님 말씀대롭니다." 소망이 말했다. "저는 그 양반 댁과 5킬로미터 남짓 떨어진 곳에서 살았거든요. 마음이 괴로울 때마다 종종 찾아와서 한바탕 눈물바람을 하곤 했지요. 얼마나 불쌍하던지! 하지만 아주 가망이 없어 보이지는 않았어요. 하긴, '주여, 주여!' 하는 자마다 구원을 받는 건 아니니까…."

다시 크리스천이 입을 열었다. "한번은 나더러 순례여행을 떠나겠다고 하더군. 지금 우리처럼 말이야. 그런데 차츰 '자력구원Self-Save'이란 자와 가까워지더니 아주 딴사람이 돼버렸다네. 놀라 자빠질 일이었지."

"일단 그 양반 이야기를 시작했으니 어째서 잠시나마 그 비슷한 성향을 가진 이들이 돌연히 뒷걸음질을 치기 시작하는지 의견을 나눠보면 좋겠습니다." 소망이 말했다.

"아주 유익한 토론이 되겠군. 형제부터 말해보게."

"제 소견으로는 네 가지 이유가 있는 것 같아요." 소망이 나섰다.

"첫 번째 이유는 비록 양심은 깨어났지만 마음은 변하지 않았기 때문이죠. 그래서 죄책감에 쓰러지면 경건한 마음을 갖게 하는 움직임이 모두 멈춰버리고 자연스럽게 제 길로 흩어질 수밖에 없는 겁니다. 마치 병든 개가 먹었던 걸 다 토해서 남김없이 속을 비워내는 것과 같아요. 그러고 싶은 마음이 있어서가 아니라 그저 속이 불편하기 때문이죠. 부대끼던 게 가라앉으면 제가 토해놓은 걸 남김없이 주워 먹죠. '개는 자기가 토한 것을 도로 먹는다' 벧후 2:22는 말씀 그대로예요. 결국 지옥에서 맛보게 될 끔찍한 고통이 무서워서 하늘나라를 갈망한다면, 그 느낌과 저주에 대한 공포감이 둔해지는 순간, 하늘나라와 구원을 기대하는 열망도 식어버릴 게 분명합니다. 죄책감과 두려움이 사라지는 동시에 천국과 거기서 누릴 행복에 대한 기대가 죽어버리고 예전에 걷던 길로 되돌아가는 거죠.

뒷걸음질을 치는 두 번째 이유는 두려움의 노예가 되어 거기에 휘둘리는 까닭입니다. 쉽게 말해서 사람을 두려워한다는 거예요. '사람을 두려워하면 올무에 걸리게' 잠 29:25 된다고 성경이 가르치는 데도 말예요. 지옥불이 훨훨 타오르는 소리가 귀에 생생하게 들리는 동안은 하늘나라를 애타게 찾는 것처럼 보이지만, 그 무섬증이 약해진다 싶으면 금방 딴마음을 품기 일쑤예요. 가진 걸 다 잃어버릴 수도 있는 모험을 피하고 얼마든지 모면할 수 있는 어려움에 쓸데없이 빠져들지 않으려면 세상의 기준에 맞춰 '현명하게' 처신하는 게 좋겠다고 판단한다는 거죠. 사람들이 성실한 순례자를 가만두지 않을 거라는 두려움에 쫓겨 세상으로 다시 끌려 들어간다는 말입니다.

다음 이유는 진실한 신앙을 가지는 걸 부끄러워하는 마음을 가진 탓에 돌부리에 걸려 비틀거리는 게 아닌가 싶습니다. 오만하고 방자하기 이를 데 없어서 참다운 믿음을 천하고 한심한 것쯤으로 치부하죠. 그래서 지옥과 임박한 진노를 겁내는 마음이 다소나마 가라앉으면 곧장 옛길로 돌아가고 맙니다.

마지막으로 스스로 비참한 처지에 떨어졌음을 자각할 때마다 마음에 떠오르는 죄책감과 공포감이 마냥 부담스럽고 괴로운 까닭입니다. 무서운 생각이 들면 얼른 그리스도께 달려가 보호해주시길 요청하면 될 텐데, 엉뚱하게 두려움을 피해보려고 안간힘을 쓰는 게 문제입니다. 심령의 참담한 상태나 하나님의 진노에 대한 의식이 옅어지기가 무섭게 장차 비슷한 감정이 밀어닥칠 때를 대비해 마음을 단단히 먹는 쪽을 선택한다는 얘깁니다."

크리스천이 말했다. "참으로 명쾌한 정리였네. 어떤 경우든 그 밑바닥에는 마음과 의지가 조금도 바뀌지 않았다는 단순한 사실이 깔려 있지. 한마디로 진실한 회개가 없다는 말일세. 재판관 앞에 서서 덜덜 떨고 있는 죄인과도 같아. 겉보기에는 진심으로 뉘우치는 것 같지만, 가장 깊숙한 곳에는 스스로 저지를 죄에 대한 회한보다 감옥에 대한 두려움이 더 크게 자리를 잡고 있거든. 그러니 풀려나자마자 다시 범죄를 저지를 수밖에. 정말로 마음을 고쳐먹었다면 당연히 악한 짓을 그만뒀을걸세."

"뒷걸음질 치는 이유를 제가 정리했으니, 이번에는 저들이 어떻게 옛길로 돌아가는지 이야기해봅시다. 형제님이 말씀해주시지요." 소망이 화제를 돌렸다.

"그러지." 크리스천은 목소리를 가다듬었다.

"우선, 뒷걸음질 치는 이들은 하나님과 죽음, 닥쳐올 심판 따위를 아예 생각하지 않으려 한다네. 그러자니 은밀하게 기도를 드린다든지, 정욕을 누른다든지, 심령을 두루 살핀다든지, 스스로 지은 죄를 괴로워한다든지 하는 따위의 개인적인 의무들을 점점 소홀히 하게 마련이고. 아울러 건강하고 따듯한 크리스천들과 어울리길 싫어하게 되지.

이처럼 아주 사적인 저항을 계속하다가 마침내 강단에서 선포하는 하나님 말씀을 듣는다든지, 성경을 읽는다든지, 다른 그리스도인들과 함께 모인다든지 하는 공적인 의무에도 냉담해질걸세. 집회에 빠지는 건 물론이고 더불어 교제하지 않는 걸 합리화할 욕심에 다른 크리스천들을 헐뜯으며 심지어 위선자라고 손가락질하기를 일삼기도 해.

성도들과의 교제를 끊어버린 뒤에는 세속적이고, 문란하며, 욕심 사납고, 음란하고, 제멋대로인 이들과 가까워지기 시작한다네. 새로 사귄 벗들은 얼른 돌아서서 육체적이고 음란한 세상 관습을 좇으라고 열심히 꼬드기게 되어 있고(물론 처음에는 아주 은근하게 유혹하겠지만). 그러다 평소에 경건하다고 생각했던 이가 무슨 꼬투리 잡힐 일을 하거나 죄를 짓는 걸 보면 얼른 가져다가 자기 죄를 합리화하는 핑계요 본보기로 써먹지.

그처럼 몰래 숨어서 죄를 짓는 단계를 넘어서면 대놓고 못된 짓을 저지르기에 이르네. 결국은 마음이 돌같이 굳어져서 됨됨이를 있는 그대로 드러내게 되지. 놀라운 은혜가 임해서 막아주지 않는 한, 다시 참담한 죄의 구렁텅이로 빠져들어 간다네. 자신을 속이며 영원히 멸망해가는 거지."

15

마침내
새 예루살렘 성으로
Home in the celestial city

꿈에서 보니, 순례자들은 마법의 땅을 지나 뿔라 지방으로 들어갔다. 대기는 부드럽고 상쾌했다.[1] 길이 곧바로 동네를 관통하고 있었으므로 여행하는 내내 편안하고 즐겁게 걸을 수 있었다. 사 62:4 새들은 지지배배 사방에서 지저귀었다. 가는 곳마다 온갖 꽃들이 화사하게 피어 있었다. 간간이 멧비둘기 우는 소리도 들렸다. 아 2:10-12 밤낮없이 햇살이 환하게 비쳤다.[2] 뿔라는 죽음의 그늘 골짜기 너머, 절망거인의 손길이 미치지 못하는 곳에 있었으며 의심의 성 따위는 아예 보이지도 않았다.

대신, 순례자들이 가려고 하는 거룩한 성이 한눈에 들어왔다.

크리스천과 소망은 주민들 몇몇을 만나기도 했다. 여기는 하늘 나라와 맞닿아 있는 지역이었으므로 빛나는 옷을 입은 천사들이 예사롭게 돌아다니곤 했다.[3] 이곳은 "신랑이 신부를 반기듯이, 네 하나님께서 너를 반기실 것"사62:5이라는 신랑과 신부 사이의 계약이 새로워지는 자리기도 했다. 빵과 포도주가 떨어지는 법이 없었다. 순례여행을 하는 동안 줄곧 아쉬워하던 것들이 여기선 차고 넘쳤다.사62:8 크리스천과 소망은 새 예루살렘 성에서 들려오는 커다란 음성을 들었다. "딸 시온에게 일러주어라. 보아라, 너의 구원자가 오신다. 그가 구원한 백성을 데리고 오신다. 그가 찾은 백성을 앞장세우고 오신다."사62:11 뿔라의 주민들은 두 순례자를 '거룩한 백성, 여호와께서 구속하신 자, 찾은 바 된 자'[4] 사62:12라고 불렀다.

크리스천과 소망은 이 지방을 지나가면서 여행을 하며 거친 그 어느 동네서보다도 크게 기뻐했다. 새 예루살렘으로 다가갈수록 성 전체가 진주와 귀한 보석으로 지어졌으며 모든 길이 금으로 포장되어 있는 걸 볼 수 있었다. 본래 금빛 찬란한 데다가 영광의 햇빛까지 비치니 한시바삐 달려가고 싶은 마음에 크리스천은 그만 몸살이 나고 말았다. 소망도 한바탕 병치레를 했다. 증상이 너무 심해서 여정을 중단하고 갈망에 몸부림치며 비명을 질러대야 했다. "너희가 내 님을 만나거든, 내가 사랑 때문에 병들었다고 말하여다오"아5:8라는 말씀이 이해가 가고도 남았다.

한참을 끙끙거린 뒤에야 기운을 차릴 수 있었다. 마침내 다시 새 예루살렘을 향해 떠난 크리스천과 소망은 과수원과 포도원을 거쳐 큰길 쪽으로 활짝 열려 있는 정원에 이르렀다. 때마침 정원사가 나와서 길가에 서 있었다. 순례자들이 물었다. "이 멋진 포도원과 정원들은 어떤 분의 소유입니까?"

정원사가 대답했다. "모두 임금님의 것입니다. 스스로 즐기시기 위해, 그리고 순례자들에게 기쁨을 주기 위해 심으신 것들입니다." 그러면서 잠시 들어와서 쉬다 가라고 초대했다. 신 23:24 그뿐 아니라 임금님이 가장 좋아하는 산책로와 정자들도 보여주었다. 크리스천과 소망은 잠깐 앉았다가 깜빡 잠이 들었다.

꿈에서 보니, 순례자들은 잠을 자면서 그동안 여행하면서 나눈 것보다 훨씬 많은 이야기를 나누었다. 포도원에서 나는 열매들은 너무나 달콤해서 먹기만 하면 자면서도 말을 할 수가 있기 때문이다.

얼마나 지났을까, 잠에서 깨어난 두 순례자는 새 예루살렘 성으로 올라갈 채비를 했다.[5] 하지만 정금으로 만들어진 성이 계 21:18 햇살을 받아 너무나 장엄해진 덕에 특별히 만든 도구를 써서 눈을 가리지 않고는 똑바로 바라볼 수가 없었다. 고후 3:18

그렇게 걷고 또 걷던 크리스천과 소망은 금빛 옷을 입고 얼굴에서 해처럼 밝은 빛이 쏟아져 나오는 두 남자를 만났다.

남자들은 어디서 오는 길이냐고 묻기에 대답을 해주었더니 그

동안 어디서 묵었으며, 어떤 어려움과 위기를 겪었고, 무슨 위로와 즐거움을 얻었느냐고 캐물었다. 자초지종을 시시콜콜 설명하자 두 남자가 말했다. "새 예루살렘 성에 들어가기까지 이제 고작 두 가지 난관이 남았을 뿐입니다."

크리스천과 소망은 함께 가달라고 부탁했다. 두 남자는 그렇게 하자면서 덧붙였다. "하지만 거룩한 성에는 각자 자신의 믿음을 가지고 혼자 들어가야 합니다." 그렇게 해서 다들 성문이 보이는 곳까지 걸어갔다.

그런데 한 줄기 강물이 성문으로 가는 길을 가로막았다. 강물은 깊고 건너갈 다리는 없었다. 순례자들은 강을 보며 할 말을 잃었다. 새로 일행이 된 남자들이 말했다. "새 예루살렘 성문으로 가자면 반드시 강을 건너야 합니다."

크리스천과 소망은 혹시 성문으로 가는 다른 길은 없느냐고 물었다. 두 남자는 지체없이 대답했다. "있기는 하죠. 하지만 세상이 생긴 이래 지금까지 엘리야와 에녹, 단 두 명만 그 길을 지나가도록 허락을 받았습니다. 그밖에는 마지막 나팔소리가 들리는 날까지 누구도 그 길을 지나갈 수 없어요."[6] 고전 15:51-52

순례자들, 그 가운데서도 특히 크리스천은 깊이 낙담했다. 여기저기 두리번거렸지만 달리 강을 건널 길은 보이지 않았다.

두 순례자는 뒤늦게 합류한 길벗들에게 강물의 깊이가 어디나 사시장철 똑같으냐고 물었다. 더러 수심이 얕아질 때가 있지만 특별히 언제라고 지목하긴 어렵다는 대답이 돌아왔다. 수심이 얼마나 깊고 얕으냐는 그곳의 임금님을 믿는 신앙의 깊이에 달렸기 때문이라는 것이다.

어쩔 수 없이 둘은 강에 뛰어들었다. 들어가자마자 크리스천은 물속으로 깊이 빠져 들어가기 시작했다. 당황한 순례자는 길벗 소망에게 큰 소리로 외쳤다. "발붙일 곳이 없는 깊고 깊은 수렁에 빠졌네. 물속 깊은 곳으로 빠져 들어갔으니, 큰 물결이 나를 휩쓸어가는구려!"[7] 시 69:2

소망은 다급하게 대꾸했다. "기운을 내세요! 발이 바닥에 닿는 느낌이 들어요. 괜찮아요!"

크리스천은 울부짖었다. "형제님! '죽음의 덫'이 나를 덮친 게 틀림없으니 시 18:5 아무래도 젖과 꿀이 흐르는 땅은 못 볼 것 같소!"

순간, 짙은 어둠과 공포가 크리스천을 덮쳐서 한 치 앞을 내다볼 수 없는 지경이 되었다.

크리스천은 제정신이 아니었다. 옛 기억들도 도움이 되지 않았다. 순례여행을 하면서 겪었던 즐겁고 행복한 일들을 일깨워줘도 조리 있게 이야기를 이어나가지 못했다.

입만 열면 두렵다는 말만 했다. 성문에 가기는커녕 강물에서 헤어나지 못하고 죽음을 맞지는 않을까 잔뜩 겁에 질린 눈치였다. 순례에 나서기 전에, 그리고 여행 도중에 저지른 죄를 떠올리며 몹시 괴로워했다. 잡다한 귀신과 악령들에 시달리는 듯,

끊임없이 헛소리를 해댔다.

소망이 할 수 있는 일이라곤 형제의 머리가 물에 잠기지 않도록 떠받치고 있는 것뿐이었다. 그렇게 붙들고 있음에도 불구하고 크리스천은 물속에 완전히 빠져들었다가 반쯤 죽어 떠오르기 일쑤였다.

소망은 쉴 새 없이 말을 걸며 크리스천을 다독였다. "형제님, 성문이 보입니다. 사람들이 우리를 맞으러 나와서 기다리네요."

하지만 크리스천은 "사람들이 기다리는 건 내가 아니라 형제일 거요. 처음 만났을 때부터 지금까지 자네는 줄곧 소망을 잃지 않았으니…"라고 대답할 뿐이었다.

소망은 불쌍한 순례자에게 소리쳤다. "형제님도 마찬가지잖아요!"

크리스천은 힘없이 말했다. "똑바로 살았더라면 지금쯤 주님이 도와주셨겠지만, 죄를 지은 탓에 올무에 걸리게 하시고 이렇게 버려둔 채 떠나신 거야."

소망은 포기하지 않고 설득했다. "형제님, '악인들은 죽을 때에도 고통이 없으며, 몸은 멀쩡하고 윤기까지 흐른다. 사람들이 흔히들 당하는 그런 고통이 그들에게는 없으며, 사람들이 으레 당하는 재앙도 그들에게는 아예 가까이 가지 않는다' 시 73:4-5는 말씀을 벌써 잊으신 겁니까? 강물에 빠져 이처럼 고통과 괴로움을 당하고 있다는 사실이야말로 하나님이 형제님을 잊지 않으셨

다는 증거가 아닙니까? 이건 주님으로부터 받은 선한 가르침들을 모두 기억하고 있는지 알아보려고 주신 시험입니다. 심한 어려움 가운데서 주님을 의지하는지 살펴보고 싶으신 겁니다."

꿈속에서 보니, 크리스천은 잠시 정신을 잃었다. 소망은 곤경에 빠진 형제에게 예수 그리스도께서 온전하게 해주실 거라는 사실을 일깨워주면서 기운을 내라고 격려했다.

한동안 씨름을 벌인 끝에 크리스천은 정신을 차리고 큰 소리로 말했다. "오, 주님이 다시 보여! '내가 너와 함께하고, 네가 강을 건널 때에도 물이 너를 침몰시키지 못할 것'[8] 사 43:2이라고 말씀하시네!"

그리하여 두 순례자는 용기를 내서 강을 건넜다. 원수들은 돌처럼 굳어져 손가락 하나 까딱할 수 없었다. 크리스천은 금방 단단한 바닥을 찾아 두 발로 굳게 섰고 강물도 몰라보게 얕아졌다. 마침내 순례자들은 강을 건너 반대편 기슭에 이르렀다. 물에서 나오자 밝은 옷을 입은 두 남자가 다시 눈앞에 나타나서 반갑게 인사하며 말했다. "우리들은 구원의 상속자가 될 사람들을 섬기도록 보내심을 받은 영들입니다." 히 1:14 일행은 어깨를 나란히 하고 성문을 향해 걸었다.

거룩한 성은 까마득히 높은 산 위에 있어서 바닥이 구름보다

죽음의 강을 건너는 크리스천과 소망

더 높을 정도지만, 천사들이 팔을 붙들어 부축하고 이끌어준 덕분에 순례자들은 큰 힘 들이지 않고 순식간에 올라갔다. 또한 썩어 없어질 육신의 옷은 강물에 떠내려 보냈다. 옷을 입은 채로 강물에 들어갔다가 벗어버리고 나온 것이다.

순례자들은 즐거운 이야기를 나누며 하늘나라로 올라갔다. 무사히 강을 건넜을 뿐만 아니라 영광스러운 동료들의 도움까지 받고 있었으므로 마음이 더없이 편안했다.

천사들
angels

순례자들은 빛나는 옷을 입은 이들과 하늘나라의 영광에 관한 이야기를 나누었다. 천사들은 그곳의 아름다움과 영광은 말로 다 표현할 수 없노라고 했다.⁹ "시온 산과 하늘의 예루살렘, 헤아릴 수 없이 많은 천사들, 완전하게 된 의인들의 영이 거기에 있습니다. 히 12:22-24 여러분은 '하나님의 낙원The Paradise of God'으로 가서 생명나무를 두 눈으로 확인하고 영원토록 변치 않는 열매를 먹게 될 겁니다. 그곳에 가면 흰옷을 받아 입고 날마다, 그리고 영원토록 임금님과 걸으며 즐거운 대화를 나누게 됩니다. 계 2:7; 3:4; 22:5 낮고 낮은 이 세상에 머무는 동안 보았던 슬픔, 질병, 고통, 죽음 따위를 다시는 보지 못할 것입니다. 이전 것들이 다 사라져버렸기 때문입니다.계 21:4 아울러 아브라함과 이삭과 야곱, 선지자들과 장차 닥칠 재앙을 피하여 부름받아 자기 침상 위에서 편히 쉬고 있는 이들을 만나게 됩니다. 다들 하나님의 의로움 속에 행복하게 살고 있죠.사 57:1-2; 65:17"

크리스천과 소망이 물었다. "거룩한 땅에 들어가면 무얼 해야 합니까?"

빛나는 옷을 입은 이들이 말했다.

"그동안 수고한 데 대해 위로를 받고 슬픔 대신 기쁨을 누립니다. 임금님의 나라까지 오면서 뿌린 씨앗, 그러니까 기도와 눈물, 고통의 열매를 거두게 될 것입니다. 황금 면류관을 쓰고 거룩하신 분을 언제나 뵙고 꿈꾸는 즐거움을 만끽합니다. 그분을 '참모습대로 뵙게 될 것이기 때문입니다.'요일 3:2 세상에 머물 때는 주님을 제대로 섬기고 싶어도 육신이 연약해서 찬양하고, 외치고, 감사하면서 마음껏 섬기지 못했지만 거기서는 얼마든지 그럴 수 있습니다. 전능하신 분의 모습을 보고 기뻐하며 그분의 상쾌한 음성을 듣고 감격할 것입니다. 두 분보다 앞서 간 친구들을 다시 만나는 한편, 뒤따라 거룩한 땅에 도착하는 이들을 영접하게 됩니다.

영광과 존귀의 옷을 입고 영광의 왕과 더불어 마차에 오릅니다. 하나님이 구름 가운데서 우렁찬 나팔소리와 함께 바람 날개를 타고 세상에 내려오실 때 여러분도 동행합니다. 주님이 심판 보좌에 오르실 때 두 분도 그 곁에 앉게 될 것입니다. 그분이 천사든 인간이든, 불의한 일꾼들을 재판하실 때 여러분도 함께 판결을 내립니다. 저들은 주님의 원수인 동시에 여러분의 적이기 때문입니다.살전 4:13-17; 유 14장; 단 7:9-10; 고전 6:2-3 아울러 왕의 왕께서 나팔소리와 더불어 거룩한 성으로 돌아오실 때 두 분도 같이 복귀해서 영원히 그분 곁에 머물게 될 것입니다."

성문으로 다가가자 수많은 하늘나라 백성들이 마중을 나왔다. 순례자들과 동행했던 빛나는 옷을 입은 천사들이 무리를 향해 말했다. "세상에 사는 동안 주님을 사랑했으며 그 거룩한 이름을 위해 모든 걸 버린 이들입니다. 그분은 이 순례자들을 데려오라고 명령하셨습니다. 그래서 이 두 사람이 기쁨으로 구속자의 얼굴을 뵙기를 꿈꾸던 바로 그곳으로 안내해온 것입니다."

설명을 들은 하늘나라 백성들은 큰 소리로 외쳤다. "어린양의 혼인 잔치에 청함을 받은 자들은 복이 있도다!"계 19:9 때마침 그 자리에는 임금님의 악대도 희고 빛나는 예복을 입고 순례자들을 맞으러 나와 있었다. 나팔수들은 하늘나라가 쩌렁쩌렁 울리도록 웅장하고도 감미로운 음악을 연주했다. 연주자들은 커다란 함성과 나팔소리로 크리스천과 소망에게 극진한 환영의 인사를 전했다.

그러고는 순례자들을 사방에서 에워쌌다. 마치 중요한 인물을 호위하듯 전후좌우에 둘러서서 더 높은 곳으로 이끌었다. 행진하는 동안에도 줄곧 장엄하고 아름다운 음악을 연주해서 두 사람의 도착을 알렸다. 누구라도 그 장면을 보았더라면 하늘나라 전체가 크리스천과 소망을 반가이 맞이하는 느낌이 들었을 것이다.

그렇게 걸어가는 동안 나란히 선 나팔수들은 즐거운 음악과 더불어 표정과 몸짓으로 두 순례자들에게 한 식구가 된 걸 말할 수 없이 환영한다는 신호를 보냈으며 마중을 나오게 돼서 얼마나 기쁜지 모른다는 얘기를 수없이 되풀이했다.

하늘나라를 향해 걸어가는 내내 크리스천과 소망은 천사들의 멋진 모습과 아름다운 음악소리에 빨려 들어갈 것만 같은 느낌이었다. 그렇게 일행은 새 예루살렘 성이 한눈에 들어오는 자리에 도착했다. 바로 그때, 성안의 종들이 일제히 울리기 시작했다. 두 순례자를 반기는 의미였다. 하지만 무엇보다 훈훈하고 즐거운 건 그처럼 멋진 이들과 영원히 함께 살게 되었다는 사실이었다. 크리스천과 소망의 기쁨을 어찌 말과 글로 다 표현할 수 있겠는가! 둘은 성문을 향해 나갔다.

문 앞에 이르자 금으로 아로새긴 글귀가 보였다. "생명나무에 이르는 권리를 차지하려고, 그리고 성문으로 해서 도성에 들어가려고, 계명을 지키는 자들은 복이 있다." 계22:14

꿈에서 보니, 환하게 빛나는 옷을 입은 이들이 크리스천과 소망에게 문을 두드리라고 했다. 순례자들이 그 말에 따르자 에녹과 모세, 엘리야가 문간에 나타났다. 천사들이 두 사람을 대신해서 하나님의 위대한 일꾼들에게 말했다. "하늘나라 임금님 섬기기를 좋아해서 멸망의 도시를 떠나 여기까지 찾아온 순례자들입니다." 크리스천과 소망은 출발할 때부터 몸에 지니고 있던 증명서를 내보였다.

서류는 곧장 임금님에게 올라갔다. 하늘나라의 왕은 문서를 잘 살펴보고 물었다. "이들은 지금 어디에 있느냐?"

"문 밖에 서서 기다리고 있습니다." 누군가 대답했다.

임금님은 문을 열어주라고 명령했다. "성문들을 열어라. 믿음을 지키는 의로운 나라가 들어오게 하여라."사 26:2

크리스천과 소망은 문을 지나 성 안으로 들어섰다. 문턱을 넘는 순간, 두 사람의 모습은 완전히 달라졌으며 어느 새 금빛 찬란한 옷을 입고 있었다. 한쪽에는 하프와 면류관을 든 이들이 기다리고 있었다. 수금은 찬양하는 데 쓸 악기였고 면류관은 임금님의 영예를 상징했다.

시내의 모든 종들이 다시금 일제히 울렸다. 기쁨의 종소리였다. 어디선가 "와서 주인과 함께 기쁨을 누려라!" 하는 음성이 들렸다. 크리스천과 소망도 큰 소리로 노래했다. "보좌에 앉으신 분과 어린양께서는 찬양과 존귀와 영광과 권능을 영원무궁하도록 받으십시오!"계 5:13

순례자들을 받아들이기 위해 문이 활짝 열리는 틈을 타서 안을 슬쩍 엿보았다. 해처럼 밝게 빛나는 도시가 한눈에 보였다. 면류관을 쓰고, 종려나무 가지를 쥐었으며, 정금 하프에 맞춰 찬양을 부르는 이들이 금으로 덮인 길을 거닐고 있었다. 날개가 달린 천사들도 섞여 있었는데 서로를 바라보며 쉴 새 없이 "거룩하십니다, 거룩하십니다, 거룩하십니다, 전능하신 분, 주 하나님!"계 4:8이라고 외쳤다. 여기까지 보았을 때, 성문이 닫혔다. 문 안을 보고 나니 들어가 함께 어울리고 싶은 마음이 한없이 간절해졌다.

뚫어져라 안을 바라보다 문득 고개를 돌리니, 무지가 강가에 다가서는 게 보였다. 하지만 갖은 고생을 다 했던 크리스천이나 소망과는 달리 아무 어려움 없이 강을 건넜다. 뱃사공 '헛꿈Vain-Hope'이 노를 저어 건네준 덕분이었다.

건너편에 도착한 무지는 앞서 지나간 두 순례자처럼 산을 올라갔다. 마중을 나오거나 거룩한 성으로 가는 동안 응원해주는 이는 단 한 명도 보이지 않았다. 성문 앞에 선 무지는 새겨진 글귀를 읽었다. 그러고는 금방 들어갈 수 있겠거니 하면서 열심히 문을 두드렸다.

그러나 문은 열리지 않고 성문 위로 웬 사람들이 나타나서 물었다. "어디서 왔소? 원하는 게 뭐요?"

무지가 대답했다. "나는 주인님 앞에서 먹고 마셨으며, 주인님은 우리를 길거리에서 가르치셨습니다." 성안의 사람들은 증명서가 있어야 문을 지나 임금님을 뵐 수 있다고 했다. 무지는 주머니란 주머니를 죄다 더듬어보았지만 찾을 수가 없었다. 성안에 질문이 날아왔다. "증명서가 없단 말이오?" 무지는 꿀 먹

지옥으로 끌려가는 무지

은 벙어리가 되고 말았다.

새로운 순례자가 도착했다는 소식이 전해졌지만, 왕은 내려가 보지 않았다. 대신, 크리스천과 소망을 안내했던 두 천사에게 나가서 무지를 단단히 결박하라고 명령했다. 빛나는 옷을 입은 이들은 무지를 데리고 허공을 가르며 지난날 산자락에서 보았던 문으로 날아가 그 속으로 집어던졌다.

가만히 보니, 멸망의 도시뿐만 아니라 하늘나라의 문에도 곧장 지옥으로 이어지는 통로가 있었다.[10]

순간, 퍼뜩 잠에서 깼다. 모두가 한바탕 꿈이었다.

맺는글
The conclusion

자, 독자들이여
내 꿈 얘기를 그대들에게 들려주었으니
내게, 또는 자신에게, 이웃에게
그 이야기를 풀이해줄 수 있는지 살펴보라.
부디 조심하라, 제대로 해석하지 못하고 엉뚱하게 풀지 않도록.
잘못 이해하면 스스로 상할 뿐만 아니라
악한 결과가 뒤따를 터이니.

또한 주의하라.
내 꿈의 껍질만 만지작거리며 극단에 치우치지 않도록.
인물이나 비유를 가지고 조롱하거나
입씨름을 벌이지 않도록.
그런 짓은 어린아이나 어리석은 인간들의 몫.
그대는 이야기의 본질에 매달리라.

커튼을 젖히고 장막 안쪽을 들여다보라.
비유들을 곰곰이 짚어 부디 실수하지 않기를.
찾고 또 찾으면 하나하나가
진실한 심령에 이로움을 깨닫게 되리니.

눈에 띄는 찌끼를 어찌할까?
서슴없이 던져버리되 금쪼가리는 한사코 지키기를.
금덩이가 암석에 단단히 싸였다면 또 어찌할까?
누구라서 속심이 딱딱하다고 사과를 버리랴?
쓸모없다 여기고 던져버린다면
어쩌랴, 다시 꿈을 꿀 수밖에.

편집자 주
Editor's notes

1

1 _____ 잠시 기쁘고 잠깐 즐거운 이들은 있을지언정, 버니언에게 세상은 전반적으로 광야와 같았다. 이건 광야를 떠돌던 이스라엘 백성들을 떠오리게 하는 표현이다. 불신의 뜨거운 바람을 맞아가며 헤매는 사이에 심령은 바싹 메말라버리지 않았던가! 동굴은 포드 감옥이다. 버니언은 1660년에 실권을 되찾은 찰스 2세 치하에 살면서 숨통을 조이는 가톨릭 교회의 권위주의에 열렬히 저항하다 무려 12년 동안이나 옥살이를 했다.

2 _____ 남자가 입고 있던 남루한 옷은 그의 의로움이 너덜거리는 누더기나 다름없음을 보여준다. '집을 외면한 채'라는 표현은 남자

가 도움을 갈구하고 있지만 가족은 물론 도망쳐 나온 도시의 시민들 가운데 어느 누구도 필요를 채워줄 수 없음을 알려준다.

3 _____ 남자가 읽고 있던 책은 성경, 즉 하나님의 말씀이다. 무엇 때문에 그토록 당혹스럽고 괴로운 상황에 몰리게 됐는지 단적으로 설명해주는 대목이다. 등에 무거운 짐을 짊어졌다는 건 죄의 실체를 깨닫고 중압감을 느끼게 됐다는 뜻이다. 남자는 끔찍한 마음 상태를 들여다보았으며 마땅히 지옥으로 갈 수밖에 없는 현실 앞에서 본질적이고도 지속적인 두려움을 느꼈다. 그 공포감은 남자의 전인격을 잠시도 쉬지 않고 무겁게 짓눌렀다.

4 _____ 크리스천이 처음 입에 담은 '하늘나라' 라는 말에는 무시무시하고 불길한 느낌이 가득하다. 바로 거기서 불이 쏟아져 내릴 것이기 때문이다. 크리스천은 그 불길이 그동안 살던 도시는 물론이고 식구들과 자신까지 깡그리 태우고 파멸시키리라는 사실을 믿어 의심치 않았다. 늘 손에 들고 읽는 책에는 오직 죽음에 관한 예고뿐, 어떠한 약속도 적혀 있지 않았다. 도망치는 것 외에는 달리 방도가 없었지만, 아직 그 길을 찾지 못한 게 문제였다.

5 _____ 크리스천이 영원한 생명과 최후의 운명을 두고 기괴하고도 쓸데없는 염려를 한다고 생각했던 식구들은 크게 놀라고 당황스러워

했다. 신앙적으로 병적인 상태에 빠졌으며 제정신이 아니라고 본 것이다.

6 _____ 크리스천이 '기도'를 입에 올렸다는 사실은 그 속내가 얼마나 절실하고 진실했는지 한눈에 보여준다. 모르긴 해도 먼저 아내와 아이들을 주께 의뢰한 뒤에 자신을 참혹한 상황에서 건져달라고 간구했을 것이다. 크리스천은 고통에 휩싸여 있었지만 다른 한편으로는 식구들을 불쌍하게 여기는 마음이 가득했다. 크리스천이 모습을 드러내는 순간부터 무례한 행동들의 영향력은 이미 빛을 잃기 시작했다.

7 _____ 크리스천의 첫 번째 탄식, "도대체 어떻게 해야 한단 말인가!"는 이제 성공적으로 순례의 길에 접어들게 만드는 유일한 질문으로 발전했다. "어떻게 해야 구원을 얻을 수 있단 말인가?"라는 물음은 코앞에 위기가 닥쳤다는 긴박감, 죄의 짐에 짓눌린 초라한 처지, 누군가의 안내를 받아 구원과 평안에 들어가고 싶어 하는 간절한 소망에서 비롯된 절박한 외침이다. 크리스천이 하나님의 얼굴을 구하고 있었다면 그건 숨죽인 갈망의 표현이었을 것이다. 의식 속에 단단히 자리 잡은 참담한 상황에 대한 두려움과 공포감을 떨쳐내지 못하고 깊은 좌절감에 빠진 인간의 발버둥인 셈이다.

8 _____ 그러던 크리스천이 전도자를 만났다. 현대인이 생각하는 전도자는 버니언이 심중에 그리고 있던 모습과 상당히 다를지 모르겠다. 지은이는 아마도 베드포드 지역에서 열성적이고도 성실하게 복음을 전했던 존 기퍼드John Gifford 목사를 모델로 전도자의 모습을 빚어냈을 것이다. 전도자는 길을 잃은 심령들을 긍휼히 여길 줄 아는 사역자다. 오직 하나님 말씀을 통해서만 찾을 수 있는 구원의 진리를 제대로 파악하고 있다. 감정에 호소해가며 결단을 재촉하지 않는다. 시종일관 진지하며 '모든 책들 가운데 으뜸인 책'(나중에 밝혀지지만 크리스천이 손에 쥐고 있었던 바로 그 책, 성경이다)에서 깨달은 명쾌한 진리를 토대로 죄인들을 그리스도께로 인도하려는 결심이 확고하다.

9 _____ 전도자는 두루마리를 펼쳐 보여주었다. 거기에는 크리스천을 무난히 새 예루살렘으로 인도해줄 메시지가 적혀 있었다. 두루마리는 성경, 특히 죄인들에게 회개하고 "닥쳐올 진노를 피하라"고 호소하는 말씀을 의미한다. 전도자는 크리스천에게 하나님이 보여주시는 유일한 통로, 즉 가련한 죄인들이 선택할 수 있는 단 하나의 탈출구 예수 그리스도를 통해 피할 길을 찾으라고 간곡히 설득한다. 하나님의 진노에서 죄인들을 구원해주실 분은 오직 주님뿐이다. 안타깝게도 크리스천은 아직 그 진리를 전혀 깨닫지 못하고 있다.

10 _____ 전도자가 크리스천에게 복음을 알고 있느냐고 물었으면

어땠을까 상상해보자. 그리스도가 십자가 위에서 이루신 구원의 신비를 이해하고 있었을까? 그리스도 안에서만 영원한 생명을 얻을 수 있음을 꿰뚫어 보았을까? 답은 "아니오"다.

11 _____ 전도자는 크리스천에게 물었다. "저 멀리 좁은 문이 서 있는 게 보입니까?" 예수 그리스도가 영혼의 안식과 죄 사함, 영원한 생명을 얻으리라는 확실한 소망을 찾을 유일한 길이라는 점을 아느냐는 질문이다. 간단히 말해서 "지금 손에 쥐고 있는 책에 기록된 복음을 이해하십니까?"라고 말하는 셈이다.

크리스천은 "아니오"라고 대답했다. 안타깝게도 그리스도 안에 있는 자비를 깨닫지도, 이해하지도 못했던 것이다. 하나님이 주시는 평안을 맛보기 위해 누구나 반드시 통과해야 하는 문이 엄연히 존재하지만, 그건 크리스천이 이해할 수 있는 영역 너머에 있었다. 깨달음의 한계를 넘지 못한 채 그저 목전에 닥친 진노를 피하고 싶은 마음만 가득할 뿐, 어디에 가서 숨어야 할지 전혀 모르는 상태다.

전도자는 크리스천의 대답에 낙심하지 않고 얼른 되물었다. "그럼 저만치 비치는 환한 빛은 보입니까?" 낮처럼 환한 하나님의 말씀을 읽으면서 희미한 빛줄기나마 감지한 적이 있느냐고 묻고 있는 것이다. "얼추 보이는 것 같습니다만"이라는 대답은 가능성을 엿볼 수 있는 첫 번째 반응이었다.

12 _____ 말씀에 의지하지 않고는 그리스도를 찾을 길이 없다. 전도자가 크리스천에게 "빛에서 눈을 떼지 말고 그쪽을 향해 똑바로 걸어가십시오. 머잖아 좁은 문이 보일 겁니다"라고 했던 까닭도 거기에 있다. 한마디로, 하나님의 아들이 모습을 드러내실 때까지 성경을 꾸준히 읽으라는 뜻이다.

전도자는 성실하고도 절박한 마음가짐으로 하나님 말씀을 읽노라면 크리스천도 언젠가 그리스도를 만나게 되리라고 확신했다. 어떻게 그럴 수 있었는가? 주제넘고 건방진 성품이어서가 아니다. 심령을 돌보는 의사로서 성령님의 진실한 역사가 크리스천 안에서 일어나고 있음을 알아보았기 때문이다. 성령님은 진즉부터 연약하기 짝이 없는 크리스천의 눈을 여셔서 처참하고 위태로운 상황에 처했다는 사실을 깨닫게 하셨다.

전도자는 직접 나서서 크리스천의 씨름에 끼어들거나 비참한 상황을 정리해주지 않았다. 대신에 크리스천의 내면에서 선한 일이 시작되었음을 알아보고 죄인들을 대하시는 하나님의 온전한 손길을 존중해서 그저 어둡고 절망적인 상태를 직시할 수 있게 이끌어주었던 바로 그 책을 꾸준히 읽으라고 권면하기만 했다.

13 _____ 옹고집과 유순한의 태도를 보면 세상은 결코 스스로 거느리고 있던 백성을 쉽게, 또는 기꺼이 내놓으려 하지 않는다는 단순하지만 분명한 교훈을 얻을 수 있다. 옹고집은 허황된 꿈이나 시간낭비

처럼 보이는 무언가를 위해 세상의 모든 안락함을 포기하는 건 어리석고 무지한 짓일 따름이라고 믿는 이들을 대표한다. 옹고집의 논리대로라면 충성을 바치고 섬겨야 할 대상은 오직 세상(세상이 주는 관계, 기회, 부, 안전, 인정 등)뿐이다. 옹고집은 하나님의 말씀을 신뢰하기 어렵고 그릇된 길에 빠지게 만드는 얘기쯤으로 보았으므로 크리스천에게도 하늘에서 오는 지혜가 아니라 세상이 주는 가르침을 믿으라고 호소했다.

유순한은 또 다른 인간형을 보여준다. 마치 방향키가 없는 배처럼 줏대 없이 이리저리 뜻이 흔들리는 인물이다. 도덕적으로 타락한 상태임을 전혀 감지하지 못할 뿐만 아니라 영혼의 나침반 노릇을 해줄 만한 장치가 결여되어 있다. 바람이 불면 떠밀려가고 물결이 일면 요동칠 따름이다. 변덕이 죽 끓듯 해서 쉽게 혹했다가 금방 돌아선다.

14 _____ 좁은 문을 향해 걸어가는 유순한과 크리스천을 보면 선명하게 대조되는 점들이 눈에 띈다. 한쪽은 짐을 짊어진 반면, 다른 한쪽은 등에 멘 게 전혀 없다. 한쪽은 책을 단단히 쥐고 길을 비추는 등불로 삼고 있지만, 다른 한쪽은 가이드 없이 길을 간다. 한쪽은 끈질기게 물고 늘어지는 죄에서 벗어나 안식을 얻으려고 여정을 시작했지만, 다른 한쪽은 앞으로 누리게 될 즐거움에 잠시 마음을 빼앗겨 따라 나섰다. 한쪽은 무거운 짐보따리와 의롭지 못한 자신의 모습이 부끄러워 터벅터벅 천천히 발걸음을 옮기지만, 다른 한쪽은 하늘나

라에서 맛볼 행복을 서둘러 손에 넣고 싶은 욕심에 조바심치며 빨리 걷는다. 한쪽은 두려움과 소망이 한꺼번에 부글거리는 탓에 잠시도 가만히 있을 수가 없지만, 다른 한쪽은 영적인 두려움이나 갈망, 열망 따위라고는 전혀 없다. 한쪽은 하나님을 구하고 있지만 다른 쪽은 자기만족을 찾는 중이다. 한쪽은 진정한 순례자지만 다른 한쪽은 동기가 불순한 거짓 순례자다.

15_____ 간단한 시험을 거치면서 두 나그네가 완전히 결별하게 된 건 전혀 놀라운 일이 아니다. 유순한은 돌밭에 떨어진 씨앗 같아서 뿌리도 없고 고난을 견뎌낼 소망도 없다. 햇볕이 뜨겁게 내리쬐거나 차가운 폭풍이 몰아치면 금방 시들고 뿌리째 뽑혀 뒹굴다가 잡초 덤불에 걸리고 만다.

'절망의 늪'이라는 진흙수렁은 두 순례자를 검증하는 시험대였다. 구렁텅이에서 한동안 뒹굴며 늪을 가득 채우고 있는 오물과 폐수를 잔뜩 뒤집어쓴 유순한은 인내의 한계에 이르렀다. 체면을 구기고 잔뜩 화가 난 그는 크리스천을 맹렬하게 비난하면서 안간힘을 쓴 끝에 집이 있는 멸망의 도시와 가까운 기슭으로 기어 올라갔다.

절망의 늪은 좁은 문 앞에 있는 수렁으로 진실한 순례자와 거짓 순례자가 똑같이 타락과 오염으로 고통받는 곳이다. 마음과 정신에 딱 달라붙은 진흙과 오물은 죄의식의 작용을 통해서, 또는 영혼을 공격하는 적들의 게걸스러운 탐욕을 통해서 표면에 드러난다.

절망의 늪이 추구하는 목표는 순례자를 지극히 한심한 처지에 몰아넣어서 여정을 계속하는 게 더할 나위 없이 몰염치하고 쓸데없는 짓이라는 생각을 심어주는 방식으로 순례를 좌절시키려는 것이다. 앞길에 소망이 있다는 믿음을 뒤흔들어 낙심에 빠트리려는 장치인 셈이다. 은혜를 만끽하지 못하게 가로막는 가장 큰 적은 죄와 타락에 대한 잣대를 지나치게 엄격하게 들이대는 마음가짐이다. 하나님의 약속을 확실하게 믿지 않고 기왕에 저지른 엄청난 잘못에 하루하루 큰 죄를 더해간다면, 상상할 수 없을 만큼 큰 축복이 기다리는 것과 어떠한 장애물도 그 영혼을 하나님의 사랑에서 끊을 수 없음을 신뢰하지 못하게 된다.

절망의 늪에 무릎까지 빠져드는 순간, 스스로 한없이 연약하고 죄에 물들어 있다는 자각이 유순함을 덮쳤다. 여정을 시작하는 단계에서부터 비참하고 부끄러운 자기 모습이 고스란히 폭로된다면 종착점에 이르렀을 때 남는 것이라곤 좌절과 망신뿐일 거라는 생각이 머릿속을 지배했다.

16 _____ 멸망의 도시 반대쪽, 그러니까 좁은 문에 가까운 기슭에 닿으려고 온 힘을 다해 발버둥 칠수록 크리스천은 점점 더 늪 속으로 깊이 가라앉았다. 하나님의 눈으로 자신을 들여다보면 절망감뿐이었다. 하지만 그처럼 속절없이 침몰하는 가운데서도 언약의 빛은 희미하나마 위로와 격려가 되었다. 스스로 받아들인 삶을 높이 평가해

주시는 하나님 쪽으로 나아갈 힘을 주었던 것이다.

17_____ 헬프는 늪가의 굳은 땅에 서서 도움의 손길을 내밀며 물었다. "어딘가에 발판이 있을 텐데, 좀 찾아보시지 그랬어요?" 맹렬한 두려움에 온전히 사로잡혔던 크리스천의 눈으론 디딤돌을 볼 수가 없었다. 발판이란 무얼 말하는가? 하나님의 놀라운 언약이다. 크리스천은 두려움의 짙은 안개에 휩싸여 있었던 탓에 하나님이 죄인들에게 베풀어주신 확고한 약속을 분별하지 못했다. 헬프는 좁은 문을 찾는 이들을 격려하기 위해 전략적으로 배치된 그리스도의 신실한 제자들을 대표한다. 그는 하나님이 단단히 딛고 설 땅과 확실한 구원을 약속해주시므로 죄에 물든 이들이 넉넉히 삶을 맡길 수 있는 분이심을 분명하고도 자신 있게 이야기해줄 성숙한 그리스도인이다. 하나님의 언약은 언제 어디서나 신뢰할 수 있으며, 사탄이 뿜어내는 거짓의 거품을 믿음의 발길로 밟아 터트려버릴 수 있는 강력한 신발 구실을 한다.

2

1_____ 절망의 늪에서 간신히 빠져나와 좁은 문을 향해 걸어가던 크리스천은 세속현자와 마주쳤다. 버니언은 세속현자의 실체를 선

명히 드러내기 위해 세상이치시에 사는 인물로 설정했다.

2 _____ 요즘으로 보자면 세속현자는 예수 그리스도의 대속사역을 인정하지 않고 복음보다 윤리와 사회개혁을 앞세우는 자유주의적이고 개방적이며 타협적인 인물이다. 크리스천이 그동안 깊이 의지했던 성경의 가르침들을 뒤흔들고 조롱하는 걸 세속현자가 얼마나 즐기고 있는지 주의 깊게 살펴보라.

3 _____ 옹고집이 크리스천의 신앙을 경솔하고도 거칠게 비판했다면 세속현자는 훨씬 정중하고도 세련된 방식으로 공격했다. 그리스도의 구원사역과 연관 있는 일이라면 무조건 미워하고 싫어하는 게 본심임에도 불구하고 마치 깊이 공감하는 듯 행동한다. 세속현자는 크리스천의 현실적이고 감각적인 필요에 초점을 맞춘 조언들을 통해서 짐을 벗어버리는 게 순례여정의 가장 큰 목적이라는 의식을 심어 주었다. 세속현자의 깊은 속셈은 크리스천을 애먹이는 감정들을 새삼스레 부추기는 것이었다. 짐을 짊어졌다는 부담감을 없애버리기만 하면 애당초 방향을 잘못 설정한 여정을 원만하게 마무리 지을 수 있다고 크리스천을 설득하는 게 최종목적이었던 셈이다.

4 _____ 세속현자는 하나님 말씀을 너무 깊이 파고들지 말라거나 전도자 같은 이들에게 주의를 기울여선 안 된다고 조언했다. 그랬다

가는 마음을 뒤흔들기 위해 들려주는 얘기에 담긴 위험한 요소들을 듣는 쪽에서 금방 감지하고 경계할 게 뻔하기 때문이다. 세속현자가 내놓은 세상적인 충고들의 이면에는 그리스도가 베푸시는 구원사역을 혐오하고 배척하는 정서가 짙게 깔려 있다. 세속현자의 작전이 성공한다면, 크리스천은 십자가를 꺼리게 될 뿐만 아니라, 자신의 비참한 현실과 영원한 생명을 전하는 빛나는 진리에서 회복이 불가능할 만큼 멀어질 것이다.

5 _____ 세속현자는 워낙 매력적이고, 교묘하며, 유혹적이어서 크리스천의 마음을 금방 누그러뜨렸다. 크리스천은 아직 미숙하고 둔감해서 자신이 하나님을 완전히 포기하고 그 자리에 윤리와 율법이라는 우상을 세우려 한다는 사실을 전혀 눈치채지 못했다.

6 _____ 죄의 결과로 나타나는 감각적인 증상들을 제거해서 편안하고 안전하게 살고 싶은 욕구를 지상목표로 삼고 그리스도의 역사가 아닌 다른 경로를 통해 성취하려 한다면 이 세상에서는 평안을 누릴 수 있을지 몰라도 장차 다가올 나라에서는 하나님의 진노에 직면하게 될 게 분명하다. 세속현자는 죄책감을 떨쳐버리길 소원하는 죄인들에게는 가까운 친구지만 영원한 평화와 생명을 추구하는 이들과는 철천지원수가 될 수밖에 없다.

7_____ 여기서 언덕은 시내 산을 가리킨다. 어김없이 닥쳐올 하나님의 진노를 피하기 위해 율법의 모든 요구를 지켜야 하는 곳이다. 크리스천은 진즉부터 스스로 어떤 처지에 빠져 있는지 누구보다 정확하게 인식하고 있었다. 확신을 주시는 성령님이 내면에서 역사하고 계시므로 크리스천이 다시금 자신을 의롭게 여긴다든지 제 능력으로 하나님의 사랑을 받을 수 있다고 믿게 될 여지는 전혀 없다.

8_____ 세속현자는 흘러간 시대의 유물이 아니다. 지금도 자기만족적인 선행을 통해 평안을 얻을 수 있다는 복음을 선포하는 방식으로 자신의 이단성과 오류를 교묘히 감춘 채 곳곳에서 활약 중이다. 그리스도를 말한다 해도 거룩한 백성들을 본향으로 데려갈 구세주로서가 아니라 모범적인 삶을 산 본보기로 언급할 뿐이다. 생명을 건지기 위해 필요한 게 좋은 본보기인가, 아니면 구세주인가? 일찍이 한 번이라도 이 질문을 진지하게 생각해본 적이 있다면, 세속현자가 제 아무리 당당하고 절묘하게 추천한다 하더라도 결국 죽음에 이를 뿐인 샛길로 접어들지 않을 것이다.

9_____ 선의는 누굴 의미하는가? 바로 예수님 자신이다. 주님이야말로 죄인들을 향한 하나님의 선하신 뜻, 그 자체이기 때문이다. 예수님은 무거운 짐을 짊어진 죄인들을 은혜와 사랑으로 반가이 맞아주신다. 선의는 곧 죄인들을 구해주시는 그리스도다. 주님은 죄인들

을 끌어모으시고 사탄이 쏘아대는 화살을 막아주신다.

10 _____ 찰스 스펄전은 "엄청나고 악랄한 죄를 저질렀으니 하나님의 너그러운 사랑을 받을 자격이 없으며, 수없이 주님을 거부해서 성령님을 슬프게 했고 은혜로 부르시는 초대를 짓밟은 게 한두 번이 아니니 구원을 기대할 수 없다"는 사탄의 주장이 곧 불화살이라고 보았다.

사탄은, 어쩌면 우리는 하나님의 선택을 받은 백성이 아니라 아무 데나 뿌리를 내리고 뾰족한 가시로 뭇 사람들을 찔러대는 잡초의 씨앗일지도 모른다고 속삭인다. 용서받을 수 없는 죄를 지었다고 몰아세운다. 너무나 하찮아서 구세주의 따뜻한 관심을 받을 만한 존재가 될 수 없다고 말한다. 사탄은 구세주를 좇지 못하게 지연시키고, 가로막고, 고통을 주고, 낙심시키는 화살이 가득한 무기창고를 갖추고 있다. 주 예수님은 "수고하며 무거운 짐을 진 사람은 모두 내게로 오너라. 내가 너희를 쉬게 하겠다"고 부르신다.

11 _____ 그리스도를 상징하는 좁은 문을 통과하는 장면을 통해서 버니언은 크리스천이 회심했음을 분명히 하고 있다. 그럼에도 불구하고 여전히 짐을 짊어지고 있는 까닭은 무엇인가? 이건 대단히 중요한 문제다. 여기서 짐은 죄 자체가 아니라 크리스천의 죄의식임을 잊지 말라.

크리스천은 그리스도의 품에 안기고, 믿고 의지하는 마음으로 주님을 받아들였으며, 죄의 결과에서 법적으로 구원받았다. 어김없는 사실이지만 그게 곧 스스로 짊어진 죄책감에서 벗어났다는 뜻은 아니다. 실제로 크리스천은 예전과 똑같이 죄의식에 시달렸다. 그리스도가 십자가에서 이루신 역사에 힘입어 새 생명을 얻는다는 구원관을 가지고 있었지만 그 사건이 바로 자신에게 일어났다는 감각적인 경험은 없었다. 십자가의 의미를 온전히 파악하고 하나님의 은혜를 완전히 이해하고 납득하는 순간이 되어야 비로소 그 짐을 떨쳐버릴 수 있을 것이다.

12 _____ 버니언은 여기서 중요한 진리를 짚고 있다. 수많은 이들이 눈곱만 한 믿음에 의지해서 그리스도께 나온다. 주님은 그 하나하나를 받아주시며 모든 죄를 용서해주신다. 그럼에도 불구하고 하나님의 은혜를 완전히 깨달을 때까지는 대부분 죄책감과 부끄러움에 사로잡혀 어쩔 줄 몰라 한다. 반면에 즉시 죄 사함을 통한 구원을 깨닫고 경험하며 의식적인 의미를 총체적으로 인식하는 이들도 있다.

하나님의 은혜는 그동안 주님이 인간에게 주신 그 어떤 계시보다도 놀랍고 무엇으로도 바꿀 수 없는 진리다. 하나님이 성령님을 보내서 구세주가 인류를 위해 행하신 사역의 웅대한 실체를 드러내는 과정을 감독하고 지휘하게 하신 까닭도 거기에 있다. 성령님은 너그럽게 공급해주시는 믿음에 매달리도록 가르쳐주시며 더 나아가 하나님의 사랑을 찬양하게 하신다. 예수님이 십자가 위에서 이루신 역사야말로 그 사랑의 출발점이자 종착역이다.

13 _____ 하나님은 선택된 백성들을 즉각적으로 의롭게 하실 뿐만 아니라 계속해서 믿음을 온전하게 세워가신다. 주님이 친히 그 역사를 시작하셨으며 가장 합당한 시점에 완성하실 것이다. 이러한 사실을 일깨워준 버니언에게 특별히 고마워해야 할 필요가 있다.

14 _____ 크리스천은 이제 선의와 작별하고 해석자의 집을 향해 떠난다. 여기서 버니언은 어두움에 빛을 비추어 변화시키는 성령님의 사역을 설명한다. 잠시 후면 크리스천은 복음의 진수를 깨닫고 가슴 가득 놀라움과 경각심, 감격과 찬양이 넘치는 경험을 하게 될 것이다.

15 _____ 해석자는 크리스천을 만나보고 진심으로 회심했는지 확인한 뒤에 일곱 가지 유익한 이미지를 보여주고 거기서 깨달음을 얻도록 인도했다.

❶ 벽에 걸려 있는 엄숙하고 진지한 인물의 초상화. 참다운 복음을 전하는 목회자의 형상이다. 그림의 구성요소들은 진실하고 성실한 목회자의 특징을 잘 보여준다.

❷ 먼지로 가득한 응접실. 율법과 복음의 차이를 설명한다. 율법은

죄의 유해한 속성을 일깨우는 반면, 복음은 삶에서 죄의 권세와 장악력을 말끔히 씻어 없앤다.

❸ 정욕과 인내라는 두 어린아이. 인내의 영원한 미덕과 정욕의 참혹한 종말을 지적하는 장면이다.

❹ 벽난로. 하나님의 은혜는 쉬 드러나지 않으며 눈으로 확인하기 어려울 때가 많지만 사탄과 세상의 공격을 막아주는 확실한 보호막임을 가르쳐준다.

❺ 궁궐에 들어가는 이미지. 하나님의 은혜에 힘입어 끝까지 믿음을 지키고 승리해서 그분의 나라에 들어가는 순례자의 당당한 모습이다.

❻ 철창은 하나님의 언약을 가벼이 여기는 이들을 향한 경고로 해석할 수 있다. 거기에 갇힌 남자는 회한과 절망, 쓰라린 상처를 우상으로 삼고 단 한 번도 진심으로 주께 부르짖으며 자비를 베풀어달라고 요청하지 않았다. 주님이 자신의 기도를 듣고 다정하게 응답해주실 리가 없다고 제멋대로 속단했기 때문이다. 그저 자기 고통을 끌어안고 숭배하며 불신앙을 내세워 하나님의 언약을 가로막았다. 이런 상황에서는 진정한 회개가 불가능하다. 주님은 불신의 우상을 섬기는 이들에게는 자비를 베푸실 수가 없기 때문이다.

❼ 덜덜 떨고 있는 남자. 최후의 심판에 대비해야 한다는 명백하고 엄중한 진리를 보여준다.

이 모든 장면들은 크리스천에게 소망과 두려움을 동시에 안겨주었다. 새 예루살렘으로 가는 왕의 대로를 걷는 순례자로서, 크리스천은 철저하게 준비하고 경계를 단단히 할 필요가 있었다.

3

1_____ 양편으로 담이 늘어선 큰길은 크리스천 앞에 뻗어 있는 안전하고 확실한 통로를 가리킨다. 회심을 둘러싸고 온갖 불확실한 일과 영적인 격변을 경험한 뒤에 들어선 길은 깨끗하고 선명한 포장도로와도 같다. 크리스천은 영혼을 괴롭히던 짐에서 벗어나 구원을 얻었다. 그리스도의 십자가를 바라보자마자 무거운 짐보따리는 등에서 떨어져나갔다.

2_____ 이제 크리스천은 '그리스도의 대속'이 무얼 의미하는지 정확히 깨달았다. 예수님이 십자가에서 속죄의 제물이 되심으로써 하나님의 공의로운 진노를 완전히 만족시키셨음을 한 점 의심 없이 받아들이게 된 것이다. 한마디로 복음의 핵심을 깨달은 셈이다. 구주의 보혈은 크리스천을 무거운 짐에서, 죄의 징벌에서 해방시켰다. 무엇으로도 이룰 수 없는 엄청난 역사를 일으키신 것이다.

3_____ 하나님은 그리스도를 통하여 순례자 크리스천과 화해하셨

다. 누더기를 벗기고 의로움의 외투를 덧입혀 주셨다. 예수 그리스도의 의로움이 고스란히 옮겨진 것이다. 하나님은 크리스천의 이마에 세상과 결별하고 심판에서 구원받은 주님의 참 자녀임을 알리는 특별한 표시를 해주셨다. 단단히 봉인된 두루마리도 받았는데, 새로운 생명과 새 예루살렘에 들어갈 자격을 얻었음을 의미한다.

4 _____ 짐을 벗어버린 크리스천은 언덕 아래로 가는 길에 세 남자가 곤히 잠들어 있는 걸 보았다. 우매는 영적인 무감각과 무지를 뜻한다. 나태는 영적인 게으름을 가리킨다. 방자는 영적인 교만과 거드름을 의미한다. 이 세 가지 속성은 스스로 제 발목을 잡아서 '왕의 큰길'을 꾸준히 걸어가지 못하게 만든다.

5 _____ 크리스천은 깊은 잠에 빠진 세 순례자를 보고 그 위태로운 상태에서 벗어나도록 도우려 했지만 냉담하고, 게으르며, 과민한 반응에 부닥쳤다. '종교적인' 이슈에 관심을 가질 뿐 영적인 도전에 반응을 보이지 않는 세상을 보며 괴로워하던 크리스천은 상황을 변화시키기 위해 최선을 다했지만 돌아오는 건 조롱과 묵살이 전부였다. 부주의하고 냉담한 나그네는 순례의 길에서 살아남을 수가 없다. 이것이 바로 거듭난 크리스천이 가장 먼저 배운 가르침이었다.

6 _____ 왕의 대로를 따라 여행을 계속하던 크리스천은 불행한 결

말을 향해 달려가는 두 순례자와 맞닥뜨렸다. 우매와 나태, 방자를 상대하며 경험을 쌓은 덕에 크리스천은 한결 나아진 분별력을 가지고 그릇된 마음가짐을 가진 순례자를 구별할 수 있었다.

크리스천은 즉시 세 가지 부적절한 점에 초점을 맞춘다. 첫째로, 그리스도라는 좁은 문을 통하지 않고 담장을 넘어 들어온다든지 성령님의 인도하심을 받아본 적이 전혀 없다는 사실을 토대로 이들을 '도둑이요 강도'로 규정한다. 둘째로 허영이라는 동네에서 왔다는 얘기를 듣고 두 나그네가 겸손하지도, 죄를 짐스럽게 생각하지도 않음을 대번에 알아챘다. 셋째로, 찬양받을 만한 분을 찬송하기 위해서가 아니라 칭송받기 위해 시온 산에 가려 하는 걸 보고 이들을 경계하며 정신을 바짝 차렸다. 허울과 위선의 동기가 순례여행에 어울리지 않으며 우스꽝스러울 뿐임을 간파했던 것이다.

허울은 겉으로 드러나는 종교적인 규정을 충실하게 따르지만 내면의 확신이 없는 이들을 지칭한다. 이런 이들에게는 마음의 상태 따위는 관심사가 될 수 없으며 번지르르한 외면과 조건에만 눈길을 준다. 위선은 남들뿐만 아니라 어쩌면 자신에게까지 스스로 의로운 인간이란 생각을 주입한다. 기만과 거짓의 탈을 쓰고 흥청거리는 것이다. 교회당에 있거나 다른 크리스천들과 어울릴 때는 지극히 신앙적인 몸짓을 보이지만 남들이 보지 않는 데서는 경건하지 못하며 사악하기까지 하다. 화력은 좋아 보이는데 열기가 느껴지지 않는 부류인 셈이다.

크리스천은 허울과 위선의 순례를 보면서 본질적인 차이를 감지했다. 자신은 하나님 말씀에 의지해서 여행하고 있지만 두 사람에게는 그런 면이 보이지 않았다. 어떻게 생각하며, 무엇을 사랑하고, 왜 순례에 나서는지가 모두 달랐다.

하지만 결정적인 차이는 따로 있었다. 크리스천은 둘러쓴 외투를 통해 그리스도의 의로우심을 내세우고 자기 의를 과시하지 않았다. 아울러 하나님의 자녀라는 표시를 이마에 가지고 있었으며 빛나는 옷을 입은 세 인물이 준 두루마리로 신분을 보장받았다.

7_____ 허울과 위선, 그리고 크리스천은 곧 곤고재 산자락에 이르렀다. 세 순례자는 저마다 다른 결정을 내렸다.

가파른 고갯길 앞에서 허울은 산을 왼편으로 감싸고 돌아가는 길을 선택했다. 위험이라는 길이었다. 이름이 가리키듯, 곧바른 외길이 아니라 다양한 신앙이념에 따라 갈가리 찢어지는 복잡한 길이었다.

비탈을 오르자면 생각했던 것보다 품이 훨씬 많이 들겠다고 판단한 위선은 오른편으로 난 멸망의 길을 따르기로 했다. 그 역시 똑바른 대로가 아니라 다른 신앙과 사회적 철학을 좇아 천 갈래 만 갈래로 나뉘는 샛길이었다.

위험과 멸망은 모두 의로운 주님의 길에서 벗어난 굽은 길을 말한다. 요즘식으로 말하자면 사회주의, 뉴에이지신앙, 성공지향적인 가르침, 다원주의, 파시즘, 자본주의, 자기중심적인 사고, 물질주의,

쾌락주의, 공산주의, 인본주의, 고행주의 따위를 비롯해서 주님의 길에서 벗어난 모든 사상과 사고방식들이라고 할 수 있다. 다들 지름길처럼 보이지만 영혼이 치명적이고도 철저하게 파멸되는 결과에 이를 뿐이다.

8 ＿＿＿＿ 달리다가 걷고, 다시 기어오른 끝에 잠시 쉬어갈 만한 곳에 도착한 크리스천은 외투가 주는 격려와 위안을 맛보려고 두루마리를 꺼내 읽기 시작했다. 그리고 커다란 어려움들을 겪는 가운데 받아 누렸던 은혜를 묵상했다. 싸움이 한창일 때 받았던 하나님의 소중한 약속들을 되새겼다. 여기서 얻을 수 있는 단순한 가르침이 있다. 한숨을 돌리는 의도가 안주의 욕구로 변질되지 않도록 조심해야 한다는 점이다. 하나님은 쉴 기회를 주셔서 마지막 상급을 바라보며 전력질주하는 데 필요한 에너지를 충전하게 하신다. 그러나 간단한 쉼도 얼마든지 깊은 잠으로 이어질 수 있다. 현재의 만족에 집착하고 한없이 웅크리려고 하는 생활방식에 안주할 가능성이 높다는 뜻이다. 크리스천처럼 두루마리를 잃어버리게 되는 것이다.

9 ＿＿＿＿ 소심과 불신은 형편에 따라 이리저리 흔들리는 순례자를 상징한다. 핍박을 당하면 새 예루살렘 성에 가려는 의지가 단번에 꺾이고 마는 이들이다. 두 사람이 봤다는 사자는 세상에 속한 사악한 무리들을 말한다. 어떻게 해서든 진실하고 경건한 이들을 쓰러트리

고 가시적인 교회 안팎에서 그리스도와 복음의 선한 뜻을 차단하기 위해 갖가지 술수를 다 부리는 보이지 않는 왕국의 사악한 왕자들이다. 이들은 수단과 방법을 가리지 않고 하나님의 성도들을 박해하는 데 열을 올린다. 시대에 따라서 죽음을 무기로 휘두르기도 하고 협박으로 겁을 주거나 혼란에 빠트리기도 한다.

10 _____ 간단한 시험을 거치면서 크리스천은 두루마리를 잃어버렸다는 사실을 깨달았다. 다시 말해서 새 예루살렘에 들어가리라는 확신을 잃어버린 셈이다. 순례자로서는 두루마리를 다시 찾을 때까지 고생스럽게 왔던 길을 되돌아갈 수밖에 없었다. 나태와 부주의의 대가는 크리스천의 마음을 맹렬하고도 빠르게 파고들었다. 같은 과정을 세 번씩이나 되풀이하게 되었으니 그럴 만도 했다.

11 _____ 크리스천은 참다운 하나님의 교회(화려하게 지어진 거대한 교회든 진정한 신자들 몇몇이 어느 가정에 모여 예배를 드리는 교회든 상관없이)를 상징하는 뷰티풀 저택에 도착했다.

12 _____ 진실한 크리스천은 두려움과 공포가 엄습한다 해도 인내하며 앞으로 나아간다. 사자와 맞닥뜨린 크리스천은 잠시 겁에 질려 얼어붙었다. 그러나 뷰티풀 저택의 문지기인 주의깊은(고난을 견뎌내도록 신도들을 이끄는 목자 또는 목회자)이 크리스천에게 사자들이 사슬에

묶여 있다고 알려주면서 담대하게 전진하라고 격려한다. 달리 말하자면, 그리스도의 참된 교회가 받는 핍박은 제한적이라는 것이다. 감옥에 들어가거나 재정적인 파탄에 이르는 등 박해가 두려운 건 분명하지만, 버니언이 활동할 당시만 하더라도 믿음을 지키기 위해 목숨을 내놓아야 하는 일은 지극히 드물었다. 하지만 형편이 전혀 다른 시대에 신앙생활을 했던 이들도 적지 않다. 복음을 위해서 극단적인 핍박을 견뎌냈던 이들은 주님의 사랑을 한 몸에 받았다.

13 _____ 크리스천의 증언이 과연 진실한지 검증하기 위해 다섯 명이 나서서 질문을 던진다. 주의깊은은 신앙과 경험의 측면을 파고든다. 신중, 분별, 경건, 자선은 저마다 조금씩 다른 각도에서 접근한다. 마침내 모든 이들이 크리스천을 받아들이고 그 고백을 진실한 간증으로 인정했다. 그저 신조나 교리를 알고 있는지 확인하는 차원이 아니라 거듭난 증거를 토대로 그리스도의 참된 교회에 받아들인 것이다. 그리스도를 좇기로 새롭게 결심한 이들은 입으로 하는 말이 거기에 합당한 삶의 열매로 뒷받침되는지 검증받아야 한다. 신앙고백에 참다운 회심을 입증하는 특징들이 따른다면 교회는 언제라도 반가이 맞아줄 것이다.

14 _____ 크리스천은 장차 벌이게 될 싸움에 대비해서 하나님 말씀으로 완전하게 무장했다. 신도들을 무장시켜서 삶이 주는 어려움에

도전하게 하는 일이야말로 교회의 가장 두드러진 역할 가운데 하나다. 그러자면 잘 맞으면서도 확실한 무기를 강조할 필요가 있다. 저택의 식구들은 크리스천에게 하나님의 말씀을 가르쳐주었다. 하나님의 약속과 예비하심을 신뢰하는 믿음을 가지고 오직 주님만을 의지하라고 했다. 구원의 교리를 듣고 감격한 크리스천에게 그 진리가 영혼 깊숙이 침투해서 살아 움직이게 하라고 권면했다. 말씀에 흠뻑 젖은 의로운 생각이 의로운 생활로 드러나도록 바른 삶을 살라고 했다. 또 기도하는 법을 배웠다. 하나님의 평강을 누리지 못하는 이들과 신앙을 나누라고 당부했다.

4

1 _____ 크리스천은 곧 파괴하고 멸망시키는 잔혹한 마귀, 아볼루온의 시험을 받았다. 바닥까지 낮아지는 과정을 통과해야 했던 것이다. 원수는 몇 가지 논리를 내세워 수치심과 좌절을 부추기면서 순례를 포기하라고 했다. 다음에는 협박하고 고발하면서 물러가기를 종용했다. 전략적인 토론과 영적인 공격이 먹혀들어가지 않자 아볼루온은 감각적이고 육체적인 측면을 집중공략한다. 왕의 대로에 대한 격렬한 증오를 드러내며 지속적으로 공격을 퍼붓는 사이에 아볼루온의 본질은 더 감출 수 없을 만큼 낱낱이 드러났다.

2 ____ 여전히 온전하지 못하고 믿음이 부족한 자신의 모습을 붙들고 씨름하면서 크리스천은 수없이 상처를 입고 뒤로 나자빠졌다. 한계가 적나라하게 노출되면서 깊은 좌절에 빠졌지만, 바로 그 순간 주님이 개입하셨다. 거룩한 말씀이 크리스천의 심령에 생생하고도 은혜롭게 역사하셨다. 새로운 믿음으로 진리를 깊이 신앙하게 된 것이다. 오직 하나님의 은혜만이 순례자를 지켜낼 수 있었다.

3 ____ 하나님의 말씀은 상처 입고 비틀거리던 크리스천에게 승리를 가져다주었다. 언약을 바라보는 소망을 일깨우고 크리스천에게 힘을 주어서 순례자의 심령을 위협하는 원수를 깊이 찔러 영원히 사라지지 않는 치명적인 상처를 입히게 한 것이다. 어떤 인간도 제힘만으로는 아볼루온을 물리칠 수 없다. 그렇게 엄청난 역사를 이룰 수 있는 무기는 말씀의 검뿐이다.

4 ____ 크리스천은 지나친 자신감과 그릇된 자부심을 품고 의기양양하게 겸손의 골짜기에 들었는지 모르지만, 계곡을 빠져나갈 때는 겸허하게 하나님 말씀을 의지했다. 또한 어려운 순간에 도움을 베풀어주시고 멸망시키는 자의 손에서 생명을 건져주신 주님께 경건하게 감사하는 마음을 갖게 되었으며 그 뒤로는 줄곧 검을 빼든 채 전진했다. 골짜기를 지나며 교훈을 얻은 까닭에 의식적으로 하나님 말씀에 기대어 자신을 지키기로 작정한 것이다.

5 _____ 겸손의 골짜기를 벗어난 지 얼마 되지 않아서 크리스천은 다시 죽음의 그늘 골짜기에 들었다. 이곳은 앞에서 거둔 승리의 감격과 대비되는 감정을 상징한다. 암울하고 고독한 공간인 셈이다. 쓸쓸하고 병적인 사고가 가득 들어찬 캄캄한 골짜기다. 죽음에 딸린 온갖 요소들이 이곳의 분위기를 지배한다. 흑암의 기운으로 심령을 질식시킨다. 지옥으로 들어가는 디딤돌이며 신실하지 못하고 믿음이 없는 이들을 기다리는 저주의 맛보기다. 계곡 전체가 아우성치며 그리스도를 따르는 이들이 끌어안고 있는 소망과 영감을 무너뜨리려 한다. 어째서 크리스천은 이처럼 끔찍한 골짜기를 지나가야 했는가? 죽음의 그늘 골짜기가 존재하는 의미를 파악하기 어려울 때가 많지만, 사실 이곳을 통과한다는 건 곧 그리스도인으로서 성장한다는 뜻이다. 오랜 세월 광야를 헤매고 나서야 그 목적이 분명해지는 현상이나 매한가지다.

6 _____ 크리스천은 귀신과 용, 괴물, 형언하기 어려운 고통, 비명, 고함, 숨 막히는 두려움 따위에 질려서 새 예루살렘으로 가는 순례여행을 포기하고 과거에 살던 곳으로 내빼는 두 남자와 맞닥뜨렸다. 이스라엘 백성 앞에서 의도적으로 약속의 땅을 깎아내리는 보고를 했던 정탐꾼들과 비슷한 이들이었다. 하나님 말씀에 순복하지 않고 스스로 보고 들은 경험에 근거해서 상황을 파악했던 것이다. 결국 그토록 피하고 싶어 했던 비참한 고통을 고스란히 감수하는 징계를 받았

다. 반면에 크리스천은 일시적으로 시험을 당하기는 했지만 궁극적으로 평안과 안전을 누리게 되었다.

7 ____ 사망과 멸망이 지배하는 자리가 눈에 잘 들어오지 않는다는 끔찍한 현실을 가볍게 여겨서는 안 된다. 하나님은 죽음과 지옥의 비참함에 대해 무수히 경고하셨다. 그러므로 영원한 고통과 암흑 가운데서 더 이상 존재하지 않는 구원을 헛되이 더듬어 찾는 그곳의 실상을 시시때때로 묵상할 필요가 있다.

8 ____ 크리스천은 음울하고, 절망적이고, 두려운 곳에서도 쉽게 분위기에 휩쓸리는 대신 마음을 단단히 먹고 조심조심 앞으로 나아갔다.

9 ____ 오른쪽에는 깊은 물고랑이, 왼편으로는 위험천만한 수렁이 늘어선 탓에 크리스천은 한 걸음 한 걸음 조심스럽게 내디뎠다. 오른쪽 물길은 교리적인 실수를, 왼편 수렁은 윤리적인 실수를 범할 위험성을 상징한다.

10 ____ 크리스천은 지옥문 앞에 도착했다. 그 안에서는 저주받은 이들이 비참한 상태에서 울부짖고 있음에 틀림없었다. 갑자기 지옥의 귀신들이 찍어 누르는 것 같은 느낌이 들었다. 마귀가 달려들어

끌어당길까 봐 겁이 났다. 그러나 금방 자신을 돌아보고 원수들에 대적하는 선언을 한다. "나는 주님의 권능에만 의지해서 걸어가겠어!"

11 _____ 새날이 밝자 크리스천은 여태까지 어떤 위험과 위기를 지나쳐왔는지 똑똑히 볼 수 있었다. 뿐만 아니라 남은 여정을 내다보면서 하나님께 깊이 감사했다. 구덩이와 올가미, 함정 따위가 곳곳에 깔린 그 캄캄하고 위태로운 길을 무사히 헤쳐 나왔다는 건 그야말로 기적이었다. 하나님의 완벽하고도 시의적절한 사랑을 볼 수 있는 대목이다. 그분의 보살핌이 없다면 그 어떤 순례자도 안전하게 여행을 마칠 수 없다.

5

1 _____ 크리스천은 신실과 동행하게 된다. 믿음과 소망은 대체로 함께 붙어 다닌다. 신실과 크리스천의 차이점을 꼽자면 열 손가락이 모자랄 지경이다. 신실은 크리스천에 비해 단순하고 일반적인 이들을 가리킨다. 생각이 복잡하지 않으며 두려움이 없고 겸손하다. 크리스천은 스스로 저지른 죄에 유난히 집착하며 쉬 두려움에 빠진다. 반면에 신실은 세상 정욕의 유혹을 받았으나 아무런 의심 없이 하나님의 약속을 받아들였으므로 낙담이란 수렁에 빠지는 사태를 피할

수 있었다. 하지만 보다 기초적인 인간본성을 상징하는 음탕이라는 여인의 꼬드김을 받았다. 아볼루온의 공격을 받지는 않았지만, 순례를 포기하고 예전의 삶으로 되돌아가게 만들려는 불만과 수치심의 공작에 시달렸다.

크리스천과 신실은 세상을 살면서 저마다 다른 형태의 도전과 어려움에 직면했다. 버니언은 하나님의 자녀들이라 할지라도 인간의 보편적인 문제들에서 완전히 자유로울 수 없으며 남들과 똑같이 유혹과 시험을 받게 된다는 사실을 완곡하게 일깨워준다. 그러나 은혜로 구원받은 죄인들이라는 점에서는 차이가 없다. 죄가 저마다의 삶에 남긴 상처와 연약함은 전혀 다를지라도 은혜는 그 모두를 덮고도 남는다.

2 _____ 크리스천과 신실의 우정은 손을 내밀어 서로 돕는 따듯한 마음을 통해 더욱 단단하게 다져졌다. 교만과 허영은 실족을 부르는데 바로 그때가 우정과 관심을 가지고 내미는 도움의 손길이 가장 필요한 순간임을 보여주는 장면이다.

3 _____ 신실과 크리스천에게는 은혜와 자비를 받아 누리는 공통된 경험이 있었으며 그것이 곧 우정의 뿌리를 이루었다. 둘의 간증은 마치 씨줄과 날줄처럼 서로 얽히면서 격려와 깨달음을 주었다. 저마다에게 깨달음과 은혜(비슷하거나 전혀 다른)를 주었던 경험들을 서로 나

누면서 소중한 교훈들을 얻었던 것이다. 하나님이 영혼에 이루신 역사를 선포하는 일이야말로 배경을 떠나서 모든 그리스도인을 하나로 묶는 공통인자다. 오직 그리스도인만이 하나님의 너그러운 예비하심과 사랑에 끊임없이 놀라고 감격하는 마음, 그리고 은혜를 통해 낮아져서 주님을 온전히 경외하는 심적인 증거를 토대로 이런 교제를 나눌 수 있다. 이런 경험은 두 순례자 모두에게 위로가 되었으며 새 힘과 교훈을 주고 유익을 끼쳤다. 버니언 역시 이런 식으로 그리스도의 제자가 되는 기본원리와 성경의 진리를 반복해서 설명한다.

4 _____ 신실은 크리스천으로 살아가는 데 동반자의식이 얼마나 중요한지 일깨워주는 인물이다. 물론 우정의 욕구가 제아무리 강하다 해도 영원한 삶을 바라보는 소망을 능가할 수는 없다. 신실은 바로 그 갈망에 힘입어 생명을 찾아 멸망의 도시를 탈출할 수 있었다.

6

1 _____ 허풍선은 거룩한 진리에 관해 이야기하기를 좋아하지만 신학적인 지식을 쌓고 과시하는 수준에 그치는 이들을 가리킨다. 온갖 이야기들을 청산유수처럼 늘어놓지만 개인적인 심령의 체험과는 아무 연관이 없다. 대단한 부러움과 존경을 사지만 가까이 다가가 교제

하는 이들은 말과 동떨어진 삶에 금방 배신감을 느낀다. 거룩한 이슈들을 유창하게 풀어내는 언변으로 실생활을 가리고 있기 때문이다.

2 _____ 허풍선은 선하고, 성경적이며, 초자연적인 문제들을 즐겨 이야기하는 터라 쉬 본색을 드러내지 않는다. 진실한 두 순례자 가운데 상대적으로 분별력이 떨어지는 신실은 바른말을 매끄럽게 쏟아내는 허풍선을 처음 만나고 그 매력에 완전히 사로잡혔다. 하지만 크리스천이 몇 가지 사실을 짚어주고 난 뒤부터는 허풍선의 실생활을 정밀하게 파고들었다. 신앙적인 이야기들을 몇 꺼풀 벗겨내자 그 안에 진정한 회개가 존재하지 않는다는 사실이 또렷이 노출됐다. 결국 허풍선이 가진 건 공허한 말과 더불어 은혜로 변화된 경험이 없는 삶뿐이었다.

진정한 순례자들에게 주는 경고가 여기에 있다. 말 많은 이들을 조심할 뿐만 아니라, 남들보다 더 능란하게 거룩한 사랑에 대해 이야기한다고 해서 무조건 하나님의 은혜를 입은 사람이라고 판단해서는 안 된다는 점이다. 증거는 삶에 있다. 완전한 삶이 아니라 거룩한 진리를 기뻐하며 주권적인 사랑을 베푸셔서 풍성하고 향기로운 삶으로 이끌어주시는 하나님을 찬양하는 삶을 살아야 한다.

3 _____ 버니언은 '주저리가'라는 주소와 '허달변'이라는 이름을 내세워서 허풍선의 됨됨이를 더 도드라지게 보여준다. 식구들의 이

름 자체가 쉴 새 없이 하나님나라 사역을 말하면서도 실제로 성취해 낸 일은 없는 영적인 빈곤상태를 적나라하게 폭로한다. '신학적인 말'은 '행동'과 끊임없이 대조되고 충돌하는 지점이다. 허풍선의 실생활은 야만적이고, 잔인하며, 인색하고, 정직하지 못한 요소들로 가득하다. 행동과 조화를 이루지 못하는 신앙이야기는 소음에 불과하며 진부하다 못해 넌더리가 나게 만들 따름이다. 허풍선의 실체가 헷갈려 보이는 건 번지르르한 입담과 그동안 걸어온 삶의 길에 깔려 있는 이중적이고, 기만적이며, 자기중심적이고, 부정한 행동과 함께 나타나기 때문이다.

4 _____ 신실이 허풍선에게 입만 열면 떠들어대는 진리를 삶의 열매로 보여달라고 도전하면서 둘 사이의 대화는 파국을 맞았다. 핵심이 드러나는 순간, 거짓 순례자는 참 순례자에게서 떨어져나갔다.

허풍선의 마음가짐은 죄를 소리 높여 비난하면서도 마음으로는 거부감 없이 받아들이는 모습으로 압축할 수 있다. 마음에서 은혜의 역사가 일어나면 명백한 증거가 나타나게 마련이다. 허풍선은 매끄럽게 이야기할 줄은 알았지만 심령에 역사하시는 구원의 은혜를 체험해본 적이 없었다.

크리스천은 속단을 조심하라고 다시 한 번 경고한다. 삶의 전장에서 치열하게 싸우다가 굴복하고 실족하는 그리스도인들이 수없이 많기 때문이다. 반드시 알아두어야 할 게 있다. 하나님은 그분의 백성들을 구속하고 구원하신 뒤에 반드시 풍성한 삶을 살게 하신다는 사실이다. 바로 그 주님은 진정으로 선한 열매는 찾아보기 어렵고 악한 열매만 넘치는, 한마디로 말뿐인 신앙인들을 물리치신다.

5 _____ 단둘이 남아 광야를 지나게 된 크리스천과 신실은 서로 격려하고 용기를 북돋웠다. 어쩌면 버니언은 허풍선 같은 이들과 오래 어울린 뒤에 찾아오는 다소 건조하고 맥빠진 분위기를 염두에 두었는지도 모른다. 긴 말이 끝난 뒤에는 메마르고 피곤한 상태가 따라온다. 실속 없는 대화는 심령을 침체시킨다.

7

1 _____ 전도자는 두 순례자 곁으로 다가와서 장차 만나게 될 일들을 가르쳐주고 굳세게 견디라고 격려해주었다.

2 _____ 전도자는 심령을 치료하는 명민한 의사의 모습을 보여준다. 두 순례자를 진심으로 염려하는 마음으로 목회적인 질문을 던졌으며 새 예루살렘으로 가는 도중에 위태로운 상황에 빠질 거라고 경고하는 일을 자신의 의무로 여겼다. 크리스천과 신실이 어려운 고비를 넘긴 걸 기뻐하는 동시에 장차 당할 시험을 예고하고 주의를 환기

시킨 것이다. 순례자들의 기운을 북돋우는 동시에 겸손한 마음을 갖게 하려는 조처였다.

3 ____ 전도자의 메시지에는 하늘나라의 상급을 추구하며 끝까지 달려가도록 순례자들을 단단히 무장시키고 격려하려는 뜻이 담겨 있었다. 전도자는 일부러 두 사람을 찾아와서 호시탐탐 파멸시킬 틈을 노리는 적들이 도사리고 있음을 일깨워준 것이다.

4 ____ 전도자는 앞쪽에 허망시장이 기다리고 있음을 알려주었다. 어떤 순례자든 발을 들여놓기만 하면 위험과 곤경에 빠지게 되지만 반드시 통과해야 할 불가피한 관문이었다. 전도자는 크리스천과 신실 가운데 어느 한쪽은 먼저 새 예루살렘 성에 도달하게 될 거라고 예언하면서 누구도 빼앗아갈 수 없는 영광의 면류관을 바라보라고 했다.

5 ____ 크리스천과 신실은 멸망의 도시를 탈출했지만 다시 허망시장으로 들어갈 수밖에 없었다. 과거와 현재 사이에는 어떤 차이가 있는가? 해답은 두 순례자가 변화되었다는 데 있다. 하나님나라의 관점을 가지고 새로운 방식으로 모략과 함정, 유혹, 오락 따위를 보게 된 것이다. 그때까지는 세속현자, 옹고집, 유순한, 음탕 같은 인물들과 일대일로 마주쳤을 뿐이지만, 이제는 새 예루살렘 성을 향해 가

는 순례자들을 가로막기 위해 연대한 조직적인 세력과 맞서야 했다. 허망시장은 곧 파티 드레스를 화려하게 차려입은 멸망의 도시, 곧 세상을 의미한다. 이 땅에서 가장 매력적인 요소들을 내세워 순례자의 눈길을 빼앗고, 뜨거운 결심을 차갑게 식히며, 아직 보이지 않는 거룩한 성을 만들고 세우신 하나님의 손길 안에 있다는 자신감을 뒤흔들기 위해 마련된 무대다.

6 _____ 허망시장에는 시대에 뒤떨어지고 편협해 보이는 사고방식을 혐오하고 이것저것 다 받아들일 줄 아는 너그러운 마음을 높이 평가하는 이들이 살고 있었다. 시민들은 예수 그리스도의 요구를 지나치게 엄격한 짐으로 인식하고 거기서 벗어나 쉬라고 크리스천을 불렀다. 육신의 쾌락을 즐겨보라고 유혹한 것이다. 장터에서 제공하는 즐길 거리들은 하나같이 죄의식을 무디게 하고 신앙고백과 순례의지를 미지근하게 만들려는 함정이었다. 허망시장에서는 죄와 타협하는 마음가짐을 성숙의 상징이자 교제와 용납에 필요한 전제조건으로 여겼다.
　허망시장에서 거래되는 물건들은 죄다 인간의 타락한 마음을 사로잡아 새 예루살렘 성으로 가는 길에서 벗어나게 할 의도로 만들어진 것들이다. 그리고 유혹이 먹혀들지 않으면 직접적이고 물리적인 공격을 가해서 뜻을 이루려 덤벼든다.

7 _____ 크리스천과 신실의 언행과 가혹한 박해를 견디며 온몸으로 전한 메시지에 감동한 소망은 더 이상 허망시장의 유혹에 시선을 빼앗기지 않고 복음의 진리를 확실히 믿게 되었으며 곧 크리스천의 순례여행에 합류했다. 신실을 억압하고 파멸시킬 작정으로 악랄하게 고문하고, 중상모략하고, 결국 목숨까지 빼앗았는데 도리어 소망이라는 새로운 순례자가 나타났다는 게 이상하지 않은가? 소망은 두 순례자의 진실한 증언이 낳은 첫 번째, 그리고 가장 중요한 열매다. 또한 이름 그대로 희망의 상징이다. 복음은 소망을 부른다.

8

1 _____ 크리스천과 소망은 함께 순례를 시작한 지 얼마 안 돼서 좀처럼 이름을 밝히지 않으려는 인물과 마주쳤다. 사실은 통성명하기를 싫어한다기보다 제 이름을 부끄러워했다. 됨됨이를 한마디로 압축해 설명해주는 이름을 가졌기 때문이다. 참다운 순례자에 어울리는 이름을 소원했지만 좀처럼 얻을 수가 없었던 것이다.

2 _____ 본문에서 살펴본 바와 같이, 두마음은 미사여구 출신이며 두말 목사의 조카다. 스스로 고백한 바에 따르면, 두마음은 이중적인 신앙생활을 가르치는 학교에 다녔으며 신앙체계의 주변부를 맴돌

고 있다. 한마디로 신앙에 호의와 관심을 가진 듯 행동하면서 세상을 더불어 사랑하고 있다.

3_____ 두마음은 술수와 조작을 통해 자신을 포장하고, 불순하면서도 정밀한 논리를 내세우며, 신앙적인 관심을 이용하여 개인적인 이익을 추구하는 부류의 인물이다. 두마음의 은행계좌에는 온갖 잡다한 것들이 가득 차 있다. 하지만 하늘나라 은행에는 계좌도 없고 언제라도 끌어다 쓸 수 있도록 저금해둔 믿음도 없다.

4_____ 두마음은 자신을 과시하고, 남들의 평가에 연연하며, 세상의 허영을 좇기에 바쁜 협잡꾼이다. 그럴듯한 개념과 따듯한 표현들을 외투 삼아 사악한 동기를 감추는 이중적인 인물을 의인화한 게 바로 두마음이다.

5_____ 세상집착, 돈사랑, 노랭이는 순례자가 어떻게든 피해야 할 겉만 번지르르한 신앙적인 사기꾼들의 전형이다. 이름 자체가 더 깊은 소개가 필요 없을 만큼 정확하게 그 됨됨이를 표현하고 있다.

9

1 ____ 크리스천과 소망은 안락이라는 풀밭 끄트머리에서 데마를 만났다. 은광을 지키는 이 인물은 두 순례자에게 바른길에서 벗어나 광산으로 통하는 오솔길로 내려오라고 설득했다. 큰 힘 들이지 않고 큰 부를 누리게 해주겠다고 유혹했던 것이다. 데마는 신앙과 탐욕스러운 생활방식을 모두 유지하고 싶은 마음을 대표한다. 한편으로는 세상적인 위안과 자기만족을 추구하면서 다른 한쪽으로는 신앙의 원리들을 잘 따라갈 수 있다는 사고방식이다.

2 ____ 두마음, 데마, 그리고 소금기둥이 된 롯의 아내는 세상을 사랑하는 이들에게 어떤 종말이 닥칠지 경고하는 삼총사다.

10

1 ____ 두마음과 마주하는 상황에서 명석한 결정을 내렸던 크리스천은 새 예루살렘 성으로 가는 험한 자갈길을 피하는 데만 신경을 쓰다가 순간적인 판단착오로 곁길초원으로 들어갔다. 발이 덜 아픈 쪽을 선택하고 사소한 어려움을 피하겠다는 무신경한 타협은 결국 비

편집자 주 353

극에 가까운 결과를 불러왔다.

2 _____ 크리스천이 언약이라는 열쇠를 기억해내기 직전에 소망이 희미하나마 희망의 불씨를 살려내고 있다는 건 우연이 아니다. 그런 과정을 통해서 크리스천은 지난날 하나님이 얼마나 신실하고 따듯하게 보호해주셨는지 상기할 수 있었기 때문이다.
오늘을 사는 그리스도인들도 마찬가지다. 주님이 길을 예비하시고 지켜주셨던 기억을 되새기는 게 회의와 절망에서 돌아서는 첫 걸음이 되는 경우가 적지 않다. 주님이 선한 일을 시작하셨다면 당연히 마무리도 지어주시지 않겠는가? 두말하면 잔소리다.

3 _____ 절망거인과 의혹, 의심의 성은 모두 언약이라는 열쇠에 비추어 생각해야 한다. 이 열쇠로 말하자면 하나님이 그분의 독생자에게 속한 모든 죄인들을 향한 약속들을 가리킨다. 하지만 조금 더 광범위하게 생각하면 주님의 거룩한 말씀을 접하는 타락한 죄인들을 향한 계획을 뜻한다고 볼 수 있다. 구체적으로는 그리스도를 믿은 이들의 마음과 영혼에 성령이 임하실 것이라는 약속들이다. 크리스천이 하나님의 확실한 약속을 과소평가하거나, 무시하거나, 억압하거나, 심지어 멸시하면 회의의 씨앗이 이상적인 환경을 만나서 뿌리를 내리고 온갖 해롭고 사악한 열매를 맺게 된다. 하나님의 선택을 받았다는 사실을 의심하는 이가 있는가 하면, 더 이상 주님의 사랑을 입

지 못하게 됐다고 믿고 괴로워하기도 한다. 더러는 하나님의 선하신 뜻과 성품을 의심하기도 한다. 극단적인 경우에는 숨통을 죄는 괴로움과 절망의 먹구름에서 벗어날 욕심에 자살을 꿈꾸기도 한다. 온갖 어려움이 기다리고 있는 좁은 길에서 벗어나 안일한 삶을 추구하면서 하나님의 강력한 약속과 주님의 선하신 성품을 잊어버린다면, 이처럼 참담한 상황들은 물론이고 그보다 수천 배 견디기 어려운 증상들이 나타날 것이다. 하나님은 회의와 두려움의 근원이 아니며 경배의 대상일 뿐이다. 선하고 확실한 하나님의 말씀이야말로 의심과 공포를 극복하는 결정적인 해결책이다.

11

1_____ 기쁨산맥은 영적으로 성숙해지는 과정을 거치면서 차츰 깨달아가는 교회의 모습을 상징한다.

2_____ 목자는 곧 목회자를 의미하며 지식, 경험, 경계, 성실이라는 양치기들의 이름은 목회적인 자질들을 가리킨다. 정원과 포도원, 샘을 비롯한 갖가지 특별한 지형들은 그리스도인으로서 살아가면서 맛보는 영적인 풍성함을 은유적으로 표현하는 도구다. 한편으로는 장차 하늘나라에서 즐기게 될 놀라운 기쁨의 그림자들이기도 하다.

3 _____ 기쁨산맥은 교회에서 만나는 기쁨을 의미하는 곳인 동시에 참다운 순례자들에게 앞길에 치명적인 위험인자가 놓여 있음을 끊임없이 경고하는 장소다. 실족이나 주의라는 봉우리들은 지치고 피곤한 순례자들에게 주의와 희망을 한꺼번에 제공한다.

기쁨산맥은 또한 그리스도인들이 여태 헤쳐온 위험들을 돌아보고 끊임없이 발목을 잡던 함정에서 건져주신 하나님의 인자하심을 되새기는 자리다. 복음으로 말미암을 유익과 고난을 묵상하기에 안성맞춤인 장소다.

4 _____ 기쁨산맥에서 누린 안식은 목자들의 특별한 배웅을 끝으로 마무리되었다. 첫 번째 목자는 신실한 사역자들이 풀이해주는 주님의 말씀(길이 상세하게 그려진 지도)에 귀를 기울이라고 권면했다. 두 번째 목자는 아첨쟁이들을 조심하라고 했다. 그리스도인을 유혹하고 헛된 일에 관심을 쏟게 만드는 요소들을 주의하라는 뜻이다. 세 번째 목자는 마법의 땅에서 잠들지 않게 하라고 경고했다. 겸손한 마음으로 꾸준히 심령을 들여다보라는 말이다. 저도 모르는 사이에 조금씩 잠에 빠져서 마음과 영혼을 돌보는 데 게을러지는 현상이야말로 그리스도인이 조심해야 할 커다란 위험 가운데 하나다. 마지막 목자는 하나님의 축복을 빌어주었다. 안전하고 신속하게 여행해서 새 예루살렘에 이르기를 진심으로 기도해준 것이다.

12

1_____ 다시 순례에 나선 크리스천과 소망은 얼마 지나지 않아 자만이라는 동네에 이르렀고 거기서 무지를 만났다. 무지와 상대되는 개념은 지식이며 자만의 반대말은 겸손이다. 여기에 중요한 포인트가 있다. 하지만 우선 버니언은 아주 특별한 형태의 무지를 염두에 두고 있음을 알아야 한다.

 작가는 달걀 껍데기를 머리에 뒤집어쓴 채 이리저리 뛰어다니는 갓 태어난 병아리처럼 총체적인 무지를 얘기하지 않는다. 경험이나 지적인 능력이 부족한 데서 오는 무지가 아니라 자기중심적인 무지, 다시 말해서 영혼을 살리는 복음의 진리를 의지적으로, 또는 고의로 외면하는 특수한 무지를 언급할 뿐이다.

2_____ 버니언은 새 예루살렘으로 가는 것처럼 보이지만 오만하기 이를 데 없는 거짓 순례자의 무지를 비유적으로 보여준다. 이런 종류의 무지는 그야말로 난공불락이어서 성경의 진리로도 격파할 수 없다.

3_____ 무지는 거짓 순례자들 가운데 가장 큰 비중을 차지하는 집단의 실상을 보여준다. 이 병에 감염되었는지 진단하려면 말과 행동

의 열매를 자세히 살펴보아야 한다. 무지한 자들은 방향을 묻는 법이 없으며 통증을 느끼고 자신의 상태를 의심해보는 일도 없다. 선한 행위에 집착하며 그 누구보다 행실이 착하고 성품이 선량하다고 확신한다. 엄밀히 말하자면, 자만에서 벗어나 새 예루살렘으로 가는 여정도 멸망과 심판을 심각하게 받아들였다기보다 지금도 좋지만 더 좋은 세상으로 가고 싶다는 욕구에서 비롯된 행동이다. 무지에게 자만을 벗어나 새 예루살렘으로 가는 여정은 잔디를 밟으면서 푸르른 둔덕을 한 바퀴 돌아보는 즐거운 공원산책이나 다름없다.

그리스도인이라면 하나님의 진노에서 인간을 구원하기 위해 생명을 바치신 그리스도께 의지해야 한다. 생명을 주셔서 영원히 그분과 함께 살 수 있도록 지켜주시는 분은 주님뿐이다. 그리스도 말고는 겸손과 깊은 회개, 말로 다 표현할 수 없는 기쁨이 마음에 샘솟게 하실 수 있는 이가 없다. 오직 그리스도만이 거룩한 자녀들의 내면에서 교만과 독선을 몰아내고 그런 요소들을 지저분한 누더기로 볼 수 있게 도와주신다. 그리스도만이 우리 지식의 온전하고 완전한 목적이 된다. 그리스도 외에는 없다.

4 _____ 이어서 변절이 무대에 등장한다. 자신감이 넘치는 무지를 탐구했으니 이제 캄캄한 길을 헤매는 거짓 순례자를 만날 차례다. 어두운 길은 아직 깨닫지 못한 심령을 상징하는 게 분명하다.

5 _____ 변절은 신앙적이고 경건해 보이는 허울을 벗겨내면 가면 뒤에서 복음적인 고백을 내팽개쳐버린 변질되고, 불경건하며, 충성되지 못한 순례자, 즉 이름뿐인 크리스천의 실상이 드러난다. 그런 배신과 유기는 복음에 대한 진정한 확신이 없음을 보여주는 게 아니라 그런 게 처음부터 존재하지 않았음을 단적으로 드러낸다. 성령님의 조명을 받아본 적이 전혀 없는 심령이며, 결국 지옥의 영이 그 가없는 영혼의 성전을 가득 채우고 대가를 청구하게 된다. 껍데기뿐인 그리스도인이 되지 않도록 조심하라.

6 _____ 작은믿음과 변절을 비교해보자. 작은믿음은 진실하지만 안타깝게도 연약한 그리스도인을 상징한다. 버니언은 허약한 믿음과 죄책감, 불신으로 괴로워하는 이들을 함부로 정죄하지 않도록 조심시키려는 의도를 가지고 작은믿음이라는 인물을 철저히 파헤치고 있다. 작은믿음은 늘 깨어서 조심하지 못하며, 세상이 제시하는 길에 흔들리고, 사탄의 횡포에 시달리며 그 덫에 걸리기 십상이 그리스도인을 대표한다.

7 _____ 작은믿음은 심약 앞에서 용기를 잃고, 불신에게 가진 걸 다 빼앗겼으며, 죄책감에게 죽도록 얻어맞았다. 본문이 주는 교훈은 분명하며 결과 또한 확실하다. 불신은 총체적인 좌절을 불러오며 하늘나라를 상실하게 만든다는 사실을 정확하게 지적하고 있기 때문이다.

8 ____ 십자가의 길을 걸어 그리스도께 나오는 이들에게 성령님은 구원을 확증해주신다. 그러나 한 점 죄가 없으신 주님이 대신 속죄의 제물이 되심으로써 사함을 받은 그리스도인들도 가끔은 확신을 잃고 비틀거리며 죽은 자의 골목으로 끌려들어가는 기분을 느낀다. 영혼을 지킬 수 있는 칼을 잊어버리고, 의의 흉배는 난타당하다 못해 망가지고, 떨리는 손에서 떨어져 나간 믿음의 방패는 멀찌감치 뒹굴고, 구원의 투구는 모로 돌아가서 도리어 시야를 가로막고 있다. 한마디로 전방위적인 절망상태에 빠졌다는 생각이 든다.

하지만 아직 포기하지 마라! 심령을 노리는 원수들이 넘보지 못할 마지막 약속, 놈들의 손이 닿지 않으며 마치 견고한 요새처럼 우뚝 솟아 있는 약속이 남아 있다. 약속은 단 하나뿐이지만 그걸로 충분하다. 지극히 연약하고 심각한 손상을 입은 순례자라 할지라도 그 안에서 선한 역사를 시작하신 대로(大路)의 주인은 절대로 그 심령을 원수에게 내어주시지 않는다는 약속이다. 작은믿음은 왕에게 속한 순례자였다. 모든 원수를 다 합쳐도 그 왕과는 비교할 수가 없다. 그분은 절대로 우리를 버리지 않으시며 잊지도 않으신다. 바로 이 언약 안에서 그리스도인은 일체의 죄를 뛰어넘는 확신과 큰은혜를 가질 수 있다. 작은믿음은 여느 크리스천들과 마찬가지로 하나님의 비할 데 없는 은혜에 힘입어 기적적으로 구원을 받았다.

9 ____ 새 예루살렘 성문으로 당당하게 행진해서 기쁨에 겨운 영

접을 받을 수 있는 이들은 지극히 적다. 나머지는 넘어지길 밥 먹듯 하는 허약한 자신의 현실을 통감하며 기운 없는 발걸음으로 느릿느릿 띄엄띄엄 거룩한 성으로 다가간다. 하지만 그런 이들에게도 성문은 활짝 열려 있으며 그동안 흘린 눈물은 가치 없는 죄인들을 구하러 오신 그리스도를 향한 찬양으로 탈바꿈하게 될 것이다.

작은믿음의 이야기는 깨어 조심할 뿐만 아니라 겸손해야 한다는 가르침을 준다. 작은믿음의 이야기는 얼마든지 우리들의 이야기가 될 수 있다. 영적으로 무언가를 이뤘다는 자부심과 헛된 교만을 피해야 한다. 그런 성과는 그저 하나님의 은혜로 소유하게 된 보물일 따름이다. 작은믿음처럼 연약한 이들과 자신을 자랑스럽게 비교하는 마음은 곧 참담한 실패를 겪는 원인이 될 수 있다. 누가복음 22장 31-32절에서 예수님은 베드로에게 말씀하셨다. "시몬아, 시몬아, 보아라. 사탄이 밀처럼 너희를 체질하려고 너희를 손아귀에 넣기를 요구하였다. 그러나 나는 네 믿음이 꺾이지 않도록, 너를 위하여 기도하였다." 그리스도인의 확신은 오로지 주님에 근거해야 한다.

10 _____ 크리스천과 소망은 작은믿음의 문제를 신학적으로 해결하고 무지의 간증을 점검했다. 소망은 잘난 체하며 한바탕 설전을 벌였고 크리스천은 그런 형제를 대하며 자못 짜증스럽고 짐짓 거만한 태도를 보였다.

13

1 _____ 이제부터 대단히 유익한 이야기가 전개된다. 남이 잘못됐다고 생각할 때 스스로 실족할 가능성이 가장 높아지는 경우가 많다. 스스로 정통성과 분별력을 갖췄다고 기뻐하다 보면 저도 모르게 바른길에서 벗어나 방황하기 십상이다. 하얀색 망토를 걸치고 나타난 아첨쟁이는 입에 발린 말로 크리스천과 소망이 이뤄낸 성과를 칭송하면서 새 예루살렘 성까지 앞장서 인도해주겠다고 제안했다.

2 _____ 아첨쟁이는 말만 그럴듯한 거짓 선생을 가리킨다. 교활하고 속임수에 능해서 별 어려움 없이 크리스천과 소망을 새 예루살렘 성에서 멀어지는 길로 데려갔다. 모두가 영적인 교만에서 비롯된 사태였다.

3 _____ 그물은 성경에서 벗어난 가르침을 상징한다. 마지막 때에는 그릇된 가르침이 횡행해서 성숙한 순례자들마저 실족하게 하는 일이 잦아지게 마련이다.

4 _____ 크리스천과 소망은 무신론자를 만났다. 무신론자가 '시온을 등지고' 있다는 사실이야말로 여기서 반드시 기억해두어야 할 가

장 중요한 요소라고 할 수 있다. 다음으로 알아두어야 할 점은 편협하기 이를 데 없는 육신의 생각으로 규정해놓은 협소한 물질세계를 토대로 무엇이든 조롱하고, 비웃고, 얕잡아 보려 한다는 것이다. 성경말씀은 물론이고 거기에 근거한 믿음과 소망을 경멸한다. 비할 데 없이 고귀한 책의 갈피갈피마다 하나님의 아들과 그분의 은혜로운 역사를 체험한 죄인들의 이야기가 그득하건만 전혀 알아보지 못한다.

5 _____ 무신론자는 자연주의자고, 인본주의자이며, 다원주의자인 동시에 하나님을 모독하는 인물이다. 세상의 불신으로 무장하고 오만한 자세로 그 사상을 고수하는 고학력자들을 대표한다.

6 _____ 무신론자는 신앙을 가진 이들과 입씨름을 벌이고 논리적으로 몰아세울 준비를 늘 갖추고 있는 거만하고 냉담한 성격의 소유자다. 보이지 않는 세계를 경멸하는 자세가 확고하게 몸에 배어 있다. 믿음이나 소망에 관해 입만 뻥긋해도 몹시 야비한 태도로 겉만 번지르르하고 오만한 험담들을 봇물처럼 쏟아낸다. 영적인 것이라면 무엇이든 불편해하고 새 예루살렘 성으로 이끌어줄 신앙을 가진 이들을 무조건 경멸한다. 이들은 절망적이고 결정론적인 자연주의를 가르치는 거짓 선생들일 뿐이다.

7 _____ 크리스천은 자신을 숭배하는 무신론자와 같은 친구들을 처

리하는 최상의 대안을 찾아냈다. 바로 '거리두기'인데 가능한 한 멀리 떨어지는 게 현명하다. 소망을 품고 새 예루살렘 성으로 가야 할 이유에 관해서는 무신론자에게도 충분히 설명했다. 하늘나라를 바라보는 심령이라면 하나님이 없다고 말하는 어리석은 이들에게 휘둘리지 않고 그분의 나라를 향한 여정을 시작해야 마땅하다. 불신의 우상을 만드는 이들은 하나님께 영광을 돌릴 수 없다. 주님은 자생적이든, 무신론 대학에서 수입된 것이든 회의적인 사고와 그분의 한없이 거룩하고 영광스러운 인격 가운데 어느 편을 선택하도록 요구하면서 순례자들을 끊임없이 시험하는 분이 아니다. 하나님은 누가 뭐래도 하나님이시며 인간은 거짓말쟁이일 따름이다!

8 _____ 다음으로 순례자들은 마법의 땅을 지나간다. 순례에서 일시적인 안정과 평안이 찾아오는 시기를 말하며 하나님의 선하심을 묵상하는 마음을 키우기에 적합하다. 하지만 신령한 추구가 한풀 꺾이고 경건치 못한 무감각이 자리 잡아서 결과적으로 영적인 건강에 문제가 생기며 퇴보가 일어날 수도 있다. 미적지근하고, 활동이 둔해지고, 영적으로 게으르고 나태해지며, 교리적인 외골수 기질이 나타나면 마법의 땅에서 잠에 곯아떨어졌다고 판단해도 좋다. 한마디로 인내하며 고통스럽게 쌓아올린 영혼의 집이 다 불타버리는 줄도 모르고 깊은 잠에서 헤어나지 못하는 상태다.

9 _____ 영적인 진리들, 특히 참고 견디며 경주할 길을 달려가도록 경고하고 주의를 환기시키는 진리들을 열심히 나누는 건 대단히 중요한 일이다. 주님의 사랑이 넘치는 인도하심을 늘 생생하게 기억하며, 폭풍우 속에서도 코를 골며 지진이 일어나도 단잠에 빠질 수 있는 이들을 피하고 신앙을 격려하며 세워주는 이들과 강력한 연대를 맺어야 한다.

10 _____ 새 예루살렘 성으로 가는 동안 하나님이 보여주신 특별한 은혜를 이야기하고 묵상하라. "깨어라 나의 영혼아, 일어나 주님의 목소리를 들으라. 생수의 강물에서 구세주의 은혜를 떠 마시라."

15

1 _____ 지평선 위로 달콤하고 상쾌한 즐거움들로 가득한 뿔라 지방이 나타났다. 여기는 온갖 유해한 지역의 어두운 영향력이 미치지 못하는 곳이다. 불길한 기운은 모두 사라져 한낱 추억이 돼버렸다.

2 _____ 따듯한 햇살이 순례자들의 세속적인 염려를 거두어가고 눈앞에 놓인 목적지를 밝게 비쳐 보여주는 곳이 바로 뿔라다. 하늘나라에서 나온 광채는 그 순수한 힘으로 심령을 일깨워서 낙원을 이루

말할 수 없을 만큼 열망하게 만든다. 숨 막히도록 밝은 빛줄기와 하나님이 친히 설계하시고 세우신 찬란한 도시에서 뿜어져 나오는 생명력 앞에서 유한한 존재들이 끊임없이 내뱉던 신음 소리마저 잦아든다. 이곳의 공기를 몇 번만 들이마셔도 가슴 가득 새 예루살렘 성의 기운이 스며든다.

3 _____ 여러 가지 이유로 영적인 고난을 받는 영광스러운 일들이 있었지만, 이곳은 새 예루살렘 성에 들어갈 날을 앞둔 모든 그리스도인들에게 열려 있는 장소다. 하지만 이제 여정을 마무리하는 단계에 이른 노련한 순례자들에게 뿔라는 하나님의 넓고 깊은 은혜를 어렴풋하게 보여주는 땅이다.

4 _____ 피땀을 흘려가면서 놓치지 않았던 기대, 영광으로 가득한 세계를 넘보는 눈길, 성령님이 발행해주신 더 나은 세계로 가는 통행증. 더할 나위 없이 행복한 삶을 추구하기 위해 해야 할 일은 하늘나라로 들어갈 수 있게 확증해주시는 분에게 초점을 맞추는 것뿐이다. 하늘나라가 그리스도고, 그리스도가 곧 하늘나라다.

5 _____ 앞날에 대한 염려가 전혀 없는 상태에서 크리스천과 소망은 거룩한 성에 올라갈 준비를 갖추고 있는 듯하다. 순례자들은 넉넉한 자신감을 가지고 새 예루살렘 성과 죽음의 강을 향해 출발했다.

6 _____ 죽음이야말로 최후, 최대의 적이라는 사실을 잊어버리기 일쑤다. 이 엄청난 적을 대충 어찌해보려는 시도는 말 그대로 헛되고 무익할 따름이다. 마지막 상대이자 치명적인 장애물을 직시할 필요가 있다. 최후의 적수는 죽음이다.

7 _____ 죽음에 괴로움이나 아픔이 따르지 않을 거라고 생각해서는 안 된다. 통증이 따르지 않고 안온한 죽음뿐만 아니라 고통과 두려움으로 가득한 죽음에도 하나님은 신실하게 역사하신다. 참다운 그리스도인이라 해서 무조건 편안하게 세상을 떠나라는 보장은 없다. 죽음은 고통에서 결코 자유로울 수 없다. 죽음은 마지막 시험이다. 어떤 이들은 상대적으로 순탄하게 세상을 떠나는 반면, 더러는 끔찍한 공포감에 짓눌리기도 한다. 어느 쪽이든 예수님을 죽음에서 되살리신 하나님이 우리도 구원해주실 수 있음을 믿어야 한다.

8 _____ 죽음을 지켜보기만 했던 이들도 살아서 주님을 만나지 않는 한, 언젠가는 마지막 원수와 막다른 골목에서 마주치게 마련이다. 크리스천은 모든 그리스도인들에게 희망을 준다. 마지막 순간, 스스로 의롭지 못하다는 생각이 목을 조이며 맹렬하게 공격해 들어올 경우, 십중팔구 어디서도 위안과 도움을 얻지 못하고 속절없이 가라앉을 수밖에 없는 모든 그리스도인들에게 크리스천은 큰 희망을 준다.
죽음은 단숨에 뛰어넘을 수 있는 야트막한 여울이 아니다. 죽음은 구불구불 휘어져 흐르며 어둡고 때로는 위험스럽기 짝이 없는 강물이다. 장래를 바라보는 소망이 없다면 어느 굽이에서도 강을 건널 수 없다. 죽음이란 영혼이 건너뛰어야 할 마지막 크레바스다. 이 땅에서 누리는 삶과 그 안에서 가꾸어온 희망과 꿈이 끝나는 시점을 의미한다. 현세의 삶만 생각해온 사람이라면 죽음은 예외 없이 기가 막히고 한없이 무서운 경험이다. 인류가 죽음을 무시한다든지 터무니없는 말들로 그 본질을 모호하게 흐리거나 윤색하려고 안간힘을 쓰는 건 이상한 일이 아니다. 그러나 죽음이 몰고 다니는 두려움에서 도망치려 해선 안 되며 하나님이 주시는 믿음으로 당당히 맞서야 한다.

크리스천은 죽음 앞에서 낙심하고 두려움에 사로잡혔다. 사탄의 술수와 지난날에 죄를 저질렀던 기억이 순례자의 심령에 마지막 타격을 입혔다. 깊이 좌절한 채 물속으로 들어간 크리스천의 눈에는 차갑고, 깊고, 위태로운 강물만 보였다. 하나님의 너그럽고 확실한 은혜가 아니고서는 살아날 길이 없었다.

이젠 누가 봐도 끝났다 싶은 마지막 순간에 주님이 직접 개입하셨다. 단호하지만 따듯한 소망의 간증을 통하여 크리스천에게 이미 그리스도의 이름으로 죄 사함을 받았으며, 어떠한 상황에 빠지든 결국 주님이 구원하신다는 사실을 일깨워주신 것이다. 소망은 훨씬 씩씩하고 담대한 자세로 죽음에 접근했다. 단단한 땅을 밟고 강을 건넜으므로 그의 마지막 여정은 상대적으로 덜 괴롭고 더 평온했다.

아울러 소망과 똑같은 방식으로 그 캄캄한 강을 지나갔던 신실 역시 영광스러운 나라에 들어갔음을 잊지 말아야 할 것이다.

9 _____ 순례를 막 시작했을 무렵, 유순한이 "무슨 일들이 우리를 기다리고 있는지 말씀해주세요"라고 했을 때, 어렴풋이나마 하늘나라의 실체를 짐작하고 있던 크리스천은 이렇게 설명했다. "스랍과 그룹, 그리고 바라보기만 해도 눈이 부신 이들과 더불어 지낼 겁니다. 앞서서 그 나라에 들어간 수많은 이들과 만나게 될 테고요. 다른 이들의 마음을 상하게 하는 이는 찾아볼 수 없고. 다들 사랑이 넘치며 거룩하기 이를 데 없습니다. 너나없이 하나님의 보살핌을 받을 뿐만 아니라 한없이 용납해주시는 주님의 임재 앞에 나아갈 수 있습니다. 한마디로 거기에 가면 금면류관을 쓴 장로들을 만납니다. 황금 하프를 타는 성녀들도 볼 수 있습니다. 그곳의 주인이신 분을 사랑하는 마음으로 세상의 손에 붙들려 갈가리 찢기고, 불에 타 숨지고, 짐승의 먹잇감이 되고, 바다에 수장되는 등 온갖 고난을 당한 이들과 대면하게 됩니다. 거기에 사는 이들은 너나없이 영원한 생명을 외투처럼 덧입고 있습니다."

10 _____ 마침내 무지의 삶이 완결되었다. 우리로서는 두렵고도 정신이 번쩍 드는 장면이 아닐 수 없다. 무지가 지옥에 떨어지는 무시무시한 모습은 새 예루살렘 성을 향해 가는 순례자들에게 주는 마지막 지침이자 경고다. 하늘나라는 누구나 들어갈 수 있는 곳이 아니

다. 진정한 복음을 거부하고 의로운 행실과 업적으로 대치하려 애쓰는 무지와 같은 이들은 결코 천국에 들어갈 수 없다. 아직도 개인적인 행위에 집착한다면 새 예루살렘 성문을 지나지 못할 뿐만 아니라 지옥이 최종목적지가 될 수밖에 없다.

현대를 사는 그리스도인들에게 지옥은 달갑지 않은 충격적인 주제다. 버니언이 그리스도를 믿지 않는 이들을 향해 이처럼 섬뜩한 경고를 던지며《천로역정》을 매듭짓는 건 우연이 아니다.

천국이 분명히 존재한다면 지옥도 마찬가지다. 무슨 수를 써서라도 지옥은 피해야 한다. 세상의 모든 기업과, 흥미진진한 모험과, 트로피와, 높은 자리와, 땅과, 돈과, 성취와, 호화로운 집과, 권력과, 오락과, 칭찬과, 인정과, 자부심을 다 준다 해도 천국에 비할 수는 없다.

마지막으로, 여러 경로로 선포되는 복음을 끝내 받아들이지 않는 이들에게 영원한 지옥의 형벌이 기다린다는 건 한 치의 어긋남도 없는 진실이다. 하나님의 말씀이 사실인 한 그 역시 진리일 수밖에 없다. 버니언이 결론적으로 전하고 싶었던 메시지는 주님의 외침과 정확하게 일치한다. "회개하고 믿으라! 예수 그리스도의 복음을 받아들이라!"

모쪼록 그리스도가 죄인들을 위해 십자가를 지셨으며 인류의 구세주가 되셨음을 용감하게 전파하는 참다운 순례자가 되길 바란다.

우리의 소망은 새 예루살렘 성으로 가는 좁지만 확실한 길, 예수 그리스도뿐이다. 엉뚱한 데서 방황하지 마라!

영문판 발행인의 글

존 버니언이 남긴 유산

 성경을 제외하고는 영어를 사용하는 세계에서 《천로역정》만큼 삶에 영향을 미치고, 깊이 사랑받으며, 널리 퍼져나간 책도 없을 것이다. 1678년, 초판이 나오기 무섭게 교육 수준, 경제적 지위, 사회적 신분의 구별 없이 영국 문화권 전체에서 큰 각광을 받았다. 사실 존 버니언은 초등교육을 간신히 마치고 집집마다 돌아다니며 구멍 난 냄비나 프라이팬 따위를 때워주며 연명하는 땜장이에 지나지 않았지만 《천로역정》을 읽은 이들은 너나없이 '천재의 작품'임을 믿어 의심치 않았다.
 복음을 전했다는 이유로 장기간 신앙적인 박해를 받았다는 사실을 감안하면 버니언이 이뤄낸 업적은 한결 도드라져 보인다.

1655년부터 1660년까지 베드포드 침례교회와 인근 마을의 크리스천들에게 정기적으로 말씀을 선포했다. 하지만 영국국교회가 제정한 설교 면허를 받지 않았던 까닭에 투옥됐다. 1661년 초에 체포된 이래 무려 열두 해를 베드포드 감옥에 갇혀 참혹한 조건들을 견뎌내야 했다. 그러나 바로 그 시기에 오직 성경만을 참고해서 《천로역정》의 초고를 완성했다.

기발한 상상력이 돋보이는 우화, 《천로역정》은 주인공 크리스천이 새 예루살렘으로 가는 길에 겪은 무시무시하고 위험천만한 모험담을 들려준다. 그러나 이 책이 우화이면서도 우화의 차원을 뛰어넘는 건 버니언의 개인적인 고백인 동시에 똑같은 순례에 나선 이들의 보편적인 이야기를 담고 있기 때문이다. 《천로역정》은 지은이가 살았던 시대를 풍미하며 영국과 북아메리카의 모든 가정의 필독서로 사랑받았을 뿐만 아니라 3백 년이 넘는 세월이 흐르는 동안 변함없이 고전으로 손꼽혀온 영적인 지침서이자 탁월한 문학작품이다.

새로이 판을 바꾸어 내놓는 까닭

이렇게 새로이 판을 바꾸어 《천로역정》을 내놓는 까닭은 더할 나위 없이 소중한 이 시대의 유산을 어떻게 해서든 새로운 세대에게 읽히려는 데 있다. 이러한 목적에 따라 본문을 살짝 다듬었다. 그러니까 발행인과 편집인의 의도는 원문의 아름답고 반짝이는 장점을 그대로 유지하면서 옛날식 어투와 까다로운 문장구조를 현대식으로 바꾸고 스토리가 가진 힘과 진리, 탁월한 창의성이 한결 선명하게 드러나도록 하자는 게 전부다. 바라고 기도하는 게 있다면 3백 년 전, 처음 출간되었을 당시에 그랬던 것처럼, 부디 이 책이 오늘을 사는 이들의 마음과 생각을 사로잡고 매혹시키는 것뿐이다.

아울러 새로운 《천로역정》이 빛을 보기까지는 편집인 C. J. 로빅의 비전이 결정적인 역할을 했음을 밝혀두고자 한다. 이번 판의 발행인으로서 아홉 살 때부터 지금까지 버니언과 《천로역정》을 아껴온 로빅에게 고마운 마음을 전한다. 십 년이 넘는 기간에 걸쳐 이 책을 편집하면서 문재文才를 총동원하고 사랑의 수고를 아끼지 않아 준 데 대해 깊이 감사한다. 《천로역정》을 펴내는 일을 맡은 건 더할 나위 없는 특권이며 버니언의 명성에 부끄럽지 않은 책을 만들기 위해 최선을 다했다.

마지막으로 이번 판을 위해 삽화를 모두 새로 제작했음을 알려두고 싶다. 널리 알려진 미술가 마이크 윔머가 컬러로 30장에 이르는 그림을 그렸다. 초기 사본들 가운데 대다수는 판화로 제작된 삽화를 담고 있다는 점에 비추어보면 버니언의 전통을 충실하게 따른 셈이다. 3세기 전에 그랬듯이 이번에 삽입한 새 삽화들(작가의 의도에 충실하면서도 세부를 정교하게 다듬었다) 또한 자라나는 어린이들과 어른들에게 즐거움을 선사하는 한편 이야기에 담긴 영원한 진리를 더욱 생생하게 드러내줄 것이다.

우선 생생한 우화로 영원토록 변치 않는 현실을 밝히 보여준 버니언에게, 그리고 지은이가 남긴 놀라운 유산을 이 시대에 전달하는 데 힘을 보탠 모든 이들에게 머리 숙여 감사한다. 발행인으로서 독자들을 위해, 그리고 오직 하나님의 영광을 위해 새로 펴낸 이 책을 자신 있게 내놓는다.

레인 T. 데니스, Ph. D.
크로스웨이 출판사 대표 겸 발행인

영문판 편집인의 글

시간과 공간을 뛰어넘어
마음을 살리는 메시지

　존 버니언의 글은 영어권 크리스천들에게 이루 말할 수 없이 큰 선물이었다. 특히 가장 널리 알려진 작품인 《천로역정》은 기독교의 대지에 풍부한 영양분을 공급해서 흙을 걸게 하고 탐스러운 열매들이 맺히게 했다. 버니언은 남녀노소 '누구에게나' 최상의 성경교사였다. 옛 그림의 한 장면처럼, 헛간 바닥에 싱싱한 꼴을 푸짐하게 풀어서 어린양들이 달려들어 마음껏 배를 채우고 쑥쑥 자라게 해주었던 것이다.

　글을 아무리 뜯어봐도 젠체하거나 복잡하게 꼬인 데가 전혀 없으며 그저 특유의 심오하고 풍성한 무언가가 존재할 따름이다. 버니언은 시간을 초월해서 영원히 살아 있는 성경의 진리,

편집인의 글　375

다시 말해서 은혜로 구원을 받는 기적과도 같은 역사와 영혼의 순례자들이 새 예루살렘에 이르기 전에 반드시 벌여야 하는 치열한 싸움들을 정확하게 파악해서 자세히 설명했다. 게다가 얼마나 쉽게 풀어냈던지 천진한 어린아이도 알아듣고도 남을 정도다.

아홉 살 때부터 지금까지 버니언의 작품들, 그 가운데서도 《천로역정》을 대할 때마다 사랑과 감격이 커지고 깊어지는 걸 느낀다. 설교자들이 너나없이 이 책의 한 대목을 예화로 사용하여 성경의 진리를 설명하던 시절도 있었다. 하지만 요즘 들어 그처럼 커다란 유익을 주는 작품을 즐겨 읽는 이들이 눈에 띄게 줄어들었다. 참으로 유감스러운 일이다.

이십 대 후반에 어린 학생들을 가르친 적이 있었다. 찰스 스펄전의 메시지에서 영감을 얻어서 '《천로역정》의 그림들'이란 제목으로 수업을 했다. 당시만 하더라도 너나없이 이 책에 익숙해 있던 터라 굳이 "책을 읽어본 친구는 손을 들어보세요" 따위의 질문을 할 필요가 없었다. 공립초등학교의 필독서였으므로 교회에 다니지 않는 아이들까지도 내용을 두루 꿰고 있었다. 그러나 이제는 상황이 많이 달라져서 《천로역정》을 읽은 학생이 스물에 한 명꼴도 안 될 것이다. 삼십 대 이하의 젊은이들의 경우 그 비율은 훨씬 높다. 물론 읽었다 하더라도 원문이 아니라 어린이용으로 번안된 요약본일 가능성이 높다.

능력이 뛰어난 저자들이 《천로역정》을 현대인들에게 읽히려고 온갖 노력을 다 해왔다. 고전 읽는 맛을 다시 만끽하게 하려는 노력에 갈채를 보내며 그 열정은 높이 평가한다. 그러나 그렇게 탄생한 작품들을 읽을수록 원문을 이 시대의 용어와 분위기로 옮기는 과정에서 대단히 중요한 요소들을 상당히 잃어버렸다는 느낌을 지울 수가 없다. 간단히 말해서, 요즘 독자들의 취향에 맞추는 데 신경을 쓰다 보니 버니언이 주도면밀하고도 공교하게 제시한 수많은 진리들이 무뎌지거나 걸러졌다는 뜻이다. 아울러 고전미가 적잖이 소실되고 원작자의 목소리와 의도 역시 퇴색해버렸다.

이런 위험을 피해가며 《천로역정》의 원문을 '업데이트' 한다는 건 이만저만 어려운 과제가 아니다. 지난 350년 동안 영어는 천양지차로 달라졌다. 17세기에 흔히 쓰이던 허다한 은유와 격언들이 지금은 너무 낡거나 아예 사라져버려서 현대인들에게는 그저 장애가 될 따름이다. 뿐만 아니라 버니언의 우화문학을 시대에 뒤떨어지고 무가치한 형식으로 치부하고 그 은유 가운데 담긴 생생하고 풍성한 진리들을 그냥 흘려보내기 일쑤다.

버니언의 고전을 필자의 목소리를 보존하고 작품의 고전미를 유지해가며 현대판으로 바꾸는 작업은 방대하고도 고단한 과정이었다. 일 년 내내 길을 더듬으면서 손닿지 않는 데다 멀리 치워버릴 잡석과 잘 다듬어서 쓸 돌멩이를 구별하느라 낑낑거렸다. 요즘 독자들이 편안하게 밟고 지나가게 하자면 어쩔 수 없이 조금씩 정리하고 조절할 수밖에 없었다. 또한 버니언의 문학적인 스타일과 원작자가 내러티브 속에 담으려 했던 영원한 진리들을 그대로 지키는 데도 공을 들였다. 이렇게 바꾼《천로역정》을 읽은 독자들의 입에서 "진지하게 읽으면서 버니언과 고전작품의 진수를 만났다"는 고백이 나온다면 편집인으로서 그 이상의 칭찬이 없을 것이다.

《천로역정》이 새로운 세대에게 다시 한 번 축복과 영감의 원천이 되기를 간절히 소망하며 기도한다. 하나마나 한 얘기지만, 깨달음과 지침, 격려가 필요하기는 과거와 현재의 크리스천이 다를 수 없다. 그래서 이 책이 탁월하고 인기 높은 지혜의 보고의 지위를 회복하고 온 세상 모든 강단에서, 한 사람 한 사람의 마음과 가정에서 널리 활용되면 좋겠다. 세대를 가리지 않고 한 하늘 아래 사는 모든 이들이 버니언의 우화에서 깊고도 영원한 진리를 재발견할 수 있다면 얼마나 멋진 일이겠는가! 영화와 비디오, 문학작품과 인터넷을 주름잡고 있는 요란한 다이어트 열풍, 그 허영의 시장에 맞서는 대안과 해법도 거기서 찾을 수 있을 것이다.

모든 선하고 진실한 것들을 지으신 은혜로우신 주님, 곧 구주께 드리는 마음으로 이 작품에 온 힘을 쏟았다. 여기서 한 가지 더 짚고 넘어가야 할 사실이 있다. 비록 훌륭한 책이기는 하지만

《천로역정》 자체가 성경은 아니며 그 비슷한 수준도 아니다. 기껏해야 명석한 주석 정도에 지나지 않는다. 버니언은 독자들에게 그 사실을 명확하게 인식시키고 싶어 했다. 따라서 지은이는 세상을 떠난 지 오래지만 그 뜻만큼은 분명히 해두려고 한다. 성경을 넘어설 수 있는 책은 없다.

마지막으로 버니언의 글을 읽다 보면 반드시 시가와 운문에 맞닥뜨리게 된다. 주인공 크리스천이 십자가 아래서 짐을 내려놓는 순간, 작가는 그 기쁨을 생동감 넘치는 시로 표현했다. 그걸 보면서 따라 해보고 싶은 마음이 용솟음쳤다. 그래서 주님이 기뻐 받아주시길 바라며 내가 쓴 시 한 편을 독자들 앞에 내놓는다.

부활하신 하나님의 아들이 보여주신
나무 십자가의 희미한 흔적.
그날, 바로 거기서
말끔히 사라진 묵은 빚더미의 종적.

예언의 말씀이 육신이 되어
나무에 못 박히신 사랑.
그 아래 공의가 자비를 만나서
온 세상에 밝히 드러나시다.
영광의 상처들과 함께 내걸린

그분의 이름은 거룩하셔라.
어두운 밤을 또 다른 역사로 바꾸신
한 줄기 빛이어라.

나무에 달리신 그날,
기쁨이 극심한 고통과 뒤섞이는 순간
생명책을 두루 살피시며
주님, 내 이름을 찾으셨다.

깊고 넓은, 온전하고 자유로운 사랑
값없이 뚝 떼어주신 사랑
선홍색 피와 눈물로 얼룩진 사랑이
인간의 심령으로 들어왔다.

사랑하는 이여, 그분,
구세주의 십자가를 바라보고 감긴 눈을 뜨라.
뭇 영혼들에게 그러하셨듯이
그대의 어두운 시야를 열어주시리니.

그 나무 아래서
생각지도 못했던 안식처를 찾으며

내 모든 짐을 푸는 곳에서
자유를 얻으리라.

_ C. J. 로빅

존 버니언 연보

1628	영국 베드포드 근처에 있는 엘스토에서 땜장이의 맏아들로 태어나다.
1644	열여섯이라는 나이에 의회군 병사로 징집을 당하다.
1647	군대가 해산되고, 엘스토로 돌아와 땜장이 일을 계속하다.
1649	제대 후 첫 번째 부인과 결혼하다. 그녀가 지참금으로 가지고 온 두 권의 청교도 저서를 통해 신앙을 갖기 시작하다. 아더 텐트의 《천국을 향한 평신도의 길 The Plain Man's Pathway to Heaven》과 루이스 베일리의 《경건의 실천 The Practice of Piety》이 그것이다. 그의 첫 번째 부인 이름은 기록되어 있지 않다.
1653	베드포드의 일반 침례교회 목사 존 기퍼드를 만나 카운슬링을 듣고, 그의 교회에 나가기 시작하다.
1655	엘스토에서 베드포드로 이주해 마을에서 설교하기 시작하다.
1659	첫 번째 부인과 사별 후 엘리자베스와 재혼하다.

1660	강한 형벌로 설교를 금지하던 당시, 불법 집회를 인도했다는 죄목으로 체포되고 옥살이를 시작하다. 옥살이를 했던 버니언을 위해 엘리자베스는 여러 탄원을 올렸다.
1666	그의 영적 자서전 《가장 사악한 죄인에게 넘치는 은총 Grace Abounding to the Chief of Sinners》이 출간되다.
1672	1월 21일, 베드포드 교회에 목사가 되다. 3월에 감옥에서 풀려나다.
1677	설교로 인해 다시 6개월간 투옥되다. 5월 9일, 찰스 2세의 관용령에 의해 설교할 수 있는 자격을 얻다. 베드포드 교회는 회중 모임 장소로 인가를 얻다.
1678	5년 동안 감옥에서 집필한 《천로역정》 제1부가 출간되다.
1682	《거룩한 싸움 The Holy War》이 출간되다.
1684	《천로역정》의 위작들이 판을 치자, 오랫동안 고심한 끝에 제2부를 쓰기 시작했고, 마침내 출간되다.
1686	60권이 넘는 그의 저작 중 마지막 작품이라 알려진 《소년 소녀들을 위한 책 A Book for Boys and Girls》이 출간되다.
1688	8월 31일, 심한 비를 맞으면서 말을 타고 런던으로 갔던 존 버니언은 폐렴에 걸려 친구 존 스트러드위그의 집에서 숨을 거두다. 런던 번힐 필드에 묻히다.

pilgrim's
progress

John bunyan